새 공산주의 비판

성화출판사

머리말

　인류역사는 전쟁의 역사라고 해도 과언이 아닐 것이다. 역사가 시작된 이래 많은 전쟁이 있어 왔다. 종족간의 전쟁, 종교전쟁, 계급전쟁 등 전쟁의 성격도 여러 가지였다. 그리고 현대도 전쟁의 시대이다. 금세기에 들어와서 두 차례의 세계대전을 치른 인류는 오늘도 3차 대전의 도화선이 될지도 모를 국지전쟁을 세계 도처에서 벌이고 있다. 그리고 그동안 한국동란을 위시해서 세계의 여러 곳에서 분쟁이 계속되어 왔던 바 그 분쟁의 대부분이 공산주의와 직접적으로 관련되어 있는 것이 특징이다.
　공산주의자들은 언제나 그리고 세계 어느 곳에서나 상대방의 허점이 보이거나 자기편에 유리한 조건이 갖추어지면 파업 테러 반란 혁명전쟁 등의 소란을 일으켜 그 세력 확대를 꾀하여 왔다. 공산주의자와의 대결은 이제 세계 최대의 문제가 되었다. 인류의 염원인 영원한 자유와 평화의 실현은 인류가 공산주의를 막아내느냐 못 막아내느냐에 달렸다고 해도 과언이 아니다. 그러나 팽창하는 공산주의를 막는 실제의 문제에 있어서는 지도자들의 의견이 일치하지 못하고, 많은 국가들이 그 대책에 있어서 일관성을 잃고 있다.

그러면 자유진영의 이러한 정책의 빈곤성과 취약성은 어디에 기인하는가? 그것은 첫째 공산주의의 정체와 그 계략을 바로 파악하지 못하고 있으며, 공산주의를 제압할 하나의 고차적인 사상체계를 갖지 못한 데 기인한다고 보아야 한다. 공산주의의 궁극의 목적은 종교를 말살함으로써 세계를 정복하려는 데 있는 것이다. 왜냐하면 그들의 세계 정복에 있어서 가장 큰 장애물이 종교이기 때문이다. 공산주의는 철저한 반종교 이념이며 일종의 무신론 신앙이어서 본질상 종교와는 공존할 수 없는 것으로 되어 있다.

그렇기 때문에 공산진영은 민주진영과 대결함에 있어서 종교정책을 정치책략의 가장 중요한 항목으로 삼고 있는 것이다. 민주국가의 지도자들은 이 사실을 깊이 깨닫지 못하고 있는 것 같다. 그런데 민주국가는 대부분이 종교국가이다.

오늘날 공산진영은 갖은 흉계를 다 써서 종교를 말살하고 민주진영을 근본적으로 파괴하려 하고 있다. 이러한 공산진영과 대결하기 위해서는 자유민주진영도 부득이 어떠한 새로운 대비책을 강구하지 않으면 안 될 것이다. 그리하여 우리가 승리하기 위해서는 먼저 공산주의 이념을 능가하는 이론적인 대안을 마련하여야 하며, 그 대안은 모든 종교와 모든 사상을 포용할 수 있는 하나의 고차적인 사상체계요 진리체계여야 한다. 자유진영은 이렇듯 종교계와 사상계가 새로운 사상 이념체계를 속히 확립하거나 발견하여 이것을 이념적인 공동무기로 삼게 하여 사상공세를 취함으로써만 공산주의를 제압하고 극복할 수 있을 것이다.

주지하는 바와 같이 공산주의의 원조는 마르크스이고 그것을 보완한 사람은 레닌, 스탈린이다. 그런데 마르크스주의 이론의 주요부분은 그의 경제학과 유물사관이다. 그의 경제학은 그의 노작(勞作)인

자본론(資本論)으로서 장황한 이론이지만 그것의 기초가 되는 것은 가치론(價値論)이다. 따라서 가치론과 유물사관(唯物史觀)은 공산주의 이론의 2대 무기가 되고 있다. 그리고 공산주의 이론에 철학적 근거를 제공하고 있는 것이 변증법적 유물론(辨證法的 唯物論)으로서 철저한 무신론이요, 반종교적 사상이다. 그러므로 본서에서는 이 세 이론에 관하여 그 요점을 소개하면서 비판을 가하고 통일사상에 입각한 대안을 제시하고자 한다.

1980년 9월
저자

◉ 편집자가 전하는 말
　이 책은 1986년 4월 초판8쇄가 출판되었습니다. 지금으로부터 30여 년 전에 출판되었기 때문에 공산주의 사상과 이론을 제외한 연대나 공산국가의 현실, 국제정세 등에 관한 기술은 그 당시의 시대상황을 그대로 서술한 것이었음을 말씀드립니다. 그리고 일부 서술에서 연대 계산 등은 현시점을 기준으로 수정 보완하였음을 알려드립니다. 또한 저자명은 기관명으로 나왔던 기존 판본과는 달리 이번 판부터는 원저자인 이상헌 선생으로 통일하여 발행합니다.

목 차

머리말

제1장 마르크스시대의 환경과 마르크스주의의 성립
제1절 마르크스시대의 역사적 사회적 배경 ································ 12
제2절 마르크스의 인간성 ·· 16
제3절 마르크스주의의 성립 ·· 18

제2장 마르크스의 가치론 및 그 비판과 대안
제1절 마르크스의 가치론의 수립 동기 ·· 23
제2절 노동가치설 비판 ·· 26
   1. 노동가치설이란 ·· 26
   2. 노동가치설의 비판 ·· 31
   3. 노동가치설의 대안 ·· 47
제3절 잉여가치론 비판 ·· 66
   1. 잉여가치론 ·· 66
   2. 잉여가치론 비판 ·· 77
   3. 잉여가치론의 대안 ·· 100

제4절 자본주의 붕괴론 비판 ·· 109
  1. 이윤율 저하 경향의 법칙·· 110
  2. 빈곤증대의 법칙 ·· 115
  3. 자본집중의 법칙 ·· 117

제3장 변증법적 유물론 및 그 비판과 대안

제1절 공산주의 유물론 ·· 123
  1. 이론과 실천 및 철학의 당파성 ································ 124
  2. 기계론적 유물론과 포이엘바하 유물론···················· 129
  3. 공산주의 유물론의 물질관과 인간관························ 134
세2절 공산주의 유물론의 비판과 대안 ····························· 150
  1. 물질의 개념에 대한 비판과 대안 ···························· 151
  2. 정신과 물질의 관계에 대한 비판 및 대안 ············· 162
  3. 물질의 운동성과 역사성의 내용에 대한 비판 및 대안 ········ 165
  4. 인간관에 대한 비판과 대안······································· 173
제3절 변증법 ··· 175
  1. 변증법이란 무엇인가 ··· 175

2. 변증법에 대한 비판과 그 대안 ················· 180

제4장 유물사관 및 그 비판과 대안
　제1절 사회발전의 합법칙성 ························· 207
　　1. 발전의 합법칙성이란 ························ 207
　　2. 합법칙성이 의미하는 것 ······················ 208
　　3. 자연의 발전과 사회발전의 차이 ················· 210
　　4. 의식활동을 제약하는 인자 ···················· 211
　제2절 생산관계 ································· 212
　　1. 생산과 교환 ······························· 212
　　2. 생산양식과 생산관계 ························ 213
　　3. 소유관계 ································· 214
　　4. 생산력과 생산관계 ·························· 215
　　5. 생산력 및 생산관계의 발전과 인간의 의지 ········· 215
　제3절 토대와 상부구조와의 관계 ···················· 216
　　1. 토대(하부구조)와 상부구조 ···················· 216
　　2. 상부구조의 조응 ···························· 218

    3. 생산력은 토대가 아니다 ·· 219
    4. 사회적 존재와 인간의식 ·· 219
    5. 사회발전의 특수성과 의식의 능동성 ······························ 223
    6. 의식의 피제약성 ··· 224
    7. 상부구조의 역할 ··· 225
제4절 생산력의 발전 ··· 226
    1. 생산력의 발전이란 ··· 226
    2. 생산력 발전의 원인과 동기 ·· 227
    3. 생산력과 생산관계의 모순 ·· 229
제5절 국가와 혁명 ·· 231
    1. 착취와 지배 ··· 231
    2. 지배의 방법 ··· 232
    3. 지배계급과 국가 ··· 232
    4. 지배계급과 혁명 ··· 233
제6절 사회발전과 생산관계의 여러 형태 ································· 234
    1. 생산관계의 발전의 복귀성 ·· 234
    2. 생산관계의 여러 형태 ·· 234

제7절 통일사관 개요 ································· 239
　1. 통일사관이란 ································· 240
　2. 창조의 제 법칙 ······························· 246
　3. 복귀의 제 법칙 ······························· 255
제8절 유물사관의 비판과 통일사관에 의한 대안 ········· 265
　1. 생산력과 생산관계 이론에 대한 비판과 대안 ········ 265
　2. '토대와 상부구조'이론에 대한 비판과 대안 ········· 291
　3. 국가와 혁명론에 대한 비판과 대안 ················ 298
　4. 사회발전과 생산관계의 제 형태에 관한 통일사관의 견해-대안 ··· 304

결 론 ··· 311

제1장
마르크스시대의 환경과 마르크스주의의 성립

 무릇 어떠한 사상이거나 그것을 올바르게 이해하려면 그 사상이 성립된 시대적 환경과 그것을 주도한 인물의 성격, 그의 목적 등을 옳게 파악하지 않으면 안 된다. 사상은 언제나 어떤 과제의 해결을 목적하고 출현하였으며 그 과제들은 모두 그 시대와 환경에 의하여 제기된 것이었다. 그리고 그 과제를 해결하려는 어떤 특정한 인물이 출현하여서 그 해결방안을 고구(考究)하여 이룩한 특정한 사고체계를 우리는 사상이라고 하는 것이다. 그러므로 사상 성립에 있어서 시대적 환경 및 그 주창자의 성격 목적 등이 결정적 요건이 됨은 재언할 필요가 없는 것이다.
 마르크스주의의 성립도 그 예외가 될 수 없는 것이니 그것은 19세기라는 역사적 배경과 서구사회라는 사회적 환경 속에서 생겨나게 된 것이며, 그리고 그 사상은 마르크스라고 하는 독특한 성격과 지식의 소유자에 의하여 창도된 주의였던 것이다. 그러므로 마르크스주의를 올바르게 이해하려면 먼저 마르크스가 성장하던 19세기 전반기와 그가 활동하던 당시의 서구사회에 일어났던 여러 가지 사건과 현상을 아는 동시에 마르크스의 인간성을 또한 알아보아야만 할 것이다.

제1절 마르크스시대의 역사적 사회적 배경

마르크스의 성장 시기

　마르크스(1818~1883)가 성장한 19세기 전반기는 유럽 전체가 혁명의 분위기에 싸였던 때다. 즉 1789년의 프랑스 혁명을 발단으로 하여 자유·평등·박애의 자유주의사상은 요원(燎原)의 불길처럼 전 유럽에 번져 갔으며 낡은 사회질서가 남아있는 곳에는 어디나 혁명의 불길이 타오르려 하고 있었다. 특히 빈 회의(1815) 후의 독일에서는 1830~1840년대에 있어서 전제군주와 봉건귀족이 결탁하여 소시민 농민 노동자들을 극도로 억압하고 있었으므로 주체세력만 갖추어지면 언제라도 혁명이 발발할 수 있는 상태에 놓여 있었다. 그중에서도 마르크스가 태어난 라인 지방은 독일 중에서도 가장 국제적이며 가장 공업화된 곳이었기 때문에 외래의 영향에 따른 사회적 불안과 긴장은 더욱 심하였던 것이다.

　이러한 사회적 환경 속에서 자라난 마르크스는 1835년 본대학에 입학하였다가 그다음 해에 베를린대학에 가서 당시 전 독일의 사상계를 휩쓸던 헤겔 철학의 직접적인 영향하에 학구생활을 계속하였으니 이 기간에 그의 사상형성의 철학적 기초가 마련되었던 것이다. 그런데 이 무렵에 헤겔학파는 헤겔학설에 대한 해석의 상이(相異)로 인하여 좌우 양파로 갈라지게 되었으며 그 분열은 실천 면에서도 나타났다. 우파는 보수적이어서 국가를 이성적인 것이라고 하여 이를 옹호함으로써 프러시아 정부의 환영을 받았으며 좌파(청년 헤겔파)는 개혁적이어서 반정부적 사상운동을 전개하였던 것이다. 마르크스는 물론 좌파였으며 마르크스가 그의 유물철학을 계승한 포이엘바하도

좌파였다. 그런데 이 마르크스시대의 환경과 양파의 분열은 실은 그 당시의 사회적 반영, 즉 전제군주의 탄압 정치와 자유를 갈구하는 인민대중의 불만의 반영이었던 것이다. 그렇기 때문에 프러시아 정부는 나중에 좌파에 대하여 압력을 가하였다.

이러한 정세하에서 베를린대학을 나온 청년 마르크스는 잠시 라인신문의 주필로 있다가 동지(同紙)가 폐간되자 부인과 함께 파리로 망명하였던 것이다.

산업혁명과 초기의 자본주의

한편 이 시기에 프랑스에서는 영국의 산업혁명에 뒤이어서 산업혁명이 진행되고 있었다. 따라서 이 두 나라에서는 급격히 그리고 전반적으로 사회구조가 변혁되어 가고 있었다. 특히 영국에 있어서 그 변동은 조기에 왔고 또 심하였다. 농업혁명으로 인하여 수많은 농민들이 몰락하여 도회지로 모여 들어서 임금노동자가 되었으며 또 소상인, 소점주(小店主), 수공업자들은 자본가에게 눌려서 점차 무산자(無産者)로 변해 갔고 마침내는 노동자계급으로 떨어져 갔다. 그리하여 드디어 인구의 10분의 9가 사유재산을 잃고 있었다('공산당선언' 일역 岩波文庫 61면). 그리하여 유럽사회는(특히 영국에 있어서) 무산자와 유산자, 프롤레타리아트(노동자 계급)와 부르주아지(자본가 계급)의 2대 계급으로 급속히 분열되어 갔던 것이다('공산당선언' 同上 40면).

이때는 자본주의의 초기였기 때문에 새로 발명된 많은 기계가 생산과정에 도입되기는 하였으나 아직도 그것은 유치하였으므로 기계만 가지고는 나날이 늘어가는 수요를 채울 만한 생산량은 올릴 수 없었다. 여기에 있어서 자본가에게 가장 유리한 방법은 노동자를 무자비하게 혹사하는 것이었다. 그들은 아무런 거리낌도 없이 이 방법을 채택하였다. 그리하여 도처에서 이로 말미암은 비참한 사회현상이 벌어졌던 것이다. 이 사회적 참상이 특히 심한 곳이 영국이었다. 영국에 있어서의 노동자들에 대한 자본가들의 대우가 얼마나 비인도적이며 가혹한 것이었던가는 당시의 공장들에게 '완화된 감옥' 또는 '완만한 인간학살장'(마르크스 '자본론' 일역 靑木書店 제1부 하 690면)이라는 별명이 붙을 정도였다는 것으로써 알 수 있다. 임금, 노동시간, 노동의 고통, 위험도 및 위생사정 등의 노동조건은 노예 노동과 다를 바 없었다.

그런데 이 시대에는 또 하나 노동자 대중에게 불리한 사회적 조건이 있었으니 그것은 오늘과 같은 대의원제도가 없었다는 것이다. 대중이 아무리 억울함을 당하고 불법적, 비인도적 취급을 받더라도 그들의 요구를 합법적으로 국정에 반영시켜서 관철할 수 있는 길이 없었다. 선거라고 불리는 제도가 없는 것은 아니었으나 그것은 유럽이 아직도 농업경제단계에 머물러 있던 때의 형편에 맞도록 만들어진 것으로 19세기 중엽인 마르크스 당시의 사정에는 이미 부합되지 않는 것이 되어 버렸다. 그 이유는 산업혁명에 의하여 19세기 중엽에는 이미 서구의 산업구조와 사회구조가 크게 변형되고 있었기 때문이다.

전(前) 시대의 토지귀족과 농민 대신에 신흥 산업 부르주아지와 공장 프롤레타리아가 그 기초를 이루는 새로운 구조의 사회가 되었으며 따라서 당연히 이 새로운 사회구조에 맞는 보통선거제도가 실시되어야 했던 것이다. 그리하여 인민대중은 이것을 강력히 요구하였으나 집권층인 자본가계급은 이것을 용납하지 않았다. 그 예가 바로 차티스트 운동이었다. 이것은 1836년부터 1848년 사이에 영국에서 일어난 노동계급의 합법적 정치운동이다. 이때 그들은 인민헌장(人民憲章)의 실현을 위하여 치열한 싸움을 전개하였던 것이다. 인민헌장이란 평등한 선거구, 의회의 매년 소집, 피선거권에 대한 자산 조건의 폐지, 비밀투표 등을 포함한 6개 요구조건을 내용으로 하는 청원서였다. 그러나 이 운동은 번번이 거절과 탄압을 받았다. 결국은 많은 희생자만 내고 마침내 분쇄되고 말았던 것이다.

당시의 사상가들

이러한 사회적 경제적 여건하에서 여러 양심적인 사상가들은 돈에만 눈이 어두운 자본가들을 비난하고 노동자들에게 뜨거운 동정을 보냈다. 그들은 착취와 억압의 부도덕성을 지적하고 자본가들의 양심에 호소하여 인도주의적 방식을 강구할 것을 촉구하였다. 예를 들면 오웬, 상시몽, 프리에 등 공상적 사회주의라고 마르크스에 의하여 불린 사상가들이 그러하였다. 그들은 이성이나 도덕의 힘으로 인간정신을 개조함으로써 불평등의 사회를 평화적인 방법으로 사랑과 협동의 조화로운 경제사회인 사회주의사회로 개혁시킬 수 있다고 믿고 있었던 것이다(그러나 그들의 시도는 모두 실패하여 그 사상은 결국 공상에 그치고 말았다).

그런데 그들의 대부분은 파리를 근거지로 하여 활동하고 있었다. 그리하여 파리는 당시에 사회주의 운동의 본거지처럼 되어 있었다. 마르크스가 파리로 망명한 것은 바로 이러한 때였다. 파리에 온 마르크스는 여러 사회주의자들과 접촉하면서, 그리고 자본가들로 인하여 빚어지는 사회적 경제적 참상과 죄악상을 바라보면서 그 자신의 사상체계를 공고히 다듬고 있었다. 이리하여 프랑스의 사회주의사상은 마르크스의 사상형성에 중요한 원천이 되었던 것이다. 또한 이때 마르크스는 그의 필생의 동지 엥겔스를 만났다. 양인은 나중에(1848년 2월) 런던에서 저 유명한 '공산당선언'을 발표함으로써 공산주의 운동을 본격적으로 개시하였던 것이다.

그 무렵에 파리에서 혁명(2월 혁명)이 일어났고 이어서 나폴리, 로마, 베니스, 빈 등지에서 소란이 벌어졌고 마침내 이 불길은 독일에까지 번져 프러시아에서도 드디어 혁명(3월 혁명)이 터지고 말았다. 마르크스는 독일로 돌아갔다.

그러나 의외로 얼마 안 가서 각지에 반혁명이 폭발하여 모든 혁명세력은 분쇄되고 말았다. 마르크스는 다시 망명의 길을 떠나야만 했다. 그는 이번에는 파리를 거쳐 런던으로 향하였던 것이다. 그곳에서 그는 심한 생활고에 시달리면서도 생애를 마칠 때까지 한편 실천운동도 전개하였으나 주로 사상체계의 완성에 심혈을 기울였던 것이다.

이와 같이 마르크스가 성장하던 서구의 역사적 사회적 배경은 마르크스주의와 같은 혁명사상의 출현을 불가피하게 하였던 것이다.

제2절 마르크스의 인간성

오늘날 공산주의를 신봉하는 사람들은 무조건 마르크스를 신격화하고 공산주의를 반대하는 사람들은 무조건 그를 힐난하는 경향이 있다. 그것은 공산주의가 인간을 적대관계로 갈라놓은 전투적 사상인 때문이기도 하지만 각각 지나치게 편벽된 역사관을 가지고 마르크스를 대하는 데서 오는 편견이라고 생각한다. 유물사관(唯物史觀)의 입장에서 마르크스를 대하면 그는 무조건 정당하였고 유심사관(唯心史觀)을 가지고 그를 보면 마르크스는 무조건 유해한 인물로 보인다. 저자는 마르크스를 공정하게 이해하려면 통일사관(統一史觀 후술)의 입장에서 그를 대하여야 하리라고 생각한다.

마르크스는 철두철미 투쟁적 성격의 소유자였다. 그는 타고난 성격 자체가 배타적, 독선적이었고 자기와 견해를 달리하는 자를 관용할 줄 몰랐으며 자신의 정당성을 의심하거나 자기의 사고방식을 따르지 않는 자는 누구를 막론하고 멸시하였다고 한다. 또 그는 세속적인 인간들의 생활양식, 취미, 가치관념 등을 경멸했다. 이것은 그가 이미 지닌 바의 새로운 인생관, 세계관의 소치였겠지만 여하간 그는 어떤 사건이거나 윤리적인 원리에 호소하는 것을 거부했으며 타인에게 무조건 온정이나 우정을 베푸는 것을 원치 않았다. 다만 그 가족과 그의 동지들에 대해서만은 예외였다. 그 외의 모든 사람은 마르크스에 있어서는 그의 정치, 투쟁에 있어서 이용가치가 있는 인물이냐 아니냐의 양자 중의 하나였을 뿐이다. 그는 생애의 최후의 순간까지 사상하는 사람이었다. 정적(政敵)에 대하여는 무자비하였고 자기와 일치하지 않는 견해는 모두 배교(背敎)가 아니면 도덕적인 타락 또는 정치적 백치로 간주하였다는 것이다(시드니후크 '마르크스와 마르크스주의자들' 양호민 역 사상문고 72면).

마르크스의 이러한 성격은 사회혁명이 필요하였던 그 당시의 현실을 방관할 수 없었을는지도 모른다. 그러나 오늘날은 역사적, 사회적, 인간적 조건이 마르크스시대와는 전연 달라졌다. 오늘날은 정신혁명이 필요할 뿐 결코 폭력혁명은 필요치 않다. 마르크스도 만일 오늘날에 태어났다면 폭력혁명을 거부하고 정신혁명을 택하였을 것이다. 폭력혁명을 통하여 이루어지는 사회는 문제의 근원을 해결한 사회가 아니다. 인간과 전 존재에 관한 근원적인 문제의 해결은 폭력과 같은 외적 물리적 수단으로 이루어지는 것이 아니라 내적인 수단인 진리와 사랑으로만이 가능한 것이다. 그것이 바로 정신혁명이다.

제3절 마르크스주의의 성립

위에서 말한 바와 같은 사회적 실정에 극도로 반항을 느낀 마르크스는 부르주아지를 타도하기 위해서 첫째로 노동자들의 철석같은 단결이 필요하고, 둘째로 광범위하고 또 계속적인 투쟁이 필요하다고 보았던 것이다. 그리고 단결과 끊임없는 투쟁을 위해서는 첫째 노동자로 하여금 혁명의식에 불타게 하여야 하며, 둘째 그들을 공고하게 조직하는 것이 무엇보다도 시급한 일이었다. 그러기 위해서는 결국 하나의 확고한 사상체계를 수립하는 것이 필요하였던 것이다. 그리하여 마르크스는 드디어 프롤레타리아 해방이라는 기치를 들고 그의 사상체계를 획책하기에 이르렀던 것이다. 이렇게 해서 마르크스주의는 역사의 무대 위에 출현하였다.

관념론적 역사관

그는 그의 학설을 구성함에 있어서 먼저 자본가 계급을 타도하는 것이 필연적 역사적 과업임을 증명해야만 했고 그러기 위해서는 종래의 관념론적 역사관에 혁명을 일으키지 않으면 안 될 것으로 보았던 것이다.

관념론적 역사관은 역사를 신의 섭리와 특출한 인물의 비범한 힘에 의하여 발전하는 것으로 보며 자기 당대의 사회제도는 신성한 것이며 영원불변의 것으로 보았다. 예를 들면 고대 노예제사회의 최대 철학자 아리스토텔레스는 노예제도가 원래 하늘이 명한 것이기 때문에 영원한 것이라고 주장했고, 봉건주의시대 전성기의 철학자 토마스 아퀴나스는 봉건사회가 우주적 히에라르키(Hierarchie, 피라미드형의 계층조직)를 닮은 것으로서 교황을 정점으로 하고 농노를 기반으로 하는 영원한 사회제도라고 하였던 것이다. 마찬가지로 자본주의사회도 관념론자들은 이것을 옹호하고 있다고 마르크스는 보았던 것이다.

관념론에 의하면 인간은 평등하기 때문에 노동자나 자본가는 서로 대등한 자유인간이며 그들은 자유의사에 의하여 자유계약을 체결해 한 편은 일하고 한 편은 임금을 지불하는 것이기 때문에 불평등이 있을 수 없다는 것이다. 이리하여 관념론은 착취와 지배의 사실을 은폐함으로써 자본주의를 옹호하였다는 것이다. 이러한 관념론은 마르크스에게는 참을 수 없는 반동적 견해이며 이러한 관념론을 분쇄하지 않고는 그의 역사적 과업을 달성하기는 불가능하다고 생각하였던 것이다.

그리하여 그가 먼저 착수한 것은 관념론적 역사관에 대한 날카로운 비판과 새로운 역사관의 확립이었다. 이것이 바로 그의 유물사관이었던 것이다. 그런데 이 유물사관은 인류역사를 변증법적 유물론(辨證法的 唯物論)의 입장에서 관찰한 역사관인 것이다. 즉 그것은 역사관에다가 변증법적 유물론을 적용한 것이다.

변증법적 유물론

변증법적 유물론은 그의 철학이다. 그는 포이엘바하에게서 유물론을 비판적으로 계승해 가지고 이 유물론에 헤겔의 변증법을 적용해서 이른바 변증법적 유물론을 수립하였다. 그 요점을 간단히 말하면 세계는 이미 완성된 것으로 보지 않고 항상 변화하는 과정에 있는 것으로 이해한다. 다시 말하면 세계는 항상 생성 소멸 또는 전진 후퇴 또는 성장 붕괴 등 천태만상의 변화 과정에 있는 여러 사물의 복합체로 보며 또 개개의 사물을 따로 떼어서 보지 않고 전체와 관련시켜서 이해하며 그리고 변하는 것은 어떤 것이거나 모순, 즉 대립물의 통일과 투쟁에 의하여 이루어진다는 것이다.

즉 한 사물이 반드시 그 내부에 그것과 모순되는 요소를 내포하며 이 대립되는 두 요소는 반드시 통일과 투쟁을 계속하고 그에 따라서 그 사물은 변화 또는 발전한다는 것이다. 예로서 계란의 부화 과정을 보면 계란은 그 속에 그것과 모순되는 배자(胚子)를 갖고 있는 바, 이 대립물이 서로 통일과 투쟁을 계속하는 동안에 배자는 점점 커져서 계란 내에 차게 되면 드디어 그 계란 껍질을 깨치고 나온다. 이 결과는 계란도 아니요 배자도 아닌 새로운 생성물인 병아리가 된다는 것이다.

자연계의 일체의 사물은 모두 이 형식에 따라서 발전한다는 것인데 마르크스는 이 법칙을 전반적인 사회 발전에 적용하여 역사 발전에 있어서 한 경제사회는 반드시 내부에 부정적인 요소를 포함하여 이 모순되는 두 계기는 서로 대립 투쟁한다는 것이다. 이 두 계기란 생산관계와 생산력을 말하는 것인데 생산력은 부단히 발전하는데 생산관계는 한 사회의 발전의 일정 단계에 가서는 도리어 생산력의 발전을 저해하는 장해물로 변하기 때문에 여기서 두 계기간(契機間)의 대립 투쟁이 벌어져서 드디어 그 사회는 무너지고 새로운 경제사회가 출현한다. 그러므로 자본주의사회도 이 역사의 발전 법칙에 따라서 불가피적으로 무너지고 새로운 사회가 도래하게 되니 이것이 바로 무계급사회인 공산주의사회라는 것이다. 이것이 마르크스의 소위 '유물사관'이다.

자본론

마르크스는 이것으로 만족하지 않았다. 그는 자본주의사회의 붕괴의 역사적 필연성을 구체적으로 증명하기 위해서 A 스미스, D 리카도 등이 주장한 영국 고전 경제학에서 노동가치설을 계승하여 그것을 기초로 자본주의경제를 면밀히 분석 연구하였다. 이 연구가 소위 마르크스의 경제학이라고 불리는 '자본론'이다.

그는 이 연구를 통하여 자본주의 경제체제는 그 자체 속에 그 자신을 파멸로 이끄는 몇 개의 경제적 운동법칙이 작용하고 있음을 입증하였다. 그것은 그 당시로서는 아무도 상상하지 못하였던 것이다. 레닌은 이에 대하여 "유물사관은 이제는 가설이 아니라 하나의 엄연한 과학이 되었다."고 하면서 마르크스의 이 업적을 찬양하였다. 그런데 그가 세운 경제적 운동법칙이란 자본 집중의 법칙, 이윤율 저하 경향의 법칙, 빈곤 증대의 법칙 등을 말한다. 이것은 그의 노동가치설과 잉여가치설에서 도출한 것으로서 간단히 말하면 자본주의사회에 있어서는 불가피적으로 자본가들 상호간에 경쟁이 벌어지며 이 경쟁 때문에 도리어 이윤은 점점 더 적어지고 결국에는 힘이 약한 자본가는 쓰러짐으로써 부(富)는 소수의 자본가에게 집중되는 한편 노동자는 점점 더 빈곤해질 뿐 아니라 그 수는 점점 늘어나서 드디어 사회의 절대다수를 차지하게 되는 바 이 때문에 자본주의 경제체제 자체가 궁극에 가서는 무너지고 만다는 것이다.

그러면 이 자본주의사회를 붕괴시키는 최후적 그리고 결정적 계기는 무엇인가? 그것은 프롤레타리아트의 혁명운동이다. 마르크스는 다음과 같이 말하고 있다. "자본가의 수가 점점 줄어듦과 동시에 빈곤 억압 예속 퇴폐와 착취의 정도는 한층 더 확대한다. 그러나 그와 함께……노동자 계급의 반항이 증진한다.……생산수단의 집중과 노동의 사회화는 드디어 자본제적 외피(外被)와 조화할 수 없는 점에 이른다. 자본제적 외각은 터져 버린다. 자본제적 사유의 종말을 고하는 종이 울리고 수탈자는 수탈당한다"('자본론' 제1권 일역 角川文庫 ③ 290~291면). 그리하여 그는 유물사관과 더불어 자본주의 경제체제를 무너뜨리기 위한 확고부동한 경제이론을 세우는 데 성공(?)하였던 것이다.

이리하여 마르크스는 독일 관념론(특히 변증법)과 프랑스의 사회주의 및 영국의 고전 경제학 등의 삼원천(三源泉)을 비판적으로 섭취해서 하나의 통일된 사상체계를 이룩하였던 것이다. 그리하여 공산주의자들의 말을 빌린다면 이로써 그의 학설은 계급투쟁에 있어서 가장 효과적인 무기가 되었으며 프롤레타리아의 마음속에 강렬한 혁명의식과 승리에 대한 확고한 신념을 집어넣을 수 있었던 것이다.

여기서 한 가지 지적해 둘 것은 이상에서 본 바와 같이 마르크스의 철학은 처음부터 그것이 단순한 교의로서가 아니라 어디까지나 혁명을 준비하고 그것을 지도하기 위한 '행동의 지침'으로서 성립되었다는 것이다. 이것은 마르크스의 강점인 동시에 치명적인 약점이기도 하였다. 왜냐하면 그의 사상은 전적으로 그의 목적, 즉 폭력혁명을 합리화하기 위해서 형성되었기 때문이다. 이 때문에 그의 이론은 보편적 진리가 되지 못하였으며 따라서 그것은 시대적 산물에 불과하여 시대의 변천과 함께 언젠가는 폐기될 운명을 내포하고 있었던 것이다. 그리하여 마르크스의 사상이 그 당시에는 대체로 적용될 수 있었지만 오늘에 와서는 여러 가지 점에서 오류가 드러났으며, 그 때문에 공산주의자 자신들에 의하여 자의적으로 수정되어서 숱한 이념 분쟁을 야기하고 마르크스가 구상했던 이론 자체는 이제는 역사적 유물로 화하여 버렸다.

제2장
마르크스의 가치론 및 그 비판과 대안

제1절 마르크스의 가치론의 수립 동기

　이미 말한 바와 같이 마르크스가 성장하던 19세기 전반기는 유럽의 선진국(영국, 프랑스)에서 산업혁명이 한창 진행되고 있었던 시대였고 자본주의의 초기였기 때문에 여러 가지 폐단과 부작용이 많이 발생했던 것이다. 즉 노동자들에 대한 처우가 말이 아니었다. 임금은 너무 싸서 입에 풀칠하기도 어려울 정도였고 공장 내의 위생시설은 거의 없는 상태여서 병에 걸리는 노동자들이 많았으며 기계가 아직 유치해서 노동 강도가 심한 데다가 노동시간마저 길어서 노동자들은 극도의 피곤에 시달려야만 하였던 것이다. 오늘날에는 선진국일수록 임금은 높고 위생시설도 좋으며 시간도 짧아서 선진자본주의국가에서의 노동자들은 상당히 부유하고 안락한 생활을 즐기고 있고, 또 노동법과 사회보장제도가 발달하여 노동자의 생활수준은 나날이 향상되고 있다. 그러나 위에서 말한 바와 같이 마르크스 당시는 모든 사회적 여건이 오늘과 달랐기 때문에 노동자들의 생활은 노예의 생활과 다를 바 없이 비참하였던 것이다.

마르크스는 노동자들의 이 같은 비참상이 자본가들의 노동력에 대한 무자비한 착취와 억압에서 오는 것으로 단정하고 노동자들의 생활을 향상시키기 위해서는 자본가계급을 타도하여 사회제도를 뜯어고쳐야 한다고 주장하였다. 다시 말해서 자본주의사회는 폭력혁명으로 파괴하고 새로운 사회, 즉 공산주의사회를 건설하지 않으면 안 된다고 주장하였던 것이다.

그런데 마르크스가 주창한 공산주의는 오늘날 소련, 중공을 위시해서 여러 나라에 세워졌지만 노동자들의 생활은 자본주의사회에서 보다 더 악화되고 있을 뿐 아니라 자유와 권리마저 빼앗기고 있으니 이것이 도대체 어떻게 된 일인가? 이것은 마르크스의 사상 자체에 모순과 오류가 있었기 때문이다. 그러면 그 모순과 오류는 구체적으로 어떠한 것인가? 본장에서는 그의 사상 중 자본론의 핵심이론인 가치론의 오류를 폭로·비판하기로 한다.

이미 말한 바와 같이 마르크스가 그의 사상을 수립한 목적은 어디까지나 자본주의를 타도하려는 데 있었던 것이다. 그런데 자본주의를 타도하려면 몇 사람의 사상만으로는 불가능하며 모든 노동자들을 굳게 단결시켜서 그 단결된 힘으로 혁명을 일으키지 않으면 안 되었다. 그리하여 그는 "만국의 노동자들이여 단결하라."('공산당선언' 87면)고 외쳤던 것이다.

그런데 노동자들을 단결시키기 위해서는 자본주의를 타도해야 할 합당한 이유와 정당한 명분을 찾아 세우지 않으면 안 되었다. 그는 자본가들이 장차 선심을 써 가면서 노동자의 임금을 올려주는 등 노동조건을 조금씩 개선해 간다면 노동자들은 이러한 일시적인 선심공세에 속아 가지고 폭력혁명을 거부하지나 않을까 염려하였을 것이다. 그러므로 그는 노동자로 하여금 자본가나 정부의 어떠한 감언이

설에도 속지 않고 기어이 혁명 과업을 수행해 내도록 하기 위해서는 자본주의를 반드시 타도하지 않으면 안 되는 불가결의 이유를 찾아내야만 하였다.

마치 법관이 죄수를 옥에 보내는 데 있어서 반드시 만인이 모두 수긍할 수 있는 죄상을 명백히 한 다음에야 형량을 언도하듯 이 자본주의사회를 타도하는 데 있어서도 만인이 납득할 수 있는 자본가들의 죄상을 찾아내어 이것을 폭로하지 않으면 안 되었던 것이다. 그러나 자본가들이 노동자들을 혹사한다거나 노예 취급을 하는 따위의 사실들은 그것만으로 자본주의를 개혁하기 위한 이유는 될지라도 그것을 반드시 타도해야 할 구실은 될 수 없었던 것이다. 왜냐하면 노동자들의 여러 가지 악조건이 정부의 입법 조치나 자본가들의 선심으로 어느 정도 개선될 수 있을 것같이 보였기 때문이다.

그러나 이러한 개선은 일시적인 미봉책에 불과하며 노동자의 처우를 근본적으로 해결하는 방안은 결코 아니라고 마르크스는 보았던 것이다. 따라서 자본주의를 타도하지 않으면 안 되는 이유로서 불가결의 조건이 무엇인가를 찾아내야 했던 것이다. 즉 자본주의의 근본적인 죄상(모순)을 발견해내야 했다.

마르크스는 이러한 근본 모순을 상품 속에서 드디어 발견하였다고 공언하고 있다. 이 발견을 이론적으로 정리한 것이 소위 그의 가치론인 것이다. 이 가치론은 그의 자본론의 가장 중요한 기초 이론이 되고 있다. 본절에서는 이 가치론을 알기 쉽게 해설하면서 그의 이론상의 오류를 지적 폭로하고 다음에 이에 대신할 수 있는 대안을 제시함으로써 그 극복을 시도하려 한다.

마르크스의 가치론은 노동가치설과 잉여가치론의 두 부분으로 되어 있는 바 여기에서는 먼저 노동가치설을 소개 비판하고 다음에 잉여가치론을 다루기로 한다. 그리고 이 가치론을 기반으로 그는 자본주의가 필연적으로 멸망하지 않을 수 없다고 하는 소위 자본주의 붕괴론을 세웠으므로 끝으로 그의 자본주의 붕괴론을 또한 비판하기로 한다.

제2절 노동가치설 비판

1. 노동가치설이란

상품의 교환

노동가치설은 마르크스의 가치론의 가장 기본이 되는 이론이다. 마르크스는 상품을 분석 연구한 결과 먼저 이 노동가치설에 도달하였던 것이다. 마르크스에 의하면 "상품이란 타인을 위하여 생산되는 재화이기 때문에 교환되는 물건이다." 오늘날에는 화폐에 의하여 상품이 매매되고 있지만 원래 물물교환 시대에는 상품과 상품이 직접 교환되었다. 그리고 화폐도 본래는 상품과 마찬가지로 교환되는 물건이었던 것이다. 그러므로 매매도 물물교환의 한 형태라고 볼 수 있는 것이다. 그리하여 상품이란 결국 교환되는 물건(재산)이다.

그런데 상품이 교환되려면 교환될 만한 가치가 있어야 한다. 가치 없는 물건은 교환될 수 없다. 그러면 가치란 무엇인가? 흔히 물건(재산)의 가치란 인간의 욕망을 충족시켜 주는 성질을 말한다. 그리하여 가령 고무신과 쌀을 교환했다고 한다면 이때에 한 사람은 고무신이 필요했고 또 한 사람은 쌀이 필요했기 때문에 교환이 이루어진 것이다. 즉 고무신이나 쌀은 모두 인간의 욕망을 충족시켜 주는 성질을 갖고 있다. 이러한 성질을 보통 물질의 효용성이라고 한다.

사용가치와 교환가치

이 효용성을 가치로서 표현할 때 효용가치라고 한다. 그런데 이 효용성(효용가치)은 소비자가 물건(상품)을 대할 때에 알게 되는 물건의 성질이다. 다시 말하면 효용성은 소비자가 평가하는 상품의 성질이다. 그런데 상품은 생산될 때 이미 그 자체 내에 인간에게 소용이 되는 성질, 즉 쓸모를 지니고 있다. 이 성질을 유용성이라 하고 이것을 가치로 표현할 때는 사용가치라고 한다(그러므로 효용성은 소비자가 보는 주관적인 성질이고 유용성은 상품 자체가 갖고 있는 객관적인 성질이다). 교환되는 상품 속에는 반드시 이 같은 사용가치(효용가치)가 들어 있다.

그러나 마르크스는 물건이 사용가치를 가졌다고 해서 그것이 바로 상품이 되는 것은 아니라고 하였다. 물건이 상품으로서 교환되려면 사용가치 외에 반드시 또 하나의 가치를 지녀야 한다고 하였다. 이것을 마르크스는 다만 가치라고 불렀다. 이것은 교환을 성립시키는 가치인 것이다. "상품은 사용가치 또는 사용 대상인 동시에 가치이다" (마르크스 '자본론' 일역 大月書店 제1권 111면). 예를 들면 공기나 햇빛 같은 것은 인간에게 없어서는 안 되기 때문에 그것들은 사용가치는 지니고 있으나 교환되지는 않는다. 따라서 공기나 일광에는 가치가 없다고 보는 것이다. 그러나 고무신과 쌀이 교환되는 것은 그것들이 사용가치뿐만 아니라 가치도 함께 갖고 있기 때문이다.

그런데 상품이거나 비상품이거나 간에 인간이 사용하는 물건은 어떤 것이거나 사용가치를 반드시 가지고 있기 때문에 상품만을 특별히 다룰 때에는 가치만이 문제가 된다. 즉 가치는 상품만이 갖고 있는 특수한 것이며 또 상품이 반드시 지녀야 하는 필수적인 것이다. 이것은 상품의 교환을 직접 성립시키는 주요 가치이기 때문이다. 물론 그는 사용가치를 무시하지는 않는다. 상품에 사용가치가 없다면 교환이 성립되지 못한다는 것을 잘 알고 있었다. "어떠한 물건도 사용대상이 되지 않고는(사용가치가 되지 않고는…저자) 가치일 수가 없다. 물건이 쓸모가 없으면……따라서 가치를 형성하지 않는다"(마르크스 '자본론' 大月書店 제1권 제1분책 78면). 고장 난 시계는 사용가치가 없기 때문에(사용 대상이 되지 않기 때문에) 팔리지 않는다. 사용가치가 없다면 교환이 성립되지 않는다. 그러나 상품이 교환될 때에 직접 교환을 성립시키는 것은 사용가치가 아니라 가치인 것이다. 왜냐하면 교환이라는 것은 상품의 가치를 양적으로 비교해서 그 가치가 서로 비등할 때에 이루어지는 것이기 때문이다.

그런데 사용가치는 상품에 따라서 각각 다르기 때문에 양적으로 비교할 수가 없다. 가령 쌀과 고무신을 교환하려 할 때 쌀의 사용가치(용도)는 먹는 데 있고 고무신의 사용가치는 신는 데 있다. 먹는 것과 신는 것은 모두 상품의 성질이며 양이 아니기 때문에 비교할 수가 없다. 그러므로 사용가치를 기준하고서는 교환이 성립될 수 없다. 교환이 이루어지려면 비교할 수 있는 공통 요소가 필요하다. 즉 쌀에도 들어 있고 고무신에도 들어 있는 제3의 양적인 요소가 필요하다. 이러한 상품의 가치, 즉 양적 요소의 대소를 구체적으로 결정해서 물건을 교환하게 될 때 양이 결정된 그 가치가 교환가치인 것이다. 그리하여 상품은 교환에 있어서 이면적인 것으로서 사용가치 및 교환가치로서 나타난다(마르크스 '자본론' 전게서 78면).

가치의 본질

그러면 구체적으로 말해서 가치의 본질은 무엇인가? 즉 두 상품 속에 공통으로 들어 있는 양적요소란 구체적으로 무엇인가? 마르크스는 이것을 노동이라고 하였다. 상품을 생산하는 데 사용된 노동이 바로 공통요소이며 이것이 가치의 본질(실체)이라는 것이다(이 공통요소가 교환을 성립시킬 때 그 양의 대소가 결정된 것을 교환가치라고 부른다). 마르크스는 어떠한 물건이거나 상품이 되려면 반드시 노동을 거쳐야 한다고 하였다. 그리하여 모든 상품은 생산과정에서 노동에 의하여 생산된다. 노동에 의하지 않는 물건은 상품이 될 수 없다. 물고기도 바다 속에 있는 동안에는 상품이 될 수 없다. 어부들이 고기를 잡아서 시장에까지 가져오는 노동을 거쳐야만 상품이 된다.

이와 같이 상품에는 반드시 노동이 들어 있는데 그 노동이 바로 상품의 가치이다. "상품의 가치는 단순한 인간 노동을, 인간적 노동 일반……의 지출을 나타낸다"(마르크스 '자본론' 전게서 83면). 이 노동의 양이 많으면 교환에 있어서 상품의 가치(교환가치)도 크고 노동량이 적으면 그 가치도 적다(그러나 노동량이 들어 있지 않은 상품이 얼마든지 있다. 이에 대해서는 노동가치설의 비판에서 상세히 밝힐 것이다.)

가치의 결정

여기서 문제가 되는 것은 그 노동의 양을 어떻게 측정하는가 하는 것이다. 노동이 가치의 본질이라면 교환하기 위해서는 쌍방의 노동을 양적으로 비교해야 하며 비교하려면 그 노동량을 칭량(稱量)할 수 있어야 한다. 그러나 길이(長)나 무게(重量)나 부피(容積)는 각각 자(尺), 저울, 되(分)로써 측량할 수 있지만 노동량은 이름만이 양일뿐이지 실제로는 무형적인 것이기 때문에 무엇으로써 그 양을 칭량하는가가 문제되지 않을 수 없다. 그러나 마르크스는 그것을 노동시간으로써 칭량하면 된다고 하였다. 즉 시간이 노동량을 재는 척도라는 것이다. 노동시간이 길면 그만큼 노동량이 많아지고 노동시간이 짧으면 그만큼 노동량이 적다는 것이다. 따라서 노동시간이 많이 소요된 상품의 가치는 크고 노동시간이 적게 소요된 상품의 가치는 그만큼 적은 것이다. "노동 그 자체의 양은 노동의 계속 시간으로 칭량하며 노동시간 또는 시, 일과 같은 일정한 시간 부분을 그 도량 표준으로 한다"(마르크스 '자본론' 전게서 74면).

여기서 다음과 같은 의문이 생길 것이다. 즉 게으른 사람과 서투른 사람은 노동시간이 더 걸릴 것이니 그들이 만든 상품은 그만큼 가치가 더 클 것이 아니냐 하는 의문이다. 그러나 마르크스에 의하면 상품의 가치는 한 사람 한 사람의 노동(개별적 노동)에 의해서 형성되는 것이 아니라 사회 전체의 평균노동에 의해서 형성된다는 것이다. 평균노동이란 평균시간에 일한 노동을 말한다. 어떤 노동자의 노동시간은 길 것이요 어떤 노동자의 노동시간은 짧을 것이다. 이 길고 짧은 노동시간들을 평균한 것이 평균노동시간이다.

가령 여기에 고무신을 생산하는 노동자가 4명 있다고 하고 각각 노동시간이 다르다고 하자. 즉 한 켤레를 생산하는 데 각각 3시간, 4시간, 5시간, 6시간의 노동시간을 요하였다고 하자. 이때 3시간을 소요한 사람은 가장 부지런하거나 기술이 제일 우수한 사람일 것이고 6시간을 요한 사람은 게으르거나 제일 서투른 사람일 것이다. 그러나 그렇다고 해서 고무신의 가치가 각각 3, 4, 5, 6이 되는 것은 아니다. 즉 고무신의 가치는 개별적 노동에 의해서 결정되는 것이 아니다. 이 경우의 고무신의 가치는 전체 시간을 평균한 평균노동시간에 의해서 결정된다. 평균은 전체 고무신의 생산에 소요된 총노동시간을 고무신 수로써 나누어 산출한다. 3시간, 4시간, 5시간, 6시간을 모두 합하면 18시간이 된다. 이 18시간(총노동시간)을 고무신의 켤레 수(총생산량) 4로 나누면 4.5시간이 된다. 이 4.5시간이 평균노동시간이며 이것이 고무신 한 켤레에 들어 있는 노동량이며 또한 가치이다.

위의 예는 간단한 예에 불과하지만 실제의 경우는 한 사회에 있어서 전체 노동자의 총노동시간을 총생산량으로 평균한다. 이렇게 해서 얻은 노동시간을 '사회적으로 필요한 평균노동시간'이라고 하고 이 시간 내에 행해진 노동을 사회적으로 필요한 평균노동이라고 한다. 이리하여 한 상품의 노동가치는 개개인의 노동시간에 의하여 결정되는 것이 아니고 사회적으로 필요한 평균노동에 의해서 결정된다. 즉 "한 상품의 생산에 있어서도 다만 평균적으로 필요한, 또는 사회적으로 필요한 노동시간만을 필요"(마르크스 '자본론' 전게서 74면)로 한다.

이상을 요약하면 상품에는 사용가치와 교환가치가 있는 바 이 중에서 교환(賣買)에 있어서 중요한 것은 가치(교환가치)이며 이 가치는 노동량에 의해서 결정된다. 노동량은 노동시간의 대소를 의미하며 따라서 상품이 교환가치를 가졌다는 말은 상품 속에 일정한 노동시간(노동량)이 뭉쳐져 있음을 뜻한다. 그리하여 마르크스는 "가치로 본다면 어떠한 상품도 응고된 노동시간의 일정량에 불과하다."(마르크스 '자본론' 전게서 74면)라고 하였다. 이상이 마르크스의 노동가치설의 요약이다.

2. 노동가치설의 비판

그러면 다음에 마르크스의 노동가치설을 비판하기로 한다. 먼저 가격과 가치에 관한 그의 이론을 검토한다. 마르크스에 의하면 가격이란 상품의 교환가치를 화폐로 표시한 것, 즉 "가치의 화폐적 표현에 불과하다"(마르크스 '임금·가격 및 이윤' 일역 岩波文庫 54면). 즉 "가격이란 교환가치이며…화폐로 표현된 교환가치"(마르크스 '임금·가격 및 이윤' 동상 44면)이며 "가격이란 상품의 교환가치가 유통 과정 속에서 나타나는 전화(轉化)된 형태이다"(마르크스 '경제학비판' 岩波文庫 77면).

고무신 한 켤레의 가격이 120원이라면 고무신의 교환가치가 120원의 값어치에 해당됨을 의미한다. 그런데 교환가치란 바로 그 상품을 생산하는 데 소요된 노동시간(노동량)이었다. 따라서 고무신 가격이 120원이라는 말은 고무신 한 켤레를 생산하는 데 120원어치에 해당하는 노동량이 소요되었음을 나타내는 것이다. 그리하여 가격과 가치(교환가치)와 노동량은 언제나 일치하는 것이다.

그런데 상품이 생산과정을 거쳐서 완제품이 되어 나올 때는 그 상품에 대한 노동은 이미 끝나서 응결된 노동량(노동시간)으로서 그 상품 속에 들어가 버린 후인 것이다. 다시 말하면 상품이 완성될 때에는 이미 노동량은 상품 속에 들어가서 그 상품의 가치를 형성한 때인 것이다. 즉 마르크스에 있어서는 가격은 가치(노동량)와 일치하기 때문에 가치가 형성되는 생산과정을 거쳐 나올 때에 상품의 가격은 이미 결정되어져 있으며 따라서 이렇게 결정된 가격은 생산과정을 떠난 뒤에는, 즉 유통 과정에서는 어떤 것에 의해 서로 영향을 받을 수도 없으며 변동할 수도 없다. "한 상품의 시장가격은 그 가치(노동량……저자)와 일치한다"(마르크스 '임금·가격 및 이윤' 동상 55면).

그러나 이러한 견해가 잘못이라는 것은 누구나 곧 깨달을 수 있을 것이다. 왜냐하면 가격은 항상 변동하는 것이기 때문이다. 수요가 많아지면 가격이 오르고 공급이 많아지면 가격이 떨어진다. 가격은 일시도 고정되어 있지 않고 시시각각으로 변하고 있다. 마르크스의 이론과 실제의 현상과는 너무나 거리가 멀다. 이에 대하여 마르크스는 다음과 같이 변명하고 있다. 가격이 수요와 공급에 의해서 변동하는 것이 사실이지만 그러나 그 변동은 항상 가치를 중심하고 변동하고 있으며 또 가치(자연 가격)에 가까워지려는 경향을 보이고 있다는 것이다. 왜냐하면 "공급과 수요는 항상 서로 균형하는 경향을 띠지 않을 수 없기 때문"(마르크스 '임금·가격 및 이윤' 동상 56면)이며 따라서 "시장가격은 그것의 자연 가격 즉……노동량에 의해서 결정되는 그것의 가치와 일치"(마르크스 '임금·가격 및 이윤' 전게서 55~56면)한다는 것이다. 그리하여 "시장가격의 변동……그 등귀 및 하락이 무력화하며 상쇄되는 것을, 즉 평균적으로는 그 각각의 가치 또는 자연 가격으로서 팔린다는 것을 발견할 것이다"(마르크스 '임금·가격 및 이윤' 동상 56면).

예컨대 고무신 한 켤레의 가치(자연 가격)가 100원에 해당하는 것이라면 실제의 가격은 100원 선을 중심하고 오르내리지만, 즉 어떤 때는 80원으로 떨어졌다가 어떤 때는 120원으로 오르기도 하지만 그 변동이 점차적으로 100원선으로 가까워지려는(균형하려는) 경향이 있다는 것이다. 이리하여 평균해 보면 결국 가치와 가격은 일치한다는 것이다.

이것은 오늘날에는 하나의 궤변이 되고 말았다. 가격 변동이 어떤 선(이 선을 마르크스는 자연 가격이라고 보았음)을 중심하고 오르내린다는 것은 자유방임주의 시대에 있었던 현상이요 오늘날에는 도리어 가격은 대체적으로 상승일로에 있는 것이 일반적인 현상이다. 한 번 오른 가격은 좀처럼 떨어지지 않을 뿐 아니라 얼마 후에는 또다시 오르곤 하는 것이 오늘의 통계적인 현상이다.

그리고 또 가격은 통제나 협정, 독점에 의해서도 좌우된다. 연탄가격은 정부에서 정한 통제가격이기 때문에 수요 공급에 관계없이 정부 정책에 따라서 좌우되며 담배와 같은 전매품은 가격이 독점 가격이기 때문에 일방적으로 생산자의 의사에 의해서 좌우된다. 이와 같이 수요, 공급, 때, 장소, 통제, 독점, 기타 여러 가지 원인에 의해서 항상 변동하는 것이 가격의 본래의 성격인 것이다. 그럼에도 불구하고 마르크스가 가치는 일단 형성되면 불변이기 때문에 가격도 원칙적으로 불변이라고 주장하지 않을 수 없었던 이유는 무엇인가?

죄상 날조의 합리화

그것은 자본주의의 죄상을 날조하려는 음모와 계략을 이론적으로 합리화하기 위해서인 것이다. 이미 말한 바와 같이 가치란 순전히 노동(량)이었던 것이다. 노동량은 전부가 노동자의 피땀의 결정이라고 마르크스는 보고 있다. 따라서 노동량(가치)을 화폐로 표시한 가격도 전부가 노동자의 피와 땀의 결정이다. 그러므로 가격대로 상품을 팔아서 얻은 생산비를 제외하는 모든 수익(이윤)은 노동자에게는 겨우 굶어 죽지 않을 정도의 임금만 주고 나머지의 엄청난 수익은 몽땅 독차지해 버리니 이것이 자본가들의 용납할 수 없는 죄과인 동시에 자본주의사회의 근본 모순이며 결함이다. 그리고 이러한 모순과 결함을 제거하기 위해서는 자본주의사회를 타도해야 하고 자본가 개개인을 설득시켜서 그들의 선심을 바라는 것은 결코 근본적인 해결책이 될 수 없다는 것이다.

그러면 자본주의사회를 타도하는 방법은 무엇인가? 그것은 물론 폭력혁명이다. 폭력으로 정권을 탈취해서 자본가와 그 앞잡이들을 다 제거해 버리고 자본가들의 재산을 생활 수단과 함께 몽땅 빼앗아서 노동자계급이 이를 소유하는 것이다(그런데 러시아나 중국에서 폭력혁명이 성공했지만 생산 수단은 노동계급으로 돌아가지 않고 새로운 착취계급인 공산당이 차지하고 말았다).

상품가치의 본질(실체)이 노동량이고 또 그 가치(교환가치)를 화폐로 표현한 것이 가격이라는 마르크스의 이론이 현실과 부합된다면 마르크스의 폭력혁명론도 혹 타당할지 모르지만 실제의 가격은 항상 변동하고 있는 것으로 보아서 가격은 절대로 노동량(교환가치)의 화폐적 표현이 아니며 따라서 자본가들이 가격으로써 많은 수익을 올린다 하더라도 그것만 가지고는 노동량에 대한 착취가 될 수 없다는 결론이 성립되기 때문에(수익을 올리는 것이 착취가 아니라 올린 수익을 공평하게 분배하지 않는 것이 착취이다. 후술) 마르크스의 노동가치설은 하나의 궤변이며 따라서 그의 폭력혁명론은 전연 명분이 서지 않는 억지 주장에 불과한 것이다.

이것을 바꾸어 말하면 그는 폭력혁명이라는 목적을 먼저 세워 놓고 모든 이론을 이 목적 달성에 합치하도록 꾸며냈던 것이다. 그의 가격론도 이와 같이 꾸며낸 하나의 계략이었다. 즉 폭력혁명이라는 기정(既定)의 목적을 달성하려면 자본주의사회를 타도해야 할 이유를 제시해야 했으며 그러기 위해서는 자본가들이 용서받을 수 없는 죄과를 범하고 있다는 것을 공표해야 했던 것이다.

그는 "…자본제적 생산과정은…노동자의 착취 조건을 재생산하며 영속화한다"(마르크스 '자본론' 제1부 제3분책 角川文庫 25면), "로마의 노예는 쇠사슬에 의해서 그 소유자에게 매어져 있었으나 임금노동자는 보이지 않는 실(系)에 의해서 그 소유자에게 매여져 있다"(동상 20면), "노동력……의 재생산은 사실상 자본 그 자체의 재생산의 한 계기를 이룬다. 그러므로 자본의 축적은 프롤레타리아트의 증가이다"(동상 77면), "직접적 생산자(노동자……저자)에 대한 수탈은 무자비를 극한 만행으로써 또 가장 천하고 가장 부정한 충동하에 수행된다"(동상 289면), "자본은 노동력을 착취하지 않으면 망해 버린다. 그러므로 노동력을 착취하기 위해서 자본은 노동자를 사고 있다."(마르크스 '임금노동과 자본' 岩波文庫 51면)는 등으로써 노동자에 대한 자본가들의 착취를 그 죄목으로 내세웠던 것이다.

그는 자본가들을 노동자의 피를 빨아먹는 흡혈귀라고 혹평하면서 자본가들의 죄상이 바로 '노동력의 착취'라고 떠들어 댔던 것이다. 그리고 그는 이 착취가 틀림없이 자본가들의 범죄임을 더욱 명백히 하기 위해서 이론적으로 뒷받침할 필요가 있었다. 이리하여 그가 내놓은 것이 노동가치설과 잉여가치론이었다. 가격이 항상 변동하고 있는 사실을 몰랐을 리가 없는 마르크스가 굳이 가격은 상품 속에 들어있는 노동량(상품가치)과 일치하기 때문에 원칙적으로 변동하는 것이 아니며 변동하더라도 상품가치(자연 가격)에 해당하는 선을 중심하고 오르내린다고 주장하였던 것은 바로 자본가들의 노동력 착취의 사실을 논증하는 것처럼 가장하기 위해서였던 것이다. 가격이 가치인 노동량과 일치한다고 해야 노동량이 노동자의 피땀의 결정이며 따라서 자본가들은 노동자들의 고혈을 착취한다는 그의 주장이 진실인 것처럼 대중에게 믿어지겠기 때문에 그는 노동가치설과 잉여가치론을 조작하였던 것이다.

유용노동과 추상적 인간노동

다음은 이종의 노동을 단순화시키는 문제에 대해서 비판하기로 한다. 마르크스에 의하면 노동에는 단순노동, 복잡노동, 숙련노동, 미숙련노동 등 여러 종류의 노동이 있는 바 이중에서 복잡노동과 숙련노동은 단순한 평균노동으로 환산할 수 있다고 하였다. 여기서 잠깐 마르크스의 소위 유용노동과 추상적 인간노동에 대하여 설명하기로 한다. 먼저 유용노동이란 상품의 종류에 따라서 달라지는 노동을 말한다. 상품의 종류가 한없이 많은 것처럼 노동의 종류도 한없이 많다. 상품의 종류에 따라서 노동의 종류도 달라지기 때문이다. 방직에 있어서의 노동과 재봉에 있어서의 노동이 다르며 고무신을 만드는 노동과 구두를 만드는 노동이 다르며 라디오를 생산하는 노동과 텔레비전을 생산하는 노동이 다르다. 이것은 원료가 다르고 기계가 다르고 설계가 다르기 때문이다.

이와 같이 상품에 따라서 달라지는 노동을 마르크스는 유용노동이라고 불렀다. 상품이 갖고 있는 사용가치는 바로 이 유용노동에 의해서 형성된다. 다시 말하면 유용노동은 상품의 사용가치를 만들어내는 노동을 말한다. 마르크스는 "상의(上衣)는 특수한 욕망을 채우는 사용가치이다. 이 활동은 그 목적, 작업방식, 대상 수단, 결과에 의해서 규정된다. 이와 같이 그 유용성이 그 생산물의 사용가치에, 또는 그 생산물이 사용가치라는 사실에 표현되는 노동을 우리는 간단히 유용노동이라 부른다."(마르크스 '자본론' 大月書店 제1권 제1부 79면)고 하였다. 그리고 이러한 유용노동은 상품에 따라서 그 노동의 성질이 다르기 때문에 서로 비교할 수 없다. 그것은 마치 사용가치를 서로 비교할 수 없는 것과 같다. 따라서 유용노동은 사용가치만을 형성할 뿐 가치(교환가치)를 형성할 수 없다.

그리하여 마르크스는 모든 종류의 노동을 비교할 수 있는 어떤 요소를 노동 속에서 찾아보았다. 그리하여서 발견한 것이 추상적 인간노동이라는 것이었다. 그는 모든 노동이 성질은 다르지만 어떤 노동이거나 신경을 써야 하고 손과 근육을 움직여야 한다는 점에서는 같다는 것이다. 즉 노동에 있어서 원료 기계 설계에 따라서 달라지는 면을 생각하지 않고 모든 노동이 다 같이 두뇌 신경과 손 근육을 쓰고 있다는 면에 착안하여 노동의 이 같은 측면을 '추상적 인간노동'이라고 불렀다. 그리하여 "재봉과 직포(織布…천을 짜는 노동)는 질적으로 다른 생산활동이긴 하지만, 양편 모두 인간의 뇌 근육과 손 등의 생산적 지출이며 그 의미에서 양편 모두 인간적 노동이다.……상품가치는 단순한 인간노동을, 인간적 노동 일반을 나타내고 있다"(마르크스 '자본론' 大月書店 제1권 제1분책 82~83면).

이 추상적 노동은 모든 노동이 공통으로 갖고 있기 때문에 모든 노동을 이것으로써 비교할 수 있다. 이 노동에 의하여 교환가치가 생산된다. 그것은 교환가치를 모든 상품이 공동으로 갖고 있는 것은 그것이 바로 이 추상적 인간노동에 의해서 생산되기 때문이다. 그리하여 "모든 노동은 한 편으로는 생리적 의미로서의 인간적 노동의 지출이어서 그 동등한 인간적 노동 또는 추상적 노동이라는 속성이 있어서 그것은 상품가치를 형성한다. 모든 노동은 또 한 편으로서는 특수한 목적이 규정된 형태로서의 인간적 노동력의 지출이어서 이 구체적 유용적(有用的) 노동이라는 속성에 있어서 그것은 사용가치를 생산한다"(마르크스 '자본론' 동상 87면). 위에서 상품가치(교환가치)의 본질을 노동량이라고 한 것은 실로 이 추상적 인간노동의 양(量)을 말하는 것이었다. 또 그 노동량을 측량하는 척도로서의 노동시간도 이 추상적 인간노동의 시간이었던 것이다.

이종노동의 단순화 문제

그런데 추상적 인간노동에는 단순노동과 복잡노동이 있고 미숙련노동과 숙련노동의 구별이 있다. 농민이 밭을 가는 노동이나 대장간에서 풀무질을 한다거나 베틀에 앉아서 베를 짜는 따위의 원시적 노동은 단순한 노동이며 현대 공업에 있어서와 같이 고도의 기술을 요하는 각종 노동은 복잡노동이다. 고무신이나 구두를 만드는 노동은 단순한 노동에 속한다 할 것이며 라디오나 텔레비전을 만드는 노동은 복잡노동으로 볼 수 있을 것이다. 그리고 같은 노동에 있어서도 경험이 많고 숙달된 사람의 노동은 숙련노동이고 경험이 적고 서투른 사람의 노동은 미숙련노동이다.

이리하여 노동의 숙련과 강도가 높은 복잡노동에 의한 상품은 같은 시간이 소요되었다 하더라도 단순노동에 비하면 그 질이 우수할 것은 분명하다. 가령 여기 A B 두 개의 공장이 있다고 하고 A공장은 낡은 시설을 갖고 있어서 비교적 단순노동으로써 만년필을 생산하고 B공장은 고도로 발달된 현대적 기계를 도입하여 복잡한 노동으로써 시계를 생산한다고 하자. 이때 똑같은 시간에 각각 만년필과 시계를 생산하였다고 하더라도 B공장에서 나오는 시계가 값이 훨씬 비쌀 것은 두말할 것도 없다.

마르크스의 노동가치설에 의하면 A공장의 것이나 B공장의 것이나 동일한 노동시간을 요하였기 때문에 교환가치도 같을 것이며 따라서 가격도 같아야 할 것이다. 그러나 실제에 있어서는 복잡노동에 의해서 생산된 시계가 더 비싸다. 이러한 실제의 경우를 무엇으로써 설명할 것인가? 마르크스는 이것을 다음과 같이 설명하고 있다. 복잡노동의 상품은 소요된 노동시간은 비록 같다 하더라도 숙련도나 강도가 높기 때문에 노동량은 그만큼 더 많이 들었다고 보아야 하며 따라서 교환가치도 더 많고 가격도 비싸다. 즉 시계가 만년필보다 더 비싼 것은 그 속에 노동량이 그만큼 더 많이 들어 있기 때문이라는 것이다. 즉 이 같은 복잡노동은 동일시간의 노동에 있어서도 단순노동보다 노동량이 많다는 것이다.

마르크스는 이러한 복잡노동은 모두 '단순한 평균노동'으로 환원시킬 수 있다고 보았다. 여기서 단순한 평균노동이란 한 사회에 있어서 그다지 큰 기술을 요하지 않고 간단한 기계로 일하는 단순한 평균노동이며 "평균적으로 누구든지 보통의 인간이……그 육체 속에 갖고 있는 단순한 노동력의 지출"(마르크스 '자본론' 大月書店 ① 86면)을 말하는 것이다. 가령 우리나라에서 단순한 일반노동이라고 하면 초등학교의 졸업 정도의 지식(두뇌)을 가지고 평균 1일에 8시간 노동을 하는 정도라 할 것이다. 그런데 복잡노동이나 숙련노동은 비교적 높은 숙련, 즉 보다 높은 지식과 정교하고 정밀한 수족의 운동을 요한다. 그리하여 그 지식의 정도나 수족 운동의 정교도나 강도가 평균적 일반노동보다 배나 더 소요된다고 하면 그런 복잡노동은 같은 노동시간을 요했다 하더라도 단순노동에 비해서 노동량이 배가 들었다고 설명하고 있는 것이다.

그리하여 아무리 복잡하고 숙련된 기술노동이라고 하더라도 그것은 평균한 단순노동이 몇 배 또는 몇 십 배로 증대한 노동으로 볼 수 있는 것이다. 즉 "복잡노동은 오직 여러 제곱된 또는 차라리 수배된 단순노동에 불과한 것으로 볼 것이며 따라서 보다 소량의 복잡노동은 보다 대량의 단순노동과 같은 셈이 된다. 이러한 환원(還元)이 끊임없이 이루어지고 있는 것은 경험이 보이는 바이다"(마르크스 '자본론' 大月書店 ① 83면). 그리하여 복잡노동은 단순한 평균노동으로 환원 또는 환산할 수 있는 것이다. 그러므로 품질의 좋은 상품 속에는 동일한 노동시간이 걸린다 하더라도 품질이 나쁜 상품에 비해서 단순노동이 더 많이 들어 있기 때문에 가치(교환가치)가 더 많고 따라서 가격이 더 비싸다는 것이다. 또 만일 단순노동의 상품과 복잡노동의 상품의 가격이 같다고 하면 복잡노동의 상품에는 훨씬 적은(예컨대 ½ 또는 ⅓의) 노동시간이 들어 있다고 보아야 한다.

이 얼마나 그럴듯한 설명인가? 그러나 독자는 이것이 궤변이라는 것을 곧 깨닫게 될 것이다. 이미 노동가치설의 설명에서 말한 바와 같이 마르크스는 교환가치가 노동량에 의해서 결정되며 노동량은 어디까지나 노동시간(사회적으로 필요한 평균노동시간)에 의해서 칭량된다고 하였으며 따라서 '상품은 응고된 노동시간의 일정량'에 불과하였던 것이다. 이것은 같은 노동시간에 생산된 두 개의 상품의 가치는 품질이 좋고 나쁨에 관계없이 같아야 함을 의미한다. 이것이 노동가치설의 골자였다. 그런데 그는 이종노동에 의해서 생기는 상품의 품질의 차이에서 오는 가격의 차이를 그 자신의 노동가치로 설명할 수 없게 되자 가치 척도로서의 노동시간을 내던져 버리고 이번에는 '단순한 평균노동, 즉 단순노동'이라는 또 하나의 가치 척도를 발명해 가지고 용어의 속임수로써 감쪽같이 대중을 속이고 있는 것이다.

환산은 누가 하는가

그의 속임수는 여기에 멎지 않고 있다. 그는 복잡노동을 단순노동으로 환산하는 데 있어서 그 환산을 누가 하느냐 하는 의문에 답하기를 그것은 사회 자체가 교환으로써 한다는 것이다(양호민 '공산주의 비판 진서' 제1권 184면). 예컨대 단순노동이 하루에 고무신 한 켤레를 만들고 복잡노동 또는 숙련노동이 하루에 라디오 한 대를 만들었다고 하고 고무신 1백 켤레와 라디오 한 대가 교환되었다고 하면 라디오 한 대를 만든 복잡노동은 고무신 한 켤레를 만든 단순노동의 백배의 노동에 해당한다. 이렇게 하여서 시장에서 교환될 때 단순한 평균노동으로의 환산이 자동적으로 이루어진다는 것이다.

마르크스는 말하기를 "그들의 이종(異種)의 여러 생산물을 서로 교환에 있어서 가치로서 등치(等値)함으로써 그들은 서로 다른 여러 노동(즉 이종노동……저자)을 서로 인간 노동(단순노동……저자)으로서 등치한다."('자본론' 大月書店 (1) 133면)고 하였다. 이것은 시간이 적게 든 생산물(상품)도 시간이 많이 든 생산물과 같은 가격(等値)에 팔릴 수 있는데 이때에는 전자는 복잡노동(이종노동)인 바, 이것은 후자인 단순노동(인간 노동)으로 환산된다는 뜻인 것이다.

이것도 그럴 듯이 꾸며낸 또 하나의 궤변이다. 복잡노동 숙련노동을 왜 단순노동으로 환산해야 하는가? 그것은 상품의 진정한 가치를 정확히 결정하기 위해서였다. 이종노동이 단순노동으로 환산되지 않으면 복잡노동이나 숙련노동에 의해서 생산된 품질 좋은 상품의 가치를 정확히 알 수 없다. 노동가치설에 따라서 노동량에 의하여 상품가치가 결정되는 것이기 때문에 이종노동을 단순노동으로 환산하여서 노동량을 먼저 정확히 결정하는 것은 당연한 일이다.

그러나 문제는 환산을 시장에서 교환을 통해서 한다는 데 있다. 노동가치설이 성립하려면 환산이 교환에 의해서 되어져서는 안 되며 교환 이전에 환산이 이루어져야 한다. 왜냐하면 노동량(교환가치)이 먼저 결정된 뒤에 그것이 화폐로 표현되어서 가격이 결정되고 이어서 교환이 이루어진다는 것이 노동가치설이기 때문이다. 노동량이 환산에 의해서 먼저 결정된 뒤에 교환이 이루어져야 한다. 그럼에도 불구하고 시장에서 먼저 교환이 이루어진 뒤에 그 교환에 의해서 환산이 이루어져서 노동량(이종노동의 양)이 결정된다고 하니 이것은 가격에 의하여 노동량이 결정됨을 뜻하는 것이다.

노동가치설에서는 노동량에 의해서 가격이 결정된다고 해 놓고 이종노동을 단순화할 때는 가격에 의하여 노동량이 결정된다고 하였으니 이것이 궤변이 아니고 무엇인가? 이것이 속임수가 아니고 무엇인가? 그는 자본주의의 죄상을 날조하기 위해서는 노동량에 의하여 가격이 결정된다고 해놓고 이 이론이 실제와 맞지 않게 되자 용어의 책략으로써 이종노동은 단순노동으로 환산된다고 얼버무림으로써 그 노동가치설은 언제나 정당한 것처럼 꾸며서 대중을 감쪽같이 속이고 있는 것이다. 그는 대중을 기만하기 위해서는 논리적인 오류도 서슴지 않고 범하고 있다. 그는 노동가치설과 이종노동의 환산론을 제시함으로써 논리적으로 순환론(循環論)에 빠지고 있는 것이다.

다음에 백보 양보해서 시장에서 일단 단순노동으로 환산이 이루어졌다고 하더라도 또 환산이 정확하다는 보장은 하나도 없다. 예컨대, 기계 등의 시설과 노동자 수가 각각 다른 3개의 공장에서 같은 시간에 생산된 상품을 각각 A, B, C라고 하고 그 시장 가격이 또한 각각 100원, 300원, 300원이라고 할 때 B, C를 생산한 노동은 복잡노동일 것이며 A의 그것은 단순노동일 것인 바 이때 B, C는 A의 3배의 노동량을 지녔다고 보아야 할 것이다. 그러나 B, C의 공장의 노동조건(시설, 노동자수)은 같지 않기 때문에, 어떻게 B, C의 노동량이 꼭 같다고 볼 수 있겠는가? 노동조건이 다름에도 불구하고 가격이 같다는 이유만으로 두 상품의 노동량이 같다고 하는 것은 아무런 근거도 없는 독단이요 억설인 것이다. 그리하여 어느 모로 보거나 복잡노동의 단순화 이론은 대중을 속이기 위한 하나의 책략적 표현이라 하지 않을 수 없다.

상품은 과연 반드시 노동생산물인가

그의 노동가치설에 의하면 상품은 반드시 노동생산물이라는 것이다. 이에 대하여 비판하기로 한다. 마르크스에 의하면 물건이 사용가치를 가졌다고 해서 반드시 상품이 되는 것은 아니다. 사용가치를 가지면서 동시에 반드시 노동이 들어 있는 물건이라야 상품이 된다는 것이다. 가치를 형성하는 본질(실질)이 노동이기 때문이다. 노동이 들어가지 않으면 어떠한 물건도 상품이 될 수 없다. 이것이 과연 사실인가? 물론 일반 상품은 대부분이 노동의 산물인 것이 사실이며 또 사용가치는 있으면서도 노동이 들어 있지 않기 때문에 상품이 될 수 없는 물건이 많이 있는 것도 사실이다. 일광, 공기, 물, 흙 등의 자유재(自由財)가 바로 그러한 것들이다. 그러나 노동이 들어 있지 않으면서도 상품이 되는 것도 적지 않게 있는 것이 또한 사실이다.

예를 들면 시장에서 사온 조개에서 우연히 발견된 진주나 산중에서 우연히 발견되어서 캐낸 인삼 또는 우연히 잡혀진 꿩 따위의 자연물들은 노동이 들어 있지 않으면서도 훌륭한 상품이다. 공산주의자들은 그러한 자연물도 그대로는 상품이 아니며 노동을 들여서 시장까지 가지고 가야만 상품이 된다고 우겨댈는지 모르지만 교환(매매)은 시장이라는 일정한 장소에서만 되는 것은 결코 아닌 것이다.[1] 자연물을 얻는 바로 그 자리에서도 수요자만 있다면 얼마든지 매매는 성립된다. 자연물이면서 노동이 들어 있지 않은 상품으로서 특히 두드러진 예는 개간되지 않은 토지나 산림 등이다. 이러한 것은 한 푼의 노동도 들이지 않고 매매되고 있다. 이와 같이 노동에 의하지 않는 상

---

[1] 마르크스는 자본론 제2권 제6장에서 상업, 금융 등의 유통 업무는 가치를 낳지 않는 비생산적 노동이라고 하였다. 즉 유통 과정에 들어간 노동은 아무런 가치도 생산하지 않는다는 것이다. 유통 과정(시장)에서는 이윤이 생산되지 않는다는 그의 이론(후술)으로 보아서 유통 노동이 비생산적이라는 것은 당연한 주장일 것이다. 그러나 이러한 그의 사고방식은 상품에는 노동이 들지 아니한 것도 있음을 자인하는 자기 고백인 것이다. 즉 자연물(어류, 조류, 화초 등)을 시장에 옮기는 노동 같은 것은 유통 노동과 다를 바 없기 때문에 생산노동이나 추상적 인간노동이 그 속에는 들어 있지 않을 것이니 자연물은 노동생산물로 볼 수 없다는 이론이 성립되는 것이다.

품이 얼마든지 있다. 그럼에도 불구하고 마르크스가 굳이 모든 상품에는 반드시 노동이 들어 있다고 고집하는 이유는 무엇인가?

그것은 그렇게 함으로써만 자본가들의 죄상을 조작할 수가 있으며 따라서 그의 폭력혁명론을 합리화할 수 있기 때문인 것이다. 만일 노동이 들어 있지 않은 상품도 있다는 것을 인정한다면 상품의 가치가 노동량에 의해서 결정된다는 그의 노동가치설은 무너져 버리고 따라서 상품으로써 자본가들이 막대한 이윤을 남기더라도 그것은 결코 노동자들에게 대한 착취가 되지 않는다는 논리가 성립되어서 그의 폭력혁명론은 근거를 잃고 마는 것이다. 사리가 이렇기 때문에 그는 한사코 노동생산물이 아니면 상품이 될 수 없다고 옹고집을 부렸던 것이다.

또 하나의 궤변

노동량이 가치를 형성하는 본질이라는 마르크스의 주장은 다음과 같은 점에서는 모순당착을 드러내고 있다. 가령 한 사람이 같은 노동을 하여서 두 개의 시계를 만들었는데 하나는 시간이 잘 맞는 우수한 시계요 하나는 고장이 자주 생기는 저질의 시계라고 하자. 이때 두 개의 시계에는 같은 노동이 들어 있기 때문에 같은 가치를 가져야 할 것이다. 그러나 실제에 있어서는 고장이 잘 나는 시계는 가치가 거의 없는 것으로 평가되어서 잘 팔리지 않는다.

이에 대하여 마르크스는 쓸 수 없는 물건에 들어간 노동은 가치를 만들지 못한다고 하였다. "어떠한 물건도 사용 대상이 되지 않고서는 가치를 가질 수 없다. 만일 물건이 무용한 것이라면 그 안에 포함되어 있는 노동도 또한 무용한 것이다. 이러한 노동은 노동이라고 인정할 수 없으며 따라서 아무런 가치도 형성하지 못한다."('자본론' 大月

書店 제1권 78면)는 것이다. 이것은 바꾸어 말하면 물건은 아무리 노동을 포함하고 있더라도 사용가치를 갖고 있지 않으면 상품이 될 수 없다는 말이다. 이것은 즉 상품가치의 본질이 사용가치라는 말과 다를 바 없다. 앞에서 물건은 사용가치만 가지고는 상품이 될 수 없으며 반드시 노동이 들어가야 하며 노동만이 가치 형성의 원인(본질)이라고 말해 놓고 이제 와서는 그와 정반대로 물건은 노동량만 가지고는 상품이 될 수 없으며 반드시 사용가치를 가져야(사용 대상이 되어야) 하며 사용가치만이 가치의 본질인 것처럼 얼버무리고 있다.

이것은 궤변도 이만저만이 아니다. 자신의 노동가치설을 뒤집어 놓는 반론이기 때문이다. 그는 노동만이 상품가치의 본질이라는 노동가치설을 자신의 "경제학의 가장 중요한 초석"(레닌)으로 설정하여서 대중에게 혁명의 필요성을 인식시켜 놓고 그 이론이 실제와 맞지 않을 때는 그때그때 임시변통으로 얼버무리기만 하면 되었던 것이다. 물건이 사용 대상이 되지 않고서는 가치를 가질 수 없다고 한 것도 그러한 변통수단의 하나였다. 반드시 사용 대상이 되어야 물건이 가치를 갖는다는 말은 바로 사용가치가(교환가치가 아니라 사용가치가) 상품가치의 본질임을 뜻하는 것이다(주:사실 상품가치의 본질은 사용가치이다. 이것은 뒤의 노동가치설의 대안에서 밝혀질 것이다). 그러나 그는 솔직하게 상품가치의 본질이 사용가치라고 공표하지 않고 있다. 그 이유는 만일 그것을 공개적으로 시인한다면 그 자신의 노동가치설이 단번에 깨어져 버리기 때문이었다.

그리하여 그는 노동가치설과 엇갈리는 어떠한 언질도 고의적으로 회피하지 않을 수 없었던 것이다. 그리하여 그는 '사용 대상이 되어야 가치를 갖게 된다.'느니 '사용가치가 없는 물건에 들어간 노동은 가치를 만들지 못한다.'느니 하는 표현의 마술로써 대중의 의문을 풀어

주는 척하면서도 '사용가치가 상품가치의 본질이다.'라는 표현만은 책 잡히지 않으려고 끝까지 이것을 회피하였던 것이다. 그리하여 대중은 '사용 대상이 되어야 가치를 갖게 된다.'는 말이 '사용가치만이 상품가치의 본질이다.'라는 말과 똑같은 의미인 줄 모르고 '사용 대상이 될 때에만 그 속에 들어 있는 노동량이 가치로서 나타난다.'는 노동가치설이 역시 참인 줄로 감쪽같이 속고 있는 것이다. 이와 같이 마르크스의 노동가치실은 전부 궤변투성이였던 것이다.

3. 노동가치설의 대안

상품과 생활자료

그러면 다음에는 마르크스의 노동가치설의 극복을 시도하기로 한다. 즉 그 대안을 제시하려는 것이다. 먼저 상품가치의 본질이 무엇인가 밝히기로 한다. 가치의 본질이 노동량이라고 한 마르크스의 주장이 틀렸다고 한다면 진정한 가치의 본질은 무엇인가? 이것을 밝히기 위해서 먼저 상품과 생활자료와의 관계를 논하지 않을 수 없다. 상품은 물론 매매(교환)되는 물건인 것은 사실이지만 매매에 앞서서 그것은 먼저 생활자료이다. 인간은 생활을 영위하기 위해서는 물질을 소비하지 않으면 안 된다. 그리고 소비를 위해서는 먼저 물질을 얻지 않으면 안 된다. 어떤 방법으로든지 물질을 구득하지 않으면 생활을 할 수 없다. 그리하여 인간은 항시 식량, 의복, 기타 여러 가지의 일용품을 구득하려고 노력한다. 이러한 것이 생활자료이다.

그런데 생활자료를 구득하는 방법은 시대에 따라서 달라져 왔다. 태고 때의 채취경제시대에는 산이나 들에서 과실이나 초근목피 같은 자연물을 간단히 채집하여 일용품으로 삼을 수 있었고, 다음의 수렵어로시대에는 사냥과 고기잡이 등으로 생활자료를 얻었고 그다음의 목축농경시대에는 가축을 기르고 농사를 지음으로써 생활필수품을 얻었다. 그러는 동안에 분업이 발달하고 생활에 여유물이 생기게 되어서 물물교환이 행해지게 되었다. 그리고 근대의 공업경제시대가 되면서 일용품의 대량생산이 행해지게 됨과 동시에 화폐가 발달하였으며 생활자료는 매매되는 물건, 즉 상품으로 다루어지게 되었던 것이다.

이와 같이 상품은 어디까지나 생활자료이다. 상품이 아무리 매매되는 물건이라 하더라도 매매된다는 그 점이 중요한 것이 아니라 생활자료라는 그 점이 중요한 것이다. 생활자료란 일상생활에 있어서 인간의 욕망을 충족시켜 주는 일용품을 말한다. 그러므로 상품이 되려면 매매에 앞서서 먼저 생활자료가 되어야 하며 따라서 인간의 욕망을 채워 주는 성질, 즉 효용성을 갖지 않으면 안 된다. 매매 그 자체는 태고 때의 채취나 중세시대의 물물교환과 마찬가지로 생활자료를 얻는 하나의 방법(수단)일 뿐 그 목적은 결코 아닌 것이다. 생활자료를 얻는 목적은 효용(소비)에 있다. 소비하기 위하여 물질을 얻는 것이다. 목적은 수단보다 더 중요함은 두말할 나위가 없다. 그러므로 생활자료가 아닌 것은 절대로 상품이 될 수 없다.

혹자는 골동품 같은 것은 극소수의 인간들의 취미를 위한 물건일 따름이며 생활자료는 결코 아님에도 불구하고 훌륭한 상품이 되고 있지 않느냐고 반문할지 모른다. 그러나 이것은 잘못된 견해이다. 취미란 욕망에 기인하는 것이기 때문에 취미로서 골동품을 수집한다는 것도 바로 욕망을 충족시키는 행위이며 따라서 골동품에는 인간의 그러한 욕망을 채워주는 성질, 즉 효용성이 있는 것이다. 인간의 욕망이란 한없는 것이어서 생활수준의 향상, 교양의 고도화에 따라서 욕망은 여러 가지로 달라지기도 하며 발전하기도 한다. 골동품이 아무리 소수의 취미의 대상일 뿐인 것으로 느껴지더라도 그 소수인의 욕망을 충족시켜 주는 물건이기 때문에 그것도 틀림없는 생활자료인 것이다.

효용성과 수익성

이와 같이 상품은 어디까지나 생활자료이기 때문에 상품은 우선 소비자의 욕망을 채워 주는 성질을 지니고 있다. 이러한 성질은 소비자에게는 효용성으로서 나타난다. 즉 소비자는 상품 속에서 효용성을 발견하고 그것을 사들인다(이 효용성을 가치로 표현할 때에는 효용가치라고 한다). 그러나 효용성만 가지고는 물건은 아직 상품이 될 수 없다. 왜냐하면 효용성이란 소비자가 필요로 하는 성질이기 때문이다. 소비자만으로는 상품이 매매되지 않는다. 반드시 생산자(판매자)도 함께 있어야만 매매가 성립된다. 그러므로 상품은 생산자가 필요로 하는 성질도 지니지 않으면 안 된다. 이것이 수익성이다. 수익이란 생산자가 그 상품을 판매함으로써 이익을 남기는 것을 말한다. 생산자, 기업가는 누구나 이익(이윤)을 남기려는 욕망을 갖고 있기 때문에 상품을 생산해서 판매한다. 다시 말하면 상품은 생산자의 욕망을 채워 주는 성질도 갖추어야 한다. 이것이 수익성이다.

그리하여 물건은 소비자에게 필요한 효용성과 생산자에게 필요한 수익성의 이중적 성질을 갖춤으로써 상품이 되는 것이다. 이 두 가지의 성질을 상품이 동시에 지니고 있지 않으면 그것이 매매될 수 없다. 아무리 효용성이 크더라도 수익성이 없으면 물건이 상품이 될 수 없다. 공기나 일광 같은 자유재가 바로 그 좋은 예이다.

그런데 여기서 밝혀 둘 것은 효용성이나 수익성은 모두 주관적인 성질이라는 것이다. 즉 인간이 주관적으로 본 상품의 성질이다. 한 상품을 소비자가 볼 때에는 효용성으로 보이고 생산자가 볼 때에는 수익성으로 보인다. 이것을 바꾸어 말하면 소비자 없이는 효용성이 있을 수 없으며 생산자 없이는 수익성 또한 있을 수 없다. 따라서 소비자와 생산자가 만일 다 떠나 버린다면 상품은 효용성도 수익성도 없는 단순한 물건으로 환원돼 버린다.

이와 같이 효용성과 수익성은 모두 상품과 인간과의 상대적 관계에서만 성립하는 주관적인 성질인 것이다. 그러나 그렇다고 해서 상품 그 자체는 아무런 성질도 갖고 있지 않느냐 하면 결코 그런 것은 아니다. 상품 그 자체가 객관적으로 어떠한 성질을 갖고 있으며 또 갖고 있지 않으면 안 된다. 왜냐하면 상품 속에 아무런 성질도 없다면 효용성, 수익성조차도 생길 수 없기 때문이다. 비록 효용성과 수익성이 상품과 인간과의 상대적 관계에서 성립된다 하더라도 상품 속에 효용성과 수익성을 성립시키는 어떠한 근거가 있지 않으면 안 된다.

상품가치의 본질은 사용가치이다

그러면 그 근거는 무엇인가? 그것이 상품의 유용성이다. 인간에게 사용되어서 인간의 욕망을 채워 줄 수 있는 성질을 말한다. 유용성은 상품이 객관적으로 갖고 있는 성질이기 때문에 소비자나 생산자의 주관과는 아무 관계가 없는 것이다. 유용성도 효용성과 마찬가지로 인간의 욕망을 채워 주는 성질이기 때문에 유용성과 효용성의 개념이 같은 것 같지만 결코 그런 것이 아니다. 효용성은 소비자가 보는 상품의 성질이기 때문에 주관적이어서 사람에 따라서 또 때에 따라서 그 내용과 정도가 달라진다. 가령 빵을 A B 두 사람이 먹을 때 그들이 느끼는 효용성과 효용도가 각각 다를 것이다. A는 빵을 다만 배가 고파서 먹을 수도 있을 것이요, B는 대용식으로 먹을 수도 있을 것이다. 또 같은 사람에 있어서도 배가 고플 때에 먹는 첫 번째의 빵의 맛과 배부른 뒤에 먹는 마지막 번의 빵의 맛은 다를 것이다.

이와 같은 효용성(효용가치)은 어디까지나 주관적이기 때문에 사람과 때와 장소에 따라서 그 효용의 내용과 정도가 달라지는 것이다. 그러나 그 유용성은 객관적인 것이기 때문에 언제나 불변인 것이다. 예를 들면 빵에 있어서 인간에게 일종의 식량이 되는 성질이 바로 빵의 유용성이다. 인간의 식량이 되는 성질 그 자체는 어디까지나 객관적이다. 그러므로 이 유용성은 사람, 때, 장소에 관계없이 항상 불변이다. 인간이 빵을 정식으로 하거나 대용으로 하거나 많이 먹고 만족해하거나 적게 먹고 아쉬워하든 간에 상관없이 인간의 식량이 된다는 성질만은 언제나 같은 것이다. 그리고 상품에는 그 유용성 외에 다른 성질은 없다. 상품은 객관적으로는 하나의 성질만을 갖고 있다. 이 유용성을 가치로 표시한 것이 사용가치이다. 즉 상품의 유용성을 사용가치라고 부른다. 따라서 효용가치가 주관적인 가치임에 반하여 사용가치는 객관적인 가치이다. 그리고 사용가치 외에 또 다른 가치는 상품에는 없는 것이다.

마르크스는 상품에 사용가치와 가치의 이중가치가 있다고 하였으나 상품이 객관적으로 갖고 있는 것은 오직 사용가치 하나뿐인 것이다. 그리하여 상품가치의 본질은 사용가치였던 것이다. 마르크스는 상품가치의 본질이 노동이라고 하였으나 이것이 잘못임은 이미 지적하였다. 사용가치야말로 진정한 상품가치의 본질이었다. 이 사용가치(유용성)를 근거로 하여서 소비자에게 대하여 효용성이 생기고 생산자에 대해서는 수익성이 생기는 것이다. 바꾸어 말하면 하나의 객관적인 가치(사용가치)를 소비자가 주관적으로 볼 때에는 그것이 효용성(효용가치)으로서 나타나고 생산자가 볼 때에는 그것이 수익성으로 나타났다. 이와 같이 상품이 객관적으로 지니고 있는 가치는 오직 하나뿐이며 그리고 그것이 사용가치인 것이다. 마르크스도 사용가치, 즉 유용성을 인정했지만 그는 유용성을 교환가치의 원인으로 보지 않고 그것과 전연 별개의 노동량을 교환가치의 본질로 보았기 때문에 그의 노동가치설이 모순과 오류의 투성이가 되었던 것이다.

사회주의 경제의 정체성

노동량을 교환가치로 보는 그의 노동가치설은 이론적으로 오류일 뿐 아니라 실제의 경제생활에도 막대한 지장을 초래하였던 것이다. 최근까지 소련 경제에 있어서 제품의 품질이 나쁘고 체화(滯貨, 팔리지 않아서 창고에 쌓아 둔 상품)가 많았다는 사실이 바로 그 예인 것이다. 소련 경제는 자본주의 경제와는 달리 오랫동안 마르크스의 노동가치설에 의하여 운영되어 왔다. 그들은 상품가치를 다룸에 있어서 사용가치보다도 가치(노동량)를 더 중요시하고 있다. 따라서 유용성이 소비자에게 주는 효용가치도 자본주의사회에서처럼 중요시하고 있지 않으며 더욱이 이윤은 완전히 무시해 버렸던 것이다. 자본주의의 근본 모순이 이윤(잉여가치)의 생산에 있다고 보는 그들이기 때문에 사회주의 경제정책을 시행함에 있어서 이윤 생산을 완전히 배제하였음은 당연한 일이라 할 것이다.[2]

---

2) 원래 공산주의의 이론에 따르면 "사회주의사회에서는 생산수단이 사회화하기 때문에 상품생산은 제거된다."(엥겔스 '反듀우링論')고 되어 있지만 소련은 혁명 초기의 전시 공산주의 체제하에서 상품생산을 제거해서는 안 된다는 사실이 밝혀졌으므로 소위 신경제정책으로써 자본주의의 생산방식의 일부를 다시 차용하여서 계획경제를 시행하면서도 독립채산제를 실시하여 왔던 것이다. 그러나 이것은 진정한 의미의 이윤제도가 아니고 단순한 상여제도(賞與制度)에 불과하였던 것이다.

그리하여 그들은 상품이 반드시 갖추어야 할 두 가지 성질, 즉 효용성과 수익성을 등한시하였던 것이다. 그들이 보는 상품은 효용성과 수익성을 지녀야 하는 상품이 아니라 사용가치와 가치(노동량)만 갖추면 되는 그러한 상품이었다. 따라서 상품생산에 있어서 국가계획위원회(Gosplan)에서 획일적으로 상품의 유용성과 노동량(노동시간)을 결정해서 각 기업체에 지시만 하면 되었고 각 기업체의 관리인들은 상부의 지시대로 운영만 하면 그만이었다.

또 노동자들도 관리인의 지시에 따라서 일정시간 노동을 하면 되었던 것이다. 그렇게 되면 국가계획위원회에서 계획한 대로의 사용가치(유용성)와 교환가치(노동량)를 지닌 상품이 그대로 생산되게 되어 있었던 것이다. 그러나 실제로 생산과정을 거쳐서 생산된 상품은 양적으로 계획량에 미달이었거나 질적으로 품질이 불량하였다.

그리하여 스탈린시대에는 그 독재권력을 최대한으로 행사하여서 생산경쟁이라는 미명하에 '스따하노프운동'이니 '띠사유끄운동'이니 하는 초과 노동을 강인하였던 것이다(이것을 본떠서 오늘날 북한에서는 천리마운동 따위의 초과 노동으로 인민을 혹사하고 있다). 그러나 아무리 그들이 강압적으로 노동을 강요하였어도 기대하는 성과는 오르지 않았다. 1964년의 1년간의 소련의 체화(팔리지 않아서 창고에 쌓아 둔 상품)는 30억 루블(한화로 약 1조억원)이나 되었다고 한다(王道直 '공산주의는 틀렸다'). 제품의 저질과 계획량의 미달을 어떻게 해결할 것인가 하는 것이 오늘날 소련 지도자들의 일대 고민거리가 되고 있다는 것은 널리 알려져 있는 사실이다(和田善太郎 '마르크스주의 논전' 87~96면).

왜 제품의 질이 나쁘고 생산이 계획량에 미달하는가? 그 이유는 바로 그들이 노동가치설을 신봉하고 경제정책을 수립한 데 있는 것이다. 잘 팔리는 상품, 질이 우수한 상품을 소비하려면 소비대중의 그때 그때의 취미, 욕망, 기호 등을 정확히 파악하여서 거기에 맞도록 품질을 항상 개량해야 하며 그러기 위해서는 부단히 기술을 개발해 나가야 한다. 이러한 일은 중앙기관에 앉아 있는 몇 사람의 연구나 계획으로써는 도저히 불가능하며 말단에서 직접 기업체를 운영하고 있는 기업인들이 이 일을 맡지 않으면 안 된다. 왜냐하면 그들은 자기가 생산하는 제품에 대해서는 어느 누구보다도 자기 자신이 더 많은 관심을 가질 수 있으며 또 노동대중(소비대중)을 상대하고 있기 때문에 대중의 취미와 기호성을 가장 정확히 파악할 수 있기 때문이다. 그리고 또 하나 중요한 것은 말단의 기업인들에게 이윤 동기를 부여하는 것이다. 이익을 얻고 싶어 하는 것은 인간의 본성의 하나이다.

마르크스는 이윤을 잉여가치라고 보고(후술) 이윤을 남기는 것을 착취로 규정하였기 때문에 소련을 중심한 사회주의 체제하에서는 각 기업체의 이윤재를 배제해 버렸던 것이다(그러나 사실은 이윤이 생산되고 있으며 이것을 공산당이 모조리 수탈하여 왔던 것이다). 사실상 자본주의사회에서 자본가들의 착취는 이윤을 남긴 데 있었던 것이 아니고 이윤을 공정하게 분배하지 않는 데 있는 것이다. 자본가들의 착취는 노동력에 대한 착취가 아니라 이윤의 착취인 것이다(후술). 이윤욕(利潤慾)은 어디까지나 인간의 본성의 하나이다. 그러므로 이윤에 대한 욕망이 충족되지 않는 한 기업인이나 근로대중의 사기가 근본적으로 앙양될 수 없는 것이다.

그런데 기업인에게 이윤을 남기도록 허용한다는 것은 노동가치설로는 도저히 불가능한 것이다. 왜냐하면 첫째로 노동가치설은 상품을 유용성과 노동량만을 지닌 것으로만 보기 때문이요, 둘째로 노동가치설을 기반으로 해서 이윤을 노동에 대한 착취로 보는 잉여가치론이 성립되어 있기 때문이다(이윤에 관하여는 잉여가치론의 비판과 대안에서 상세히 논하기로 함). 상품을 효용성과 수익성을 지녀야 하는 것으로 볼 때에야 비로소 이윤동기를 부여할 수 있는 동시에 품질 개선을 위하여 더욱 노력하게 되는 것이다. 왜냐하면 상품의 수익성은 생산자들이 이윤을 남길 수 있는 논리적 근거가 되어서 기업가들은 양심의 가책을 받음이 없이 공공연하게 이윤을 추구할 수 있기 때문이다. 이윤을 올리려면 많이 팔아야 하며 많이 팔기 위해서는 소비대중의 취미와 기호성을 잘 파악하여서 효용성을 높여 주지 않을 수 없다. 효용성을 높여 주기 위해서는 품질을 부단히 개량하지 않을 수 없는 것이다.

리벨만 이윤도입의 법칙

이와 같이 근로대중에게 이윤동기를 부여할 때에만 비로소 생산량을 증대시킬 수 있고 체화도 미연에 방지할 수 있는 것이다. 소련 당국자들은 뒤늦게야 이 사실을 깨달았던 것이다. 그리하여 그들은 생산량 미달과 체화로 인한 막대한 인력적, 물적 자원의 손실을 막기 위해서 부득이 이윤취득을 허용하지 않을 수 없었다. 그리하여 그들이 채택한 것이 소위 리벨만의 이윤도입의 법칙이었다. 이것은 소련 경제의 정체성을 극복하기 위해서는 각 기업체에 이윤취득을 허용해야 한다는 리벨만 교수의 주장(1962년 9월 논문 '계획·이윤·보상금')을 말하는 것이다.

이 이론은 노동가치설을 부정하는 위험한 사고방식이기 때문에 한동안 논쟁이 벌어졌던 것이나 경제사정이 긴박하였기 때문에 그들은 이론보다도 실리를 중요시하지 않을 수 없었으며 그리하여 드디어 1965년에 코시킨 수상에 의하여 경제개혁 기본방침이 발표되면서

6,000여 공장에 이윤제도가 실시되었다. 그 결과는 처음에는 대체로 소망스러운 것이었다. 거의 전 공장이 목표량을 달성할 수 있었던 것이다.

그러나 이 이윤제도를 실시함으로써 모든 것이 예정대로 해결된 것은 결코 아니었다. 품질의 조악화(粗惡化)에 의한 체화는 별로 개선되지 않았다. 뿐만 아니라 계획된 생산량도 그 후에 와서는 다시 미달되는 현상이 나타나기 시작했다는 것이다. 이 원인은 리벨만 이론이 기업체에 이윤동기만을 부여하였을 뿐 상품의 효용성을 높일 수 있는 여건을 조성해 주지 않는 데 있는 것이다. 효용성을 무시한 수익성이 있을 수 없고 수익성을 떠난 효용성이 있을 수 없다. 그리하여 수익을 높이기 위해서는 효용성을 높이지 않으면 안 된다. 그런데 상품의 효용성을 높인다는 것은 품질을 부단히 개선해 감을 뜻하는 것인데 그러기 위해서는 기업가는 항상 소비자들이 어떤 종류의 상품을 얼마나 요구하며 또 어떤 품질의 상품을 요구하는가를 엄밀히 검토하여서 대중의 욕망, 취미, 기호에 맞는 상품을 제때에 생산하지 않으면 안 된다. 그러려면 기업활동의 자유가 보장되어야 하는 동시에 자유시장제도가 실시되어야 한다. 왜냐하면 자유시장에서만이 대중의 요구 내용을 정확히 파악할 수 있으며 또 기업활동의 자유에서만이 필요한 기계를 자유로이 도입하여서 필요한 상품을 필요한 양만큼 자유로이 생산할 수 있기 때문이다.

그런데 소련에서는 이 같은 자유(기업활동의 자유, 자유시장)를 봉쇄한 채 이윤동기만을 허락하였기 때문에 소기의 성과를 거둘 수 없었던 것이다. 따라서 '리벨만' 이론이 제대로의 성과를 올리기 위해서는 자유기업과 자유시장이 허용되어야 하며 한 걸음 더 나아가서 소유의 자유, 즉 사유재산마저 어느 정도 허용되지 않으면 안 된다. 그러나 이렇게 되면 그것은 완전히 자본주의사회로 복귀하는 것이 되어서 공산주의 자체가 전면적으로 사멸되고 만다. 여기에 사회주의경제의 피하려야 피할 수 없는 딜레마가 있는 것이다. 그리하여 소련 경제는 오늘날 개혁파에 의해서 더욱 과감히 자유주의로 지향하느냐 그렇지 않으면 보수파에 의해서 다시 스탈린 시대의 무자비한 통제경제로 후퇴하느냐의 갈림길에 직면하고 있는 것이다.[3]

이와 같이 유용성을 상품가치의 본질로 보지 않고 노동량을 가치의 본질로 보는 마르크스의 노동가치설은 실제의 경제생활에 막대한 지장과 혼란을 초래하였던 것이다.

가치의 형성

이상으로 상품가치의 본질이 노동량이 아니라 사용가치임을 밝혔다. 즉 효용성과 수익성을 함께 나타내는 사용가치(유용성)야말로 상품가치의 유일한 본질이었다. 그러면 다음에 그 사용가치가 어떻게 형성되는가를 논하기로 한다. 사용가치는 상품의 유용성이었다. 그 유용성이 어떻게 되어서 상품 속에 갖추어지게 되는가? 그것은 제조목적(창조목적)과 기술에 의해서이다.

기업가들은 상품을 생산함에 있어서 먼저 소비자의 욕망과 기호에 가장 적합하도록, 다시 말하면 소비자에게 가장 높은 효용을 줄 수 있도록, 그리고 또 그렇게 함으로써 생산자의 수익도 그만큼 올리려는 목적하에 일정한 규격(품질, 디자인, 포장 등)과 수량을 고안하고 설계한다. 다음에 원료, 기계, 노동력, 기술자, 사무원 등의 여러 생

---

[3] 유고슬라비아를 위시해서 일부 동유럽 국가에서는 점차적으로 자유화 방식을 채택하고 있으며 소련도 부득이 요즈음에 와서는 조심스럽게 자유화 방향을 취하고 있다고 한다.

산요소를 결합하여서 설계대로의 상품을 생산한다. 이것을 바꾸어 말하면 원료가 생산과정을 통과하는 동안에 생산작업에 동원된 여러 기술력에 의해서 제조목적(설계)대로의 형태로 변형 또는 변질됨과 동시에 제조목적대로의 기능 또는 성질을 갖추어 드디어 새로운 제품이 되어서 나오는 것이다. 이때 기계와 노동력은 하나의 기술력으로 집약되어서 상품의 규격(모양, 크기, 품질 등)으로 재현된다. 즉 여러 기술력은 하나로 뭉쳐져서 상품의 기능(성질)으로 나타난다. 이와 같이 상품의 유용성, 즉 사용가치는 제조목적(창조목적)과 기술에 의해서 형성된다.

마르크스는 상품 속에 양적으로 들어 있는 것은 노동이라고 하였으나 그것은 잘못이며 사실은 기술력인 것이다. 왜냐하면 상품의 품질 모양 크기 색깔 등의 규격은 단순한 노동에 의해서 생기는 것이 아니라 기술력에 의해서만 형성되기 때문이다. 따라서 기계는 물론이지만(기계는 엄청난 기술력이다. 후술) 노동력도 기술력으로서만 의의가 있는 것이다. 단순노동이거나 복잡노동이거나를 막론하고 상품생산에 있어서 필요한 힘은 단순한 힘이 아니라 기술적인 힘인 것이다. 그러므로 상품 속에 들어 있는 것은 노동량이 아니라 변질된 기술량인 것이다. 기술량은 상품 속에 들어가서 질로 변하여 사용가치로 나타난다. 마치 전파가 라디오 속에 들어가서는 음성으로 변하는 것과 같다.

따라서 상품 속에 들어간 이 같은 양적 요소는 마르크스의 주장처럼 교환가치의 본질이 되는 것이 아니고 다만 사용가치를 형성하는 데 지나지 않으며 교환가치와는 직접적으로 아무 관련이 없는 것이다. 즉 기준량의 다소와 교환가치(가격)의 대소와는 아무 관련이 없는 것이다. 그리고 여기에서 또 밝혀 두어야 할 것은 기계력과 노동력뿐이 아니라 그 외의 여러 인적요소(기업가, 기술자, 사무원 등)의 힘도 일종의 기술력으로서 간접적으로나마 사용가치의 형성에 관여한다는 것이다.

이와 같이 사용가치를 형성하는 요인은 제조목적 또는 창조목적과 기술인 것이다. 그런데 여기에서 분명히 말해 두어야 할 것은 가치를 형성하는 이러한 요인은 인간에 의해서 생산되는 제품에만 필요한 것이며 자연물로서의 상품에는 필요 없다는 것이다. 즉 다이아몬드나 물고기 같은 자연물의 사용가치는 제조목적이나 기술에 의해서 되는 것이 아니고 자연의 힘에 의해서 형성되는 것이다. 이상으로 상품가치의 형성에 관하여 논하였다.

교환가치의 본질

다음에는 교환가치의 본질에 관하여 논하기로 한다. 상품이 매매되려면 그 상품가치의 대소가 현실적으로 결정되지 않으면 안 된다. 매매되려면 상품가치가 서로 비교되어야 하기 때문이다. 위에서 이미 말한 바와 같이 상품가치의 본질은 사용가치였다. 따라서 상품이 매매되려면 그 사용가치의 대소가 현실적으로 결정되지 않으면 안 될 것이다. 그런데 마르크스는 사용가치는 유용성으로서 상품의 성질일 뿐 양이 아니기 때문에 그 대소를 결정할 수 없으며 따라서 사용가치로서는 상품을 비교할 수 없으며 대소를 비교할 수 있는 것은 오직 노동량뿐이라고 하였다. 그리하여 그는 노동량을 교환가치의 본질로 삼았던 것이다.

그러면 과연 사용가치는 그 대소를 비교할 수 없을 것인가? 다시 말하면 사용가치를 양적으로 다룰 수 없을 것인가? 아니다. 그것은 간접적으로 가능한 것이다. 상품의 교환은 어디까지나 현실적인 것이기 때문에 가치의 결정도 현실적이 아니면 안 된다. 즉 실제로 시장에서 매매될 때에 비로소 가치가 문제되는 것이다. 교환에 있어서 가치의 결정이 현실적인 것이 되려면 상품가치의 현실적인 면을 다루지 않으면 안 된다. 다시 말하면 매매되는 현장에서의 가치의 성격을 다루어야 한다. 그러면 상품가치의 현실적인 면이란 과연 어떤 것인가? 그것이 바로 사용가치의 효과인 것이다. 즉 상품이 지니고 있는 유용성이 실제의 교환에 있어서 소비자와 생산자에게 주는 효과(예상효과)의 정도를 다루면 되는 것이다.

상품의 유용성은 상품이 객관적으로 지니고 있는 성질(가치)로서 이것이 교환에 있어서 소비자에게는 효용을 주게 되고 생산자에게는 수익을 주게 된다. 그렇게 함으로써 양자에게 만족과 기쁨을 주는 것이다. 즉 소비자는 효용에 의하여 만족을 얻고 생산자는 수익에 의하여 만족을 얻는다. 이것을 바꾸어 말하면 상품의 유용성(사용가치)은 효용성과 수익성으로써 각각 소비자와 생산자에게 만족(기쁨)을 준다. 즉 유용성(사용가치)의 현실적 효과는 만족(기쁨)인 것이다. 이 가치의 효과로서의 만족(기쁨)을 소비자와 생산자가 다 함께 느끼게 되기 때문에 그 만족의 정도(양)는 비교할 수 있는 것이다.

가령 갑이 갖고 있는 쌀 두 되의 유용성이 을에게 주는 효과(만족량)와, 을이 갖고 있는 고무신 한 켤레의 유용성이 갑에게 주는 효과(만족량)를 각각 나타낸 표시가 같으면 쌀 두 되와 고무신 한 켤레가 교환될 것이며, 또 시계가 매매될 때 그 시계의 유용성은 생산자에게는 수익효과로서 만족을 줄 것이고 소비자에게는 효용효과로서 만족을 줄 것인 바 이때 양자가 느끼는 만족의 정도, 즉 만족량의 표시가 같으면 매매가 성립되지만 만족량의 표시가 차이가 있으면 매매되지 않을 것이다. 이와 같이 유용성(사용가치)의 효과는 서로 양적으로 비교할 수 있는 것이며 따라서 상품가치를 현실적으로 결정할 수 있는 것이다. 이렇게 하여서 결정된 현실적인 가치가 바로 교환가치인 것이다. 그리하여 교환가치는 마르크스의 이른바 노동량이 아니라 사용가치의 효과량인 것이다.

효과량(만족량)의 결정

그러면 사용가치의 효과량은 구체적으로 어떻게 결정되는가? 그것은 만족량을 화폐로 표시하여서 결정한다. 만족은 심리상의 느낌이기 때문에 인간 자신이 누구보다도 자기의 만족량을 잘 알고 있으며 따라서 그것을 화폐로 표시하는 것도 자신이 누구보다도 정확히 할 수 있는 것이다. 그리하여 생산자의 만족량과 소비자의 만족량(정확히는 예상만족량)이 일치된 금액으로 표시될 때 그 금액이 나타내는 만족량이 바로 그 상품의 교환가치인 것이다. 만족이란 마음의 충족감이기 때문에 마음가짐에 따라서 그 정도(양)가 변하기 쉬울 뿐 아니라 상당한 넓이(폭)를 갖는다.

예컨대 생산자(판매자)는 대개 생산비를 하한선으로 하고 그 이상이면 많을수록 만족하며 소비자는 금전사정 등을 고려해서 일정한 상한선을 정하고 그 이하로는 쌀수록 만족한다. 따라서 그 만족량의 크기는 서로 일치하지 않을 경우가 많겠지만 그 만족량을 각각 일치된 금액으로 나타낸다면, 그때의 만족량이 교환가치인 것이다.

가령 시계를 매매함에 있어서 생산비가 10,000원 들었으면 수익량을 가산해서 13,000원 정도로 자기의 만족량을 표시한다(생산자는 될 수 있으면 더 높은 수준에서 표시하고 싶겠지만 시장조건을 생각해서 이 정도로 정한다). 이때 소비자는 그 시계를 필요로 하는 정도, 즉 효용량과 자기의 금전사정을 생각해서 이 13,000원이 자기의 만족

범위 안에 드는 것으로 느껴지면(소비자는 더 낮은 수준에서 만족량을 일치시키고 싶지만 그것이 어려운 것으로 느껴지면 그 가격이 만족 범위 안에 있는 한 그것에서 만족할 것이다) 시계는 13,000원에 매매되는 동시에 이 금액으로 표시된 이 효과량(만족량)이 바로 그 시계의 교환가치가 되는 것이다.

이때 쌍방의 주관적인 만족의 정도는 반드시 일치하는 것은 아니다. 다만 그 만족량의 표시(금액)가 같을 따름이다. 만일 이때에 쌍방의 만족량이 일치되지 않으면(즉 공통 금액이 발견되지 않으면) 매매가 성립되지 않거나 또는 쌍방이 서로 양보하여 공통 금액을 발견하도록 금액을 조정한다. 가령 생산자의 만족량이 13,000원이고 소비자의 만족량(효용량)의 표시가 11,000원이라고 하면 여기에서 쌍방의 표시가 조금씩 양보하여서 12,000원 정도의 선에서 금액의 공통점을 정하여서 매매를 성립시킬 수도 있는 것이다.

그런데 만족량을 결정함에 있어서 대개는 생산자가 먼저 자신의 양을 금액으로 표시하고 소비자는 이 금액을 기준하고 자기의 만족량을 표시한다. 그것은 생산자는 생산비를 들였기 때문에 화폐로의 표현이 용이하기 때문이다. 사용가치의 효과량, 즉 교환가치는 이와 같이 결정된다. 그러나 이것은 가치결정의 원칙에 불과하며 실제에 있어서 상품의 가격은 시장가격으로서 이미 결정되어져 있는 것이 보통이며 생산자는 이미 정해진 가격을 기준하고 수익성이 보이면 생산하고 그렇지 못할 때에는 생산을 단념한다. 가령 시계를 생산하려 할 때 이미 정해져 있는 시장가격이 12,000원일 경우 생산비가 10,000원이나 또는 그 이하로 싸게 먹힐 때에만 생산자는 시계를 생산할 것이다. 마찬가지로 소비자도 이미 정해져 있는 시장가격이 마음에 들면 매입하고 그렇지 못하면 구매를 단념한다.

그러나 이러한 방식이 결코 위의 가치결정의 원칙에 벗어난 방식은 아닌 것이며 쌍방이 각자의 만족량의 공통 표시액을 조절함으로써 매매가 성립된다는 원칙은 이 경우에도 그대로 관철되고 있는 것이다. 시장가격보다 생산비를 싸게 함은 수익을 남기기 위함이요, 따라서 이때의 시장가격은 바로 생산자의 현실적 만족량이 표시되는 가격이며 또 소비자가 그 시장가격이 마음에 든다는 것도 역시 그 가격이 소비자의 현실적 만족량의 표시가 됨을 의미한다.

따라서 시장가격이 이미 정해져 있더라도 그 가격하에 생산되고 매매된다는 것은 곧 시장가격에서 쌍방의 만족량이 공통되고 있음을 표시하는 것이다. 시장가격은 여러 가지 요인에 의해서 항상 변동한다. 즉 수요 공급 통제 독점 협정 금융정책 화폐량 등 여러 요인에 의해서 현실적으로는 항상 변동하는 것이 시장가격의 성격이다. 그러나 아무리 가격이 변동하더라도 일단 매매가 성립될 때의 현장에서는 그때의 가격은 바로 쌍방의 만족량의 공통 금액을 표시하고 있는 것이다.

이와 같이 생산자와 소비자의 만족량(쌍방에의 가치의 효과량)에 의하여 교환가치의 가격이 결정되는 것인 바 이 원칙은 가격변동의 조건(수요 공급 통제 독점 협정 화폐량 등)이나 제도(자본주의, 사회주의, 공산주의) 여하를 막론하고 항상 불변인 것이나. 공산주의사회에서는 생산자(자본가)는 정부, 즉 공산당이기 때문에 수익은 공산당에게 전부 귀속된다(사회주의 생산방법에 있어서도 이윤은 생산되고 있으나 그것이 모두 국가[공산당]에 회수되기 때문에 기업이윤으로 나타나지 않고 있다). 따라서 판매에 있어서의 생산자편의 만족량의 표시는 공산당이 이를 행한다. 그러나 소비자는 강매가 아닌 한 어느 정도는 자기의 만족량에 부합될 때에만 상품을 구입한다. 이와 같이 만족량(효과량)의 공통의 화폐적 표현에 의한 가치결정의 법칙은 사회주의사회에도 그대로 통용되는 것이다.[4]

효과가치설

이상 상품가치의 결정에 관하여 논술하였다. 그리하여 상품가치의 결정은 바로 교환가치의 결정을 의미하며 교환가치란 사용가치의 효과량이라는 것과 그 교환가치는 쌍방의 만족량의 공통 표시액에 의하여 결정된다는 것을 밝혔다. 그러므로 교환가치는 바로 효과가치였던 것이다. 여기서 우리가 명백히 알 수 있는 것은 교환가치(효과가치)는 노동량과는 아무런 관계도 없다는 것과, 그리고 그것은 사용가치와 별개의 가치가 아니고 본질적으로는 이것과 동일한 것이라는 것이다. 다만 차이가 있다면 사용가치는 상품 속에 잠재해 있는 객관적 가치이며 교환가치는 현실적으로 나타난 주관적 가치라는 것이다. 그러므로 사용가치를 잠재적 가치라고 하고 교환가치를 현실적 가치라고 불러도 좋을 것이다. 그리고 현실적 가치는 잠재적 가치(사용가치)

---

4) 오늘날은 유통과정이 나날이 장거리화하여 가고 있어서 생산자와 소비자가 직접 상봉하는 일은 거의 없어졌다. 상품은 생산자의 손에서 여러 단계의 중간상인을 거쳐서 소비자의 손으로 들어간다. 이런 경우에는 이상의 가치결정의 방식이 맞지 않는 것으로 느껴질 것이다. 그러나 이미 말한 바와 같이 본저의 교환가치의 개념은 현실적이요 현장적인 것이기 때문에 유통과정의 각 단계(예컨대 생산자와 제1도매상인간, 제1상인과 제2상인간, 제2상인과 제3상인간,⋯⋯그리고 최종 상인과 소비자간 등)에서 벌어지는 매매의 현장에서 그때그때의 양자(판매자와 구매자) 간에 이상의 방법으로 교환가치가 결정되는 것으로 보아야 한다. 따라서 하나의 상품은 사용가치는 하나뿐이지만 교환가치는 주관적으로 결정되는 것이기 때문에 유통과정을 이동함에 따라서 복수의 교환가치가 형성되게 된다.
다음 또 하나 부언할 것은 생산자는 드물게는 생산비 이하로 상품을 매각하는 수가 있다. 이것은 더 손해를 보지 않기 위해서이다. 이때에는 그의 만족량의 범위가 변동하여서 그 하한선이 더 낮아진 것으로 보아야 한다. 만족이란 주관적인 것이기 때문에 그 정도가 변동한다는 것은 얼마든지 있을 수 있는 것이다.

와 여러 가지 현실적 조건(수요공급 통제 독점 협정 등)을 근거로 하고 쌍방의 만족량에 의하여 결정되는 것이다. 이상으로 마르크스의 노동가치설에 대한 대안으로서의 새로운 가치관을 제시하였다.[5]

---

[5] 노동가치설의 대안으로서의 효과가치이론은 하나의 철학적 이론을 적용한 것임을 독자들은 이해해 주기 바란다. 그 철학이란 통일원리 중의 창조원리 속에 담겨진 철학적 이론을 말하는 것이다. 마르크스도 그의 가치론을 전개함에 있어서 변증법적 유물론을 구석구석까지 적용하고 있기 때문에 그의 가치론을 비판 극복함에 있어서도 철학을 적용함은 타당한 일로 생각한다. 마르크스의 철학이 극복되지 않은 채 그의 가치론을 아무리 비판한다 해도 그 가치론에 부분적인 상처는 줄 수 있을 것이나 치명적인 타격은 줄 수 없는 것이다.

사용가치와 교환가치, 유용노동과 추상적 인간노동, 임금과 이윤 생산과 유통, 상품과 화폐, 노동자와 자본가 등……많은 상대적인 개념을 마르크스는 변증법의 모순(대립)개념으로 다루고 있으며 그 예로 마르크스는 "교환과정은……즉 상품이 그 사용가치와 가치와의 내적 대립으로 거기에 나타내는 외적 대립을 낳는다. 이 대립에서는 사용가치로서의 제 상품이 교환가치로서의 화폐에 상대한다. 한편 이 대립의 어느 편도 상품이며 따라서 사용가치와 가치와의 통일이다."('자본론' 大月書店 (1) 184면)라고 하였다. "상품에 내재하는 사용가치와 가치의 대립, 사적 노동이 동시에 직접으로 사회적인 노동으로서 나타나지 않으면 안 된다고 하는 대립, 특수적 구체적 노동이 동시에 다만 추상적 일반노동으로서만 인정된다는 대립, 물건의 인화(人化)는 인간의 물화(物化)라는 대립, 이러한 내적 모순이 상품변태의 제 대립에 있어서 그 발전된 운동 형태를 갖추게 된다."('자본론' 동상 198면)고도 하였다. 따라서 대립물의 통일과 투쟁의 변증법이 경제학적인 겉옷을 입고 새로운 투쟁이론으로 세워진 것이 그의 가치론이라고도 할 수 있을 것이다.

따라서 마르크스 가치론을 근본적으로 분쇄하는 데는 그의 변증법과 대결할 수 있는 새로운 철학의 적용이 절실히 요구된다고 본다. 본저는 그런 의미에서 통일철학(統一哲學)인 창조원리(創造原理) 중의 일부 이론을 적용한 것이다. 그중에서 주로 상대성의 법칙, 수수의 법칙, 가치결정의 이론, 창조성과 욕망의 이론 등을 적용하였다. 예컨대 '만물의 가치는 창조목적에 기인하며 이것이 주체(人間)와의 상대적 관계에서 현실적 가치로서 결정된다.'는 가치결정의 이론을 적용한 것이 위의 교환가치의 결정의 이론이다. 또 '인간은 창조 시에 천국건설을 위한 기본욕망을 부여받았는데 이것이 경제행위를 포함한 인간행위의 근본동기가 되고 있다.' '의식(욕망)이 주체요 물질은 대상이다.' '형상(形狀)은 제2의 성상(性相)이다.' 등의 이론을 적용한 것이 만족량 및 효과가치의 이론이다(통일철학에 관해서는 제4장 제7절 통일사관개요 참조).

제3절 잉여가치론 비판

1. 잉여가치론

이미 말한 바와 같이 잉여가치론(剩餘價値論)은 마르크스 가치론의 주요부분이며 노동가치설을 한층 발전시켜서 더 구체적으로 자본주의 경제체제의 근본모순을 폭로(?)했다고 하는 이론이다. 그는 이 잉여가치론에 의해서 자본주의경제가 불가피적으로 멸망될 수밖에 없다는 것을 입증하려 하였다.

잉여가치와 이윤

자본주의사회의 모순을 찾아내려고 상품을 분석 연구한 마르크스의 결론의 하나는 자본주의 경제사회의 생산은 본질적으로 잉여가치의 생산이라는 것이었다. 잉여가치란 이윤을 말하는 것이다. 그리하여 자본주의사회에서는 모든 생산은 이윤을 전제조건으로 하고 있다. 이윤 없는 생산활동은 자본주의사회에서는 있을 수 없다. "자본제적 생산은……본질적으로는 잉여가치의 생산이다"(마르크스 '자본론' 靑木書店 제2부 하 804면). 그런데 여기에서 문제가 되는 것은 마르크스가 이윤을 왜 잉여가치라고 불렀느냐 하는 것이다. 이미 지적한 바와 같이 마르크스 이론에는 책략성이 많다. 이윤을 잉여가치라고 한 것도 어떠한 계책에 의해서가 아닐까? 이것을 밝히기 위해서 마르크스의 이론을 다음에 소개하기로 한다.

마르크스는 이윤생산의 경제사회인 자본주의사회에 있어서 자본가들이 어떻게 이윤을 올리는가를 연구하였다. 그리하여 그는 이윤

(잉여가치)은 유통과정에서 생기는 것이 아니라(마르크스 '자본론' 엥겔스 '자본론강요' '마르크스경제사상개요' 河出書房新社 373면) 생산과정에서 형성된다는 것을 발견하였다는 것이다. 흔히 사람들은 시장에서 상품을 매매할 때에 생산가격보다 더 높은 가격으로 판매하기 때문에 이윤이 생기는 줄로 알고 있지만 결코 그렇지 않다는 것이다. "이윤이······제 상품의 가격으로부터, 또 제 상품을 그 가치 이상의 가격으로 팔 때에 생기는 것으로 생각하는 것은 배리(背理)이다"(마르크스 '임금·가격 및 이윤' 岩波文庫 56면). 만일 이윤이 시장에서 생긴다면 그 대신 손해보는 생산자도 반드시 있게 되며 결국은 그 이윤은 참 의미의 이윤이 될 수 없다는 것이다.

가령 쌀 두 되의 생산비와 고무신 한 켤레의 생산가격이 같다고 할 때(즉 등가물일 때) 쌀 세 되를 팔아서 고무신 한 켤레를 구매하였다면(즉 비등가물의 교환이 이루어졌다면) 고무신 생산자는 확실히 이윤을 남겼지만 그 대신 쌀 생산자는 손해 본 것이다. 그러므로 양자를 평균해 보면 이윤이 생기지 않았었다는 결론이 된다는 것이다.

자본주의사회의 생산이 이윤을 위한 생산이라는 말은 모든 생산자가 다 같이 이윤을 올릴 수 있음을 뜻하는 것이며 일부는 이윤을 남기고 일부는 손해를 보는 것을 의미하는 것이 아니다. 다시 말하면 시장에서는 모든 생산자(자본가)들이 이윤을 올리기로 되어 있는 깃이 자본주의경제의 원칙이다. 그리하여 "등가물(자본가)이 교환된다면 잉여가치는 생기지 않으며 비등가물이 교환된다 해도 역시 잉여가치는 생기지 않는다. 상품유통은 결코 새 가치를 창조하지 않는다"(마르크스 '자본론' 靑木書店 제1부 상 309면). 따라서 잉여가치는 유통과정에서 형성되는 것이 아니고 상품이 시장에 나타나기 전에 이미 형성되어 있지 않으면 안 된다.

이윤의 생산

그러면 이윤은 실제로 어디서 형성되는가? 마르크스는 "이윤은 상품을 그 가치대로 팔음으로써 얻어지며"('임금·가격 및 이윤' 岩波文庫 67면) 따라서 이윤은 생산과정에서 생겨난다고 주장한다. 예컨대 마르크스는 "되풀이하지만 정상적 및 평균적인 이윤은 여러 상품을 그 가치 이상으로서가 아니라 그 현실의 가치로서 팔음으로써 얻어진다."('임금·가격 및 이윤' 동상 68면)고 하였는데 여기에서의 현실의 가치란 말은 생산과정에서 그 상품에 포함되게 된 노동량을 말하는 것으로서 따라서 이윤은 그 노동량에 의해서 얻어진다는 것이며 "이윤은 여러 상품을 그 가치로서—즉 그들 상품에 실현되어 있는(포함되어 있는……저자) 노동량에 비례해서—팔음으로써 얻어진다"(동상 67면). 결국 노동과정, 즉 생산과정에서 이윤이 생겨난다는 뜻인 것이다. 즉 그는 원료, 기계, 노동력 등 여러 생산요소를 결합해서 상품을 생산하는 과정에서 이윤이 생겨난다고 보고 있다.

그런데 이때의 이윤은 이익금으로서의 현실적인 이윤이 아니라 현실적 이윤의 원인이 되는 요소를 의미한다. 그리하여 상품은 생산과정을 거쳐 나올 때에는 이미 그 속에 이윤이 되는 요소가 형성되어 있어서 이것이 시장에서 매매될 때에 현금으로 환산되어서 현실적 이윤이 되는 것이다. 이와 같이 상품 속에 이미 들어 있으면서 이윤의 요소가 되는 것을 마르크스는 잉여가치라고 불렀다. 이 잉여가치가 생산과정에서 생산된 후에 시장에서 이윤으로 현실화되어서 자본가의 호주머니에 들어간다는 것이다.

여기에서 문제되는 것은 잉여가치가 생산과정에 있어서 어느 생산요소에 의해 생겨나는가 하는 것이다. 생산요소에는 원료, 기계, 노동력, 건물, 도구 등 여러 가지가 있는 바 이 여러 생산요소들이 다 같이 잉여가치를 생산하는가? 그중 어느 한 가지의 생산요소가 이것을 생산하는가? 그리고 만일 한 가지라면 구체적으로 어느 생산요소인가? 이에 대하여 마르크스는 그것은 다만 노동력뿐이라고 하였다. 노동력만이 잉여가치를 생산하고 그 외의 생산요소들은 이것을 생산하지 못한다고 하였다.

생산요소의 가치와 잉여가치

이에 대하여 좀 더 상세히 설명하기로 한다. 생산과정이란 원료, 기계, 노동력, 건물, 도구, 용기 등(이것들을 생산수단이라고 함)과 노동력을 종합해서 생산물(상품)을 만들어 내는 과정을 말한다. 이 과정에 있어서 노동자는 기계, 도구 등을 움직여서 원료를 변형시키거나 변질시켜서 새로운 생산물을 만드는 것이다. 예컨대 방적공장에 있어서 원료인 면화에다가 노동자가 방적기계로써 노동력을 가해 가지고 면실을 뽑아낸다. 이렇게 해서 생산된 면사는 이미 원료와는 모양이 달라진 생산물이며 상품이다. 이 면사 속에는 면화나 기계 등의 생산요소에는 없었던 새로운 가치가 더 부가되어 있다는 것이다(마르크스 '자본론' 靑木書店 제1부 상 343~347면).

알기 쉽게 말하면 5,000원어치의 원료와 2,000원어치의 기계(소모분)외 3,000원이치의 **노동력**을 투입하여시 면사를 생산하였다고 하면 이때 생산과정에 투입된 총생산비는 10,000원이 되는데 실지 생산된 면사는 예컨대 13,000원어치가 된다는 것이다. 즉 생산비보다 3,000원어치가 더불어 나온다. 이 부가된 가치가 소위 잉여가치이며 이것을 금전으로 나타낸 것이 이윤이다. 마르크스는 이 3,000원에 해당하는 가치(잉여가치)가 노동력에 의해서만 생겨난다고 하였다. 즉 잉여가치는 오로지 노동력에만 기인하고 원료나 기계 등 생산수단에는 기인하지 않는다는 것이다. 노동력은 잉여가치를 생산하는 유일한 요소이다. 원료나 기계 등은 모두 생산과정에서 없어서는 안 될 중요한 생산요소이기는 하지만 그러나 이것들은 한 푼의 잉여가치도 생산하지 못하며 다만 자신의 가치를 옮겨 놓는 것뿐이다(마르크스 '자본론' 角川文庫(2) 110~111면). "어떤 경우에도 노동수단(기계……저자)은 그 자신이 가졌던 것 이상의 교환가치를 이전할 수는 없다. 노동수단은 이전부터 이미 가지고 있던 교환가치만을 이전하는 데 불과하다"(엥겔스 '자본론개요' 岩波文庫 44면).

예컨대 5,000원어치의 원료는 생산과정을 거치는 동안 변형 또는 변질되어서 5,000원어치의 가격만을 새 생산물에 옮겨 놓으며 한편 기계는 움직이는 동안에 일부분이 마멸되는 바 그 마멸된(닳아버린) 부분이 2,000원어치라고 한다면 기계는 2,000원어치의 가치만을 새 생산물에 옮겨 놓는다. 그리고 노동력도 이 생산과정에서 가치를 생산물에 옮겨 놓는데 가령 노동력의 가치가 3,000원어치라고 하면 이 3,000원어치의 가치도 역시 생산물에 옮겨진다. 그런데 노동력은 다른 생산요소와 달라서 자신의 가치를 옮겨 놓을 뿐 아니라 그 이상의 더 많은 가치를 덧붙인다는 것이다. 즉 노동력은 자신의 가치를 이전할 뿐 아니라 새 가치를 부가시킨다.

이와 같이 생산과정에서 소모된 모든 가치는 그대로 생산물 속에 재현하여서 보존되나 노동력은 자신의 가치를 이전할 뿐 아니라 새 가치를 생산물에 부가한다. "노동의 특수한 유용적, 질적 성격이 어떤 사용가치를 다른 사용가치로 전화시키며, 그러므로 새 가치를 보존한다. 그런데 노동의…양(量的性格)은 가치를 부가한다"(동상 43면). 이 새로이 부가된 가치가 바로 잉여가치이다. 위의 예에서 소모된 가치의 총화(생산비)보다 더 불어난 3,000원어치의 가치가 곧 잉여가치이며 노동력에 의해서 새로이 생겨난 가치인 것이다. 즉 노동자는 3,000원의 임금(이것이 노동력의 가치이다. 후술)을 받고 6,000원어치의 가치를 생산한 것이다. 이리하여 노동력만이 잉여가치의 원천이며 기계는 아무리 새롭고 고성능의 것이라 할지라도 결코 잉여가치를 생산하지 못한다는 것이다.

잉여의 뜻

이상으로 마르크스가 왜 이윤을 잉여가치라고 불렀는가를 알 수 있을 것이다. 잉여가치는 노동에 의해서만 생산되는 것이기 때문에 이윤은 마땅히 노동자에게로 돌아가야만 하는 것임에도 불구하고 자본가들이 이것을 전부 점유해 버리니 이것은 전적으로 노동의 착취이다. "이리하여 기계는 도대체 최초부터 자본의 고유한 독자의 착취 영역인 인간적 착취재료(노동자……저자)와 함께 착취도를 확대한다"(마르크스 '자본론' 角川文庫 제1부 제2분책 123면). 즉 그는 자본가들의 이윤 취득은 전혀 부당하고 불법이며 노동에 대한 착취라는 것을 단적으로 표시하기 위해서 이윤을 잉여가치라고 불렀던 것이다. '잉여'라는 용어로써 마르크스는 노동자들이 임금을 받지 않고 무상으로 필요 이상의 노동을 강요당했다는 것을 나타내려 했던 것이다. 따라서 마르크스에 있어서는 '잉여가치'는 등가물이 지불되지 않은 잉여노동에 의한 가치이며 불의와 불법에 의하여 착취당한 가치였던 것이다. 그리하여 그는 자본가들의 죄상을 폭로하는 데 가장 편리한 용어로서 '잉여가치'라는 개념을 창안해 냈던 것이다.

잉여가치에 관한 이 같은 이론은 그의 노동가치설의 기반 위에 세워진 것이었다. 즉 이미 말한 바와 같이 노동가치설에서 상품가치의 본질을 노동량(노동시간)이라고 본 그는 이 노동량 중에 임금이 지불된 부분과 임금이 지불되지 않은 부분이 있다고 하였다. 그중에서 임금이 지불되지 아니한 노동, 즉 불불(不拂)노동에 의해서 생산된 가치가 바로 잉여가치라는 것이다. 가령 한 상품 속에 12시간의 노동이 들어 있다고 할 때 노동자가 6시간분의 노동에 대한 임금만을 받았다고 하면 나머지 6시간분의 노동은 임금이 지불되지 아니한 불불노동인 바 이 불불노동에 의해서 생산된 6시간분의 가치가 곧 잉여가치이며 이것이 결국 자본가들의 호주머니를 채워주는 이윤이 된다는 것이다. 이와 같이 잉여가치론은 노동가치설 위에 세워진 이론이며 마르크스 가치론의 가장 핵심부분으로 되어 있다. 따라서 만일 잉여가치라는 개념이 성립될 수 없음이 밝혀진다면 그의 가치론 전부는 여지없이 깨어지고 만다. 그러므로 마르크스는 이 잉여가치론이 깨어지지 않도록 하기 위해서 안간힘을 다하였던 것이다.

불변자본과 가변자본

이 일을 위해서 그가 제일 고심한 것은 기계가 잉여가치의 원천이 될 수 없다는 것을 논증하는 것이다. 즉 기계는 아무리 성능이 좋은 것이라도 이윤을 생산할 수 없으며 오직 노동력(노동자)만이 이윤을 생산한다는 것을 이론적으로 증명하는 것이었다. 그리하여 그는 먼저 원료나 기계에 불변자본이라는 명칭을 붙이고 노동력의 구매에 소요된 자본에는 가변자본이라는 명칭을 붙였던 것이다. 불변자본이란 변치 않는 자본, 이윤(잉여가치)을 증식하지 못하는 자본을 의미하며 가변자본이란 변하는 자본, 이윤을 생산하는 자본을 뜻한다. "그리하여 노동수단(기계)에 투하된 자본은 생산과정에서 그 가치의 크기가 변하지 않는다. 우리는 이것을 불변자본이라 이름 짓는다. 노동력에 투하된(자본) 부분은 그 가치를 변화시킨다. 즉 첫째로 그 자신의 가치를 생산하며, 둘째로 잉여가치를 생산한다. 그리하여 가변자본이라고 이름 짓는다"(마르크스 '자본론' 青木書店 1부 상 375면). 그리하여 그는 이윤은 모두 가변자본에만 기인하고 불변자본에는 결코 기인하지 않는다는 결론을 세웠던 것이다.

그런데 기계도 상품이요 가치(즉 노동량)이기 때문에 기계가 잉여가치를 생산하지 못한다는 말은 그 기계를 생산하는 데 소요된 노동이 잉여가치를 생산하지 못함을 뜻하는 것이다. "잉여가치는……기계에 의해서 치환(置換)된 노동력으로부터 발생하는 것이 아니고 도리어……기계를 움직이는 노동력으로부터 발생한다……. 잉여가치는 자본의 가변부분(가변자본……저자)에서만 발생한다"('자본론' 角川文庫 139면). "기계는 결코 그것이 평균적으로 그 소모에 의해서 잃은 것보다 더 많은 가치를 부가하지 않는다"(마르크스 '자본론' 동상 111면). 그리하여 여기에서 문제되는 것은 기계가 과연 불변자본이냐 아니냐 하는 것이다. 만일 기계가 불변자본이 아니고 가변자본임이 밝혀져서 기계도 이윤을 생산한다는 사실이 명백해진다면 그의 가치론이 깨어지고 말 것임은 두말할 필요도 없다.

그리하여 마르크스는 어떠한 수단을 써서라도 기계가 불변자본임을 논증하여야 했던 것이다. 그는 이 논증을 위해서 몇 개의 새로운 개념을 만들어 냈다. '필요노동' '잉여노동' 또는 '필요노동시간' '잉여노동시간' 등이 그것이다. 필요노동이란 꼭 해야 하는 의무적인 노동을 말한다. 노동자는 매일 일정한 임금을 받고 노동을 하고 있는 만큼 그 임금값어치의 노동은 꼭 해야 하는 바 이 노동이 필요노동이며 이 노동을 계속한 시간이 필요노동시간이다. 그런데 실제에 있어서 노동자들은 필요노동시간보다 더 긴 시간을 노동한다고 그는 말한다. 임금을 1,000원 받고 있다면 노동은 1,500원 혹은 2,000원어치의 노동을 한다는 것이다. 이 초과분의 노동이 잉여노동이고 그 시간이 잉여노동시간이라는 것이다. "······방직공은 그의 임금, 즉 그의 노동력의 가치를 채우는 데 필요한 6시간을 넘어서 다시 6시간을 더 일해야 하는 바 이것을 나는 잉여노동시간이라고 이름 짓는다"(마르크스 '임금·가격 및 이윤' 63면). 이 잉여노동에 의해서 생산된 가치가 바로 잉여가치인 것이다.

그런데 여기서 또 문제되는 것은 필요노동이다. 즉 필요노동이 구체적으로 말해서 어느 정도의 노동이냐 하는 것이다. 가령 여기 하루에 1,000원의 임금을 받고 일하는 노동자가 있다고 할 때 정확히 말해서 몇 시간을 노동하여야 1,000원어치의 노동이 되느냐 하는 문제이다. 1,000원을 받고 6시간을 노동하는 노동자도 있을 것이요 8시간을 노동하는 노동자도 있을 것이요 또는 10시간을 일하는 노동자도 있을 것이다. 이러한 여러 노동시간 중에서 어떤 것이 그 임금값어치에 해당하는 정확한 노동시간이냐 하는 것은 용이한 문제가 아니다. 마르크스는 이 난문제를 해결해 냈다고 호언하고 있다.

노동력의 가격과 임금

마르크스는 노동력을 다른 생산물과 마찬가지의 노동생산물이며 상품이라고 보고 있다. 그런데 이미 말한 바와 같이 상품의 가치의 실체(본질)는 노동량이었다. 그러므로 노동력이라는 상품 속에도 그 가치로서 노동량(노동시간)이 들어 있다고 보아야 할 것이다. 그런데 "인간의 노동력은 살아있는 인간 개체 속에만 존재"(마르크스 '임금·가격 및 이윤' 岩波文庫 60면)하는 것이기 때문에 다른 상품처럼 그 속에 직접 노동량이 들어 있는 것은 아니다. 이 때문에 마르크스는 노동력을 특수한 상품이라고 하였다. 그러나 정확히 말해서 그것은 가치증식능력을 가졌다는 의미에서, 즉 "그 사용가치가 교환가치의 원천이라고 하는 독특한 성질을 가진 상품"(마르크스 '자본론' 靑木書店 제1부 상 315면)이라는 의미에서 특수한 상품이다. 따라서 노동력의 가치(노동량)는 다른 곳에서 찾을 수밖에 없다. 즉 다른 것의 가치를 기준하고서 노동력의 가치를 결정지을 수밖에 없다.

마르크스는 노동력의 가치의 기준을 생활자료(생활필수품, 생활수단)의 가치에 구하였던 것이다. 그런데 교환가치의 본질은 노동량이며 이것을 화폐로 표현하면 다른 상품에서와 마찬가지로 그것이 가격이 된다. 이 가격이 바로 임금이라는 것이다. 즉 임금은 노동력의 가치에 해당하는 금액이다(자본가는 이 임금으로써 노동력을 사들여서 생산과정에 투입한다). 따라서 임금은 일정한 노동량, 즉 노동시간을 나타내고 있다. 그것은 마치 일반상품의 가격이 그 상품 속에 들어 있는 노동량(노동시간)을 나타내고 있는 것과 같다. 임금이 나타내는 노동시간이 바로 필요노동시간이라는 것이다. 따라서 필요노동시간은 일종의 상품인 노동력의 가치에 맞먹는 시간이다. 가령 한 노동자의 임금이 1,000원이고 이 1,000원이 6시간 노동을 대표한 것이라면 이 6시간 노동이 필요노동이며 그 이상의 초과노동은 잉여노동이다(이 잉여노동은 노동력이 특수상품이기 때문에 자체의 가치 이상의 가치를 생산할 수 있음을 뜻하는 것이다).

생활자료의 가치와 노동력의 가치

그러면 노동력의 가치는 어떻게 결정되는가? "노동력의 가치는 그것의 생산에 필요한 노동의 분량에 의해서 결정된다"(마르크스 '임금·가격 및 이윤' 岩波文庫 60면). 노동자는 매일 새로 이 노동력을 생산해야 하며 그러기 위해서 그는 일정량의 생활자료(생활필수품)를 소비하면서 그 자신도 살고 가족도 먹여 살려야 하며 또 기계와 같이 자신도 소모, 즉 노쇠하여질 때 대신할 수 있는 다른 인간(즉 아이들)도 양육하여야 한다. 즉 노동력의 생산을 위해서는 생활자료를 소비하지 않을 수 없다. 노동력의 가치는 바로 이 생활자료의 가치에 의하여 결정된다. 다시 말하면 "노동력의 가치는 노동력을 생산하고 개발하고 유지하고 영속시키는 데 소요되는 필수품의 가치에 의하여 결정된다"(동상 61면). 그리하여 '노동력의 생산에 필요한 노동의 분량'이란 바로 생활자료를 생산하는 데 소요되는 노동의 분량을 뜻하는 것이었다. 그러므로 모든 상품의 가치는 반드시 그 상품을 생산하는 데 필요한 노동의 분량에 의해서 되는 것이기 때문에, 상품의 하나인 노동력의 가치도 "그것을 유지 또는 재생산하는 데 필요한 노동의 분량에 의하여 결정"(동상 63면)되지 않을 수 없다.

그러나 노동력 그 자체는 '살아있는 개체' 속에만 있기 때문에, 그리고 생활자료로써 생활하는 가운데서 노동력이 '유지 또는 재생산'되기 때문에 마르크스는 이 생활자료의 가치(노동량)를 노동력의 가치로 대신 간주하였던 것이다. 그리하여 가령 생활자료를 식량만으로 하고 1일 소비하는 식량 속에 6시간 노동이 들어 있었다고 가정하면 노동자가 그 식량을 소비함으로써 생산되는 노동력의 가치는 이 6시간 노동에 해당하는 것이다. 그런데 임금은 노동력의 가격이며 그 가치(노동량)를 대표하는 것이었다. 따라서 임금은 결국 생활자료 속에 들어 있는 노동량(노동시간)을 대표하는 것이며 따라서 생활자료의 가격이었던 것이다.

필요노동시간

그러므로 노동자가 임금값어치의 노동을 하려면 생활자료 속에 들어 있는 노동시간만큼만 일하면 된다. 이 노동이 필요노동이며 이 시간이 필요노동시간이다. 다시 말하면 필요노동시간은 노동력의 가치, 즉 생활자료(생활수단)의 가치에 의하여 결정된다. "이 생활수단의 가치가 그의 노동력의 가치를 결정하며 그의 노동력의 가치가 그의 필요노동시간의 크기를 결정한다"(마르크스 '자본론' 제1부 제2분책 角川文庫 9면). "노동력의 가치, 즉 노력의 생산에 소요되는 노동시간은 노동력의 가치의 재생산에 필요한 노동시간을 규정한다"(동상 8면). 생활자료의 가치가 6시간 노동에 해당하는 것이라면 노동자는 임금으로써 이러한 생활자료를 구입 소비하기 때문에 그는 6시간만은 노동할 의무가 있으나 그 이상의 노동은 필요가 없다. 그러나 자본가들은 이 필요노동시간 이상으로 잉여노동을 시키고 있으며 이 잉여노동에 의해서 막대한 잉여가치를 올리고 있다는 것이다. 여기서 자본가는 노동자를 착취하고 있다는 것과 따라서 노동자를 억압과 착취에서 해방하기 위해서는 자본주의사회를 타도하지 않으면 안 된다는 결론이 나오게 된다.

2. 잉여가치론 비판

이와 같이 마르크스는 필요노동, 잉여노동, 필요노동시간, 잉여노동시간 등의 개념을 교묘하게 만들어서 대중으로 하여금 이러한 노동이나 노동시간이 실지로 있는 것처럼 오인케 함으로써 잉여가치론의 정당성을 인식시키려 하였던 것이다.

불변자본 논증

그러나 이러한 용어의 조작만으로는 노동력이 가변자본이라는 설명은 될지라도 기계가 불변자본이라는 확증은 전연 될 수 없는 것이다. 마르크스는 이 사실을 알고 있었다. 그리하여 그는 기계가 불변자본임을 더 밝혀 논증하기 위해서 다른 방법을 채택하지 않을 수 없었다. 이것이 곧 감가상각비의 적용과 상대적 잉여가치라는 개념의 창안이었던 것이다. 그는 이 두 가지 이론을 교묘하게 적용 및 전개함으로써 기계가 조금도 이윤을 생산하지 못한다는 것을 입증하려 하였던 것이다.

그러면 이제부터 감가상각법의 적용과 상대적 잉여가치 이론의 전개로써 과연 기계자본의 불변성이 논증될 수 있는가를 검토하기로 한다. 동시에 필요노동이니 잉여노동이니 하는 개념도 과연 성립될 수 있는가를 검토 비판하기로 한다. 결론적으로 말해서 이 같은 이론과 개념은 그의 폭력혁명론을 합리화하기 위해서 날조한 가공의 이론이며 허망한 개념이었던 것이다.

감가상각법이란

그러면 먼저 감가상각법을 적용한(마르크스 자신은 감가상각법을 적용하였다는 말을 하지 않았으나 마르크스를 연구한 학자에 의하여 그 사실이 밝혀졌다.) 그의 이론을 비판하기로 하자. 감가상각법이란 기업체에서 사용하는 회계방법의 하나이다. 감가상각법에는 정액상각법(定額償却法), 일시상각법(一時償却法), 정율상각법(定率償却法), 연리금법(年利金法) 등 여러 가지가 있지만 마르크스가 차용한 것은 정액상각법이다. 이것은 기계의 마멸되는 가치 부분에 해당하는 금액을 설립해 가는 것을 말한다. 대체로 기계는 매일 움직임에 따라서 조금씩 마멸되어가서 일정기간이 지나면 완전히 노후화되어 쓸 수 없게 된다. 또 부단히 기술이 혁신되어가기 때문에 일정기간이 지나면 그 기계를 새것으로 대치하지 않으면 안 된다. 그런데 새것을 구입하려면 다액의 금액이 일시에 소요되는데 이런 금액을 일시에 마련한다는 것은 용이한 일이 아니다. 그리므로 이러한 난점을 해결하는 방안이 마련되지 않을 수 없다.

감가상각법은 이러한 방안으로서 오늘날 널리 기업체에서 채택하고 있다. 이것(정액상각법)은 기계가 날마다 마멸되는 값어치만큼의 금액을 적립하는 회계방법이다. 날마다 또는 달마다 마멸되는 값어치만큼의 금액은 적립해 가면 그 기계가 노후화되어서 쓸 수 없게 되었을 때에는 그 적립한 금액(상각금)은 그 기계의 본래의 가격만한 액수에 달할 것이다. "기계에 대해서는 감가상각비…만을 설립하면 된다"(일본공산당 '월간학습' 1969년 12월호). 이렇게 되면 그 금액으로 쉽게 새 기계를 구입할 수 있는 것이다. 기업 상의 이러한 회계방법을 마르크스는 그 자신의 불변자본 논증에 몰래 이용하였던 것이다.

즉 기계는 날마다 조금씩 닳아 없어지는(마멸되는) 부분은 아주 소멸되어 버리는 것이 아니고 그 마멸된 가치가 상품 속에 옮아가서 상품가치의 일부가 되어서 다시 나타난다. 가령 하루에 1,000원어치만큼 닳았다고 하면 이 1,000원분의 가치는 그 생산과정에서 생산되는 상품 속에 들어가서 1,000원에 해당하는 상품가치로서 다시 나타나게 된다는 것이다. 이렇게 다시 상품 속에 재현한 가치를 자본가는 나중에 시장에서 금액으로서 회수한다는 것이다. 즉 상품을 시장에서 판매하여서 얻은 수입금 중에서 1,000원을 떼어서 그것을 상각금으로 적립해 둔다. 이같이 하여서 그 기계가 노후화되어서 수명이 다할 때까지의 그 기계의 가치는 마멸을 통해서 전부 상품의 가치로 변해 버린다.

이때에 상품 속에 옮겨진 총가치는 기계의 마멸된 총가치와 같음은 물론이다. 1년에 10만원어치가 닳았다고 하면 상품 속에도 그 기계로 인하여 10만원어치의 가치가 형성된다. 여기에서 중요한 것은 마멸된 가치 이상의 새로운 가치가 더 부가하는 일은 절대로 없다는 것이다. 10만원어치가 닳고 13만원이나 15만원어치의 가치가 상품 속에 형성되는 일은 절대로 없다. 이것은 기계에 관해서뿐 아니라 원료에 관해서도 마찬가지이다. 원료는 보통 생산과정에서 그 모양 또는 성질이 전부 사라져서 새로운 상품(생산물)으로 나타나지만 이때에도 그 원료의 가치는 그대로 상품에 옮겨질 뿐이며 새로운 가치를 더 부가하지는 못한다는 것이다.

감가상각법의 적용은 속임수였다

그러면 과연 이것이 사실일까? 위의 마르크스의 설명은 그럴 듯하게 느껴질 것이다. 그러나 원료의 경우만 대체로 타당할 뿐 기계의 경우는 이 이론이 완전히 거짓이다. 다음에 그 허위성을 지적 폭로하기로 한다.

물론 기계는 가동되는 동안에 조금씩 마멸되는 것이 사실이다. 그리고 마멸되는 만큼 기계의 가치가 줄어드는 것도 사실이다. 그러나 여기서 밝혀야 할 것은 기계의 마멸은 그것의 형태나 구조의 마멸이며 기계의 중량의 감소일 뿐이니 따라서 기계의 마멸에 비례해서 줄어드는 가치는 그 기계의 교환가치뿐이며 기계의 기능, 즉 그 사용가치는 절대로 아닌 것이다. 물론 기계의 형태와 구조의 마멸로 인하여 그것의 기능이나 작용력도 줄어들기는 한다. 그러나 기능(사용가치)의 저하는 결코 마멸에 비례하는 것은 아니다. 가령 시계의 경우 새로 구입하여 사용하는 날부터 그 부속품들은 극히 미소하게나마 마멸될 것이나 그 기능은 몇 년 동안에는 조금도 지장 없이 잘 시간을 맞추는 것이 얼마든지 있다. 마찬가지로 기계도(특히 좋은 것일수록) 일정기간에는 그 성능에 아무런 장애도 없이 가동하는 것이 얼마든지 있다고 보아야 할 것이다.

그리고 가치를 생산물에다가 이전하거나 부가하는 것은 그 기계의 기능(성능), 즉 그 사용가치이지 교환가치가 아니다. 기계의 성능이 우수할수록 생산성이 높아지며 생산성이 높을수록 품질 좋은 상품이 다량 생산된다. 즉 성능이 좋은 기계일수록 크고 많은 가치를 생산한다. 이것을 바꾸어 말하면 가치를 이전하거나 부가하는 것은 기계의 기능이며 기계의 마멸이 아니다. 따라서 기계가 잉여가치(이윤)를 생산하느냐 못 하느냐의 문제는 기계의 기능, 즉 사용가치에 관한 문제이며 결코 그것의 교환가치에 관한 문제가 아니다. 그러므로 기계가 이윤을 생산하지 못한다는 것을 논증하려면 기계의 성능이 무슨 원인으로 새 가치를 부가하지 못하는가를 해명해야 할 것이었다.

그런데 마르크스는 기계의 기능을 다루지 않고 형태의 마멸을 다루었다. 기능과 형태(구조)는 서로 관련은 있어도 그 개념은 전연 별개이다. 그것은 마치 인간에 있어서 몸과 마음이 서로 불가분의 관계를 가지고 있으면서도 그 뜻하는 바는 전연 다른 것과 같다. 그 때문에 몸은 비록 불구라 할지라도 그 마음은 정상인 사람들이 얼마든지 있나. 악성(樂聖) 베토벤은 귀머거리였지만 훌륭한 작곡가였고 루스벨트 대통령은 절름발이였지만 위대한 정치가였다. 기계도 마찬가지이다. 교환가치가 매일 소모된다 해서 기계의 기능이 반드시 소모된 가치만을 생산물에 옮겨 놓는다는 이론은 하등의 근거가 없는 독단이요 억설에 불과한 것이다.

하루에 교환가치(형태구조)는 1,000원어치가 마멸되었어도 그 기능은 10,000원어치나 20,000원어치의 가치를 생산할 수가 없다고 무엇으로 장담할 것인가? 더욱이 기계는 새것일수록 견고하고 성능이 우수하기 때문에 마멸은 더 적게 되고 가치의 생산은 더 많아지는 것이다. 이러한 이점이 있기 때문에 자본가들은 다투어 가면서 새 기계를 도입하는 것이다. 이와 같이 상품에 많거나 적거나 간에 가치가 형성되는 것은 기계가 마멸되기 때문이 아니고 기계에 가치형성의 기능이 있기 때문인 것으로 보아야 할 것이다. 마르크스는 원료나 기계의 가치를 생산물에 옮겨 놓은 구실을 하는 것은 기계의 기능이 아니라 노동자의 노동이라고 하였고 기계의 기능은 다만 노동력의 생산성을 돕는 데 불과하다고 하였으나 그렇다는 것을 밝히기 위해서라도 그는 기계의 기능이(기계의 가치가 아니라 기능이) 왜 가치를 증식하지 못하고 다만 노동력을 돕는데 불과한가를 논증했어야 한다.

 이와 같이 감가상각법의 적용에 의한 그의 논증은 문제의 핵심을 벗어나 버렸던 것이다. 오늘날에는 오토메이션(무인공장)마저 생겨나서 노동자 없이도 얼마든지 가치를 보존하고 증식하여서 막대한 이윤을 생산하고 있는 것이다. 가치의 보존은 노동력에도 물론 기인하지만 새 기계일수록 그것은 대부분 기계의 기능에 기인하는 것이다. 가치의 보존이 기계의 기능(사용가치)에 의하는 것이라면 가치의 증식, 즉 새 가치의 부가도 기계의 기능에 기인함은 재언할 필요도 없는 것이다.

 과학기술자들이 기계를 발명한 것은 노동자들이 할 수 있는 모든 일을 기계도 할 수 있도록 하기 위해서였다. 그리고 오늘날에는 기계는 노동자들이 할 수 없는 일까지도 하고 있다. 마르크스도 "기계는 잉여가치를 생산하기 위한 수단이다"(마르크스 '자본론' 角川文庫 제1부 제2분책 89면), "생산양식의 변혁은 매뉴팩처(manufacture, 공장제 수공업)에서는 노동력을 출발점으로 하고 대공업에서는 노동수단

(기계…저자)을 출발점으로 한다"(동상), "기계는 인간으로부터 노동력뿐 아니라 숙련까지 빼앗아 갔다."고 하면서 이 사실을 솔직히 시인하고 있다. 그러므로 노동력과 마찬가지로, 아니 그 이상으로 기계도 가치를 보존함과 동시에 새 가치를 부가하여서 이윤을 생산한다는 것은 오늘에 와서는 너무나 명백한 사실로 되어 있는 것이다. 이윤생산의 여부는 기계의 사용가치의 문제이며 그의 교환가치 문제가 아니다. 마치 가치의 증식 기능이 노동력의 사용가치인 것과 같다.

이와 같이 기계의 마멸과 가치의 형성과는 전연 별개의 것이며 따라서 기계는 마멸된 가치와는 비교도 되지 않는 막대한 가치를 형성하는 것임에도 불구하고 마르크스가 기계의 마멸과 가치의 형성을 원인과 결과의 관계처럼 보고 마멸된 가치만이 생산물 속에 재현된다고 주장한 것은 전혀 거짓이요 속임수라 아니할 수 없는 것이다.

그리고 마르크스의 위의 논증은 다음과 같은 이유로서 우스꽝스러운 자가당착에 빠지기도 한다. 즉 그는 기계의 마멸되는 가치부분만이 그대로 상품에 옮겨진다고 하였으니 생산과정에 있어서 다른 조건이 불변이라면 기계가 많이 마멸되면 상품에 많은 가치가 이전되어서 그만큼 상품가치도 비싸질 것이요 기계가 적게 마멸되면 적은 가치가 상품 속에 이전되어서 그만큼 상품가격도 싸질 것이다. 그러나 실제의 경우는 이와 정반대현상을 나타내고 있다. 기계는 낡은 것일수록 많이 마멸됨과 동시에 품질이 나쁜 상품을 생산하며, 새것일수록 견고하기 때문에 마멸이 적게 됨과 동시에 품질이 좋은 상품을 생산한다. 그런데 같은 종류의 같은 양의 상품을 생산하는 데 있어서 새 기계를 쓴 기업체의 양질의 상품이 낡은 기계를 쓴 기업체의 저질의 상품보다 비싼 것이 시장의 실제의 경우인 것이다. 이 얼마나 우스꽝스러운 난센스인가?

요컨대 감가상각법에 의한 불변자본 논증은 완전히 위증이요 기만인 것이다.

상대적 잉여가치란

다음은 상대적 잉여가치의 이론을 비판하기로 한다. 마르크스는 감가상각법의 적용만 가지고는 마음이 놓이지 않았는지 상대적 잉여가치라는 개념까지 만들어 가지고 그 논증의 완벽을 꾀하고 있다. 그는 다음과 같이 말하였다. 즉 "노동의 연장에 의하여 생산되는 잉여가치를 나는 절대적 잉여가치라 부른다. 이에 반하여 필요노동시간의 단축 및 이에 조응(照應)하는 노동의 두 구성 부분의 양적 비율의 변화로부터 생기는 잉여가치를 나는 상대적 잉여가치라고 부른다."(마르크스 '자본론' 角川文庫 11~12면)는 것이다.

이미 밝힌 바와 같이 잉여가치란 잉여노동에 의한 가치이다. 그리고 잉여노동은 필요노동을 초과한 초과노동을 말한다. 그런데 이 잉여가치(이윤)를 늘이는 가장 쉬운 방법은 노동시간을 연장하여서 잉여노동을 더 많이 시키는 것이다. 이렇게 노동시간을 연장함으로써 더 많이 생산되는 잉여가치를 마르크스는 절대적 잉여가치라 부른다는 것이다. 그런데 마르크스는 자본주의 경제를 연구하는 가운데 자본가들이 노동시간을 연장하지 않고도, 아니 도리어 노동시간을 단축하고서도 이윤을 늘이는 사실을 잘 알고 있었다. 그러나 이처럼 시간을 단축하고서도 이윤을 남긴다는 것은 외견상으로는 잉여노동시간 없이도 이윤이 생산될 수 있음을 의미하는 것이어서 마르크스의 잉여가치설이 가당치 않음을 뜻한다 할 것이다.

그런데 마르크스 당시의 자본가들이 왜 노동시간을 단축하지 않으면 안 되었는가 하면 그것은 첫째로 여러 양심적인 사회개혁 운동가

(예컨대 공상적 사회주의자)들이 노동자에 대한 자본가들의 비인도적인 처지를 비난하였기 때문이요, 둘째로 동맹파업 기계파괴 등 노동자들의 투쟁이 강화되어간 때문이요, 셋째로 정부가 노동법을 제정하여서 노동시간의 단축 등 노동조건의 개선을 촉구하였기 때문이다.

이러한 사회적 압력에 의해서 자본가들은 부득이 노동시간을 단축하지 않을 수 없었던 것이다. 그러나 그들은 이윤을 포기할 수는 없었으므로 노동시간을 단축하면서도 이윤을 남기는 방안을 강구하지 않을 수 없었다. 그리하여 그들이 채택한 것이 새로운 기계의 도입이었다. 성능이 더 좋은 새 기계를 쓰면 낡은 기계를 쓸 때보다도 단시간에 더 많은 이윤이 오른다는 사실을 자본가들은 재빨리 깨달아 가지고 기계의 부단한 개량 또는 새 기계로의 대치 방법을 채택하였던 것이다(자본가들이 새 기계를 도입한 동기는 물론 이외에도 있다. 그것은 이윤을 올리기 위해서 노동자를 혹사하는 데는 한계가 있다는 점이었다. 즉 임금의 인하와 시간의 연장에 한계가 있었기 때문이기도 하였다. 임금을 너무 낮추면 아사[餓死]하게 되고 노동시간을 너무 연장하면 극도의 피로로 쓰러지게 되는 한계점이 있었기 때문에 이윤을 더 올리기 위해서는 부득이 새 기계를 쓰지 않으면 안 되었던 것이다. 그러나 시간을 단축한 것은 어디까지나 사회적 압력에 의해서였던 것이다).

그리하여 말썽 많은 노동시간을 단축하여서 노동자들의 불만을 달래주면서도 자본가들은 새 기계의 도입으로 막대한 이윤을 올릴 수 있었던 것이다. 이것은 외견상 마르크스의 잉여가치론의 파탄을 뜻하는 것 같았지만, 그는 상대적 잉여가치라는 개념을 만들어 가지고 교묘하게 그 자신의 잉여가치론을 옹호하였으며 따라서 기계자본의 불변성을 그럴듯하게 설명하였던 것이다. 그리하여 그는 노동시간을 단축해서 얻어지는 이윤까지도 이것이 모두 노동자에의 착취의 결과인 것처럼 꾸며대는데 성공(?)하였던 것이다.

그는 자본가들이 아무리 새 기계를 사용하여서 노동시간을 단축한다 하더라도 잉여노동(잉여노동시간)은 없어지는 것이 아니며 따라서 이윤은 여전히 잉여노동에 의해서 생기는 잉여가치임에 틀림없다고 주장했다. 그는 "대공업이 방대한 자연력과 자연과학(즉 기계……저자)을 생산과정에 합체(合體)시킴으로써(즉 기계를 도입함으로써……저자) 노동의 생산성을 대단히 높인다."(마르크스 '자본론' 동상 110면)는 것을 인정하면서도 "기계는 하등의 가치도 창조하지 않고 다만 그에 의해서 생산되는 생산물에 그 자신의 가치를 교대한다." (동상 110~111면)고 주장함으로써 새 기계를 도입하여서 얻은 이윤도 여전히 잉여노동, 즉 착취에 의한 것이라는 주장을 그대로 고집하였던 것이다.

그에 의하면 새 기계를 쓰면 전체의 노동시간도 줄지만 또 필요노동시간도 줄어든다는 것이다. 가령 필요노동시간이 8시간이고 잉여노동시간이 6시간인 기업체, 즉 1일의 노동시간이 14시간인 기업체가 있다고 할 때 자본가가 새 기계를 도입하여서 1일의 노동시간을 14시간에서 8시간으로 줄였다고 하면 잉여노동시간은 완전히 없어진 셈이 된다.

그러나 마르크스는 이런 때에 필요노동시간도 또한 단축되어서 예컨대 5시간으로 된다는 것이다. 필요노동시간이 5시간이라면 나머지 3시간은 잉여노동시간이 됨은 두말할 필요도 없다. 그리하여 새 기계를 쓰더라도 여전히 잉여노동시간은 항상 있게 마련이니 잉여가치의 생산, 즉 착취는 조금도 줄어들지 않는다는 것이다. 그는 기계를 도입하여서 잉여가치(이윤)가 증대하는 것을 노동생산성(또는 노동생산력)의 증대라고 표현하면서 기계의 도움을 받아서 노동력이 잉여가치를 더 많이 생산할 따름이지 기계 자체가 이윤을 생산하는 것이 결코 아니라는 것을 고집하고 있다.

그러면 새 기계를 사용할 때 필요노동시간이 줄어드는 이유는 어디에 있는가? 이에 대하여 마르크스는 다음과 같이 말한다. 새 기계는 성능이 좋기 때문에 질이 좋은 상품을 대량으로 생산하게 된다. 이렇게 되면 상품 하나하나의 값은 싸지게 된다. 이에 따라서 노동자들의 생활자료의 값도 싸진다. 다시 말하면 상품(생활자료)의 교환가치가 적어진다. 교환가치란 노동량, 곧 노동시간이었다. 그러므로 새 기계의 도입에 의하여 상품(생활자료)의 가치, 즉 노동량이 적어진다. 생활자료의 가치가 적어진다는 말은 곧 노동력이라고 하는 특수상품의 가치가 인하됨을 뜻한다. "따라서 기계는 그의 노동력의 가치를 감소시킨다"(마르크스 '자본론' 동상 123면). 이것을 바꾸어 말하면 생활자료의 생산, 즉 노동력의 재생산에 소요되는 노동시간이 새 기계의 도입으로 노동의 생산성이 증가하여서 그것이 단축됨을 의미한다. 이것을 다시 바꾸어 말하면 잉여가치를 증대시키기 위해서는 새 기계를 도입하여서 노동의 생산성을 높여서 노동력의 가치를 저하시키면 되는 것이다.

따라서 "노동력의 생산성이 증가하지 않으면 노동력의 가치가 감소하지 않으며, 곧 잉여가치는 증가하지 않는다"(마르크스 '자본론' 동상 302면). "노동의 생산성의 증가는(즉 기계의 도입은……저자) 노동력의 가치를 감소시키며 따라서 잉여가치를 증가시킨다"(마르크스 '자본론' 동상 302면). 그런데 생활자료의 생산(노동력의 생산)에 소요된 노동시간은 바로 필요노동시간이었다(즉 노동력의 가치에 해당하는 노동시간이 곧 필요노동시간이었다). 그리하여 새 기계의 채용으로 생활자료의 가치가 8시간 노동의 값어치에서 5시간 노동의 값어치로 줄었다고 하면 필요노동시간이 8시간에서 5시간으로 줄어든 셈이 되는 것이다.

이와 같이 필요노동시간이 단축되니 잉여노동시간은 여전히 남게 마련이라는 것이다. 따라서 "노동일(노동시간)이 일정하다면 필요노동시간이 줄 때 반드시 잉여노동시간은 길어지게 마련이다. 잉여가치의 연장에 필요노동의 단축이 조응한다"(마르크스 '자본론' 동상 8면). "노동력의 가치(따라서 필요노동시간……저자)와 잉여가치와는 서로 역방향으로 변동한다'(동상 302면). "그것들을 동시에 감소 또는 증가하는 것은 불가능하다"(동상). 잉여노동시간이 없어지지 않으니 잉여노동에 의한 잉여가치도 없어지지 않는다. 이 잉여가치를 마르크스는 상대적 잉여가치라고 불렀다. 즉 새 기계를 도입하여서 노동생산성을 향상시킴으로써 필요노동시간이 단축되어서 생겨나는 잉여가치가 상대적 잉여가치라는 것이다. 그리하여 모든 이윤은 전부 잉여노동에 대한 착취의 결과라고 마르크스는 주장하였던 것이다.

상대적 잉여가치이론의 비판

이상의 마르크스의 이론은 얼핏 보면 그럴듯하게 느껴질 것이다. 여기에 대중을 속이는 마술적인 책략이 감추어져 있음을 느끼는 사람은 별로 없을 것이다. 그리하여 마르크스 이후 오늘날까지 많은 지성인들이 이러한 이론에 속아서 공산주의자가 되었던 것이다. 그러면 다음에 이 이론의 허구성을 폭로하기로 한다.

필요노동시간이란 임금의 값어치의 상품을 생산하는 데 소요되는 노동시간이었으며 또 노동력의 생산, 다시 말하면 생활자료의 생산에 소요된 노동시간이었다. 이 시간이 새 기계의 도입으로 인하여(즉 노동생산성의 증가에 의하여 또는 노동력 가치의 저하에 의하여) 단축된다는 것이다. 과연 그럴까? 아니다. 반드시 그런 것은 결코 아니다. 왜냐하면 필요노동시간이 줄어들면 생활자료의 값도 줄어들고 따라서 임금도 인하되어야 할 것인데 오늘날 실제에 있어서 임금은 대체로 인상되는 경향에 있으며 따라서 노동자들의 생활자료의 질과 양이 항상 증대해 가고 있다. 즉 가격이 싸지기 때문에 그만큼 더 많은 상품을 구입한다. 새 기계를 도입하더라도 임금은 인하되지 않기 때문에 시계나 라디오 없이 생활하던 노동자들도 물가가 싸지니 시계도 사고 라디오도 사게 된다.

이와 같이 경제성장과 문화의 발달에 따라서 노동자들의 생활수준(생활자료의 내용)도 향상되어 가는 것이 통례이다. 이것을 바꾸어 말하면 식량과 작업복과 고무신 정도로 생활하던 노동자들이 나중에 시계 라디오를 생활자료로 갖추게 되었기 때문에 생활자료의 총가치, 따라서 노동력의 가치는 감소되지 않았다(또는 더 증대하였다)고 보지 않을 수 없다.

즉 식량 작업복 고무신 등의 총가치는 8시간 노동의 값어치에서 새 기계의 도입으로 5시간 노동의 값어치로 줄어들었다 하더라도 새로이 여러 시간의 노동의 값어치의 시계와 라디오를 구입하였다고 하면 결국 나중의 생활자료의 총가치는 5시간을 훨씬 초월하는 노동분의 값어치가 되어서 필요노동시간이 단축되지 않았거나 혹은 더 연장된 셈이 되는 것이다. 그리하여 새 기계의 채용으로 반드시 필요노동시간이 단축된다는 설은 아무런 근거 없는 독단이요 억설에 불과하다고 아니할 수 없다. 마르크스의 상대적 잉여가치론이 성립되려면 새 기계가 도입되면 반드시 임금(노동력의 가치)이 저하하여야 한다. 실제로 마르크스 당시에는 그러한 임금의 하락현상이 있었지만 오늘과 같이 발달한 자본주의하에서는 임금은 거의 내린 일이 없으며 도리어 상승하는 경향을 보이고 있기 때문에 오늘에 있어서는 마르크스의 이론이 맞지 않게 되었다.

그러면 마르크스는 노동생산성이 증대할 때 임금도 오를 것을 전연 상상도 못 하였을까? 그는 이것을 예상한 흔적이 있다. 그는 자본론 제5편 제15장에서 "노동력의 최초의 가치(즉 임금……저자)가 3실링이고 필요노동시간이 6시간이며 잉여노동도 똑같이 3실링이며 잉여노동시간도 6시간이라고 한다면 노동의 생산력이 2배가 되더라도(즉 필요노동시간이 ½로 줄더라도……저자) 노동일의 분할이 처음대로라면(즉 줄어든 필요노동시간과 그때의 잉여노동시간이 같다고 하면……저자) 노동력의 가격(즉 임금……저자)과 잉여가치와는 불변(不變)대로일 것이다"(마르크스 '자본론' 동상 305면). "이 가치생산물의 두 부분, 즉 노동력의 가격과 잉여가치가……동시에 증대할 수 있는 것은 명백하다"(동상 308면).

그러나 "노동력의 가격증대는 이 경우에 반드시 그 가격이 그 가치 이상으로 상승하였음을 포함하지 않는다(뜻하지 않는다……저자). 도리어 그 증대는 노동력의 가치의 저하를 동반하는 수도 있다."라고 말하고 있는데 이것은 새 기계를 도입하여서 노동생산성을 높이면 노동력의 가치는 저하될 것임에도 불구하고 임금 노동력의 가격은 저하하지 않거나 또는 상승할 수 있음을 시인하는 이론이다. 이러한 이론은 임금은 노동력의 가치의 화폐적 표현이라는 자신의 주장을 스스로 부정하는 발언인 것이다. 결국 임금은 노동력의 가치의 표현이 아니라는 것을 자증(自證)한 것이며 따라서 소위 필요노동시간이라는 것이 임금, 즉 생활자료의 가치와는 아무런 관계가 없으며 또 생활자료의 가치와 노동력의 가치와도 아무런 관계가 없음을 스스로 폭로한 것이다. 필요노동시간이란 성립될 수 없는 것이었다. 그리하여 그의 상대적 잉여가치란 허위요 기만이었던 것이다.

이상은 마르크스가 창안한 '필요노동시간'의 개념을 일단 받아들여 놓고서 비판한 것이다. 그러나 실제에 있어서 '필요노동시간'은 완전한 허구요 가공적인 어휘에 불과한 것이다. 그러므로 '필요노동시간'의 개념 위에 세워진 잉여가치론은 도저히 세워질 수 없는 것이었다. 이하 이에 관하여 비판하기로 한다.

노동력은 노동생산물(상품)이 아니다

마르크스가 필요노동시간이라는 개념을 만들어 낼 수 있었던 것은 그가 노동력을 일종의 노동생산물로 보고 있었기 때문이었다(비록 그가 노동력을 특수상품이라고 부르기는 하였지만). 즉 그는 일반상품이 노동생산물인 것처럼 노동력도 노동에 의해서 생산되는 상품이라고 보았다. 노동력이 생산물로서의 상품이기 때문에 그것은 일정한 가치를 갖고 있어서(시간이 들어 있어서) 이것이 노동량, 즉 노동시간을 나타내는 동시에 가격, 즉 임금의 원인이 되고 있다. 그리고 이 노동시간이 바로 그 노동자가 일해야 하는 필요노동시간이었다. 그러므로 만일 노동력이 일정한 가치를 지닌 상품이 아니라면 그것은 노동시간(노동량)을 대표할 수 없으며, 따라서 노동력의 교환가치라는 개념도 성립될 수 없으며 노동력의 가격이라는 개념도 없어지고 만다. 그리고 임금도 노동력의 가격이 아니라 노동에 대한 단순한 보수요 생활비라는 결론이 성립되게 된다.

그러므로 상대적 잉여가치가 과연 실존하는 가치냐 아니냐는 노동력이 노동생산물로서의(즉 일정한 가치를 지닌) 상품이냐 아니냐에 달려있는 것이다. 결론적으로 말해서 노동력은 결코 노동생산물로서의 상품이 아니다. 왜냐하면 첫째로 노동력은 어떤 수요를 위해서 생겨나는 것이 아니기 때문이다. 어떠한 물건이거나 상품이 되려면 반드시 교환될 수 있어야 한다. 교환될 수 없는 것은 상품이 될 수 없다. 이것을 바꾸어 말하면 상품은 모두 수요를 전제로 하고 있다. 수요가 없는 상품이란 생각할 수조차 없다. 그런데 노동력은 수요자를 위해서 인간의 체내에서 생겨나는 것은 절대로 아니다. 마르크스는 자본가나 기업들이 노동력을 구매하기 때문에 그들이 바로 노동력에 대한 수요자인 것처럼 말하고 있으나 노동력은 결코 어떤 수요를 위해서 있는 것이 아니다. 마르크스도 말하였듯이 노동력이란 두뇌, 근육, 신경, 손 등을 움직여서 일하는 능력을 말한다. 그런데 이 능력은 노동자만 갖고 있는 것이 결코 아니다. 정치가도 경제인도 교육자도 갖고 있으며, 근로자도 예술가도 종교인도 갖고 있다. 인간이면 누구나 갖고 있는 것이 두뇌, 근육, 신경, 수족의 능력이다.

이 능력으로써 인간은 여러 가지 생활을 하고 있다. 그러므로 이러한 능력은 인간이 생활하기 위한 활동력인 것이다. 이 활동력은 자본가를 위해서 공장에서 일할 목적으로 인간이 갖고 있는 것이 결코 아니다. 이 활동력은 하나의 창조력이요 생명력이어서 어떤 수요를 위해서 인체에 생겨나 있는 것이 아니고 인간이 살아가기 위해서 날 때부터 이미 인체에 주어져 있는 것이다. 마르크스는 노동자가 노동력을 생산하기 위해서 생활자료를 소비하고 있다고 보고 있다. 그에 있어서는 생활자료의 소비활동은 노동력을 생산하는 생산활동이었다.

과연 그럴까? 노동생산물로서의 상품은 수요가 있을 때에만 또는 수요가 예상될 때에만 생산되는 것이며 수요가 없어지면 생산은 중단되고 만다. 만일 인체에서의 노동력의 생산도 수요를 위한 것이라면 수요가 없어질 때, 예컨대 실직됐거나 휴업 폐업 등으로 해고당했을 때에는 노동력의 생산을 중단해야 할 것이다. 즉 생산활동인 생활자료의 소비를 중단해야 할 것이다. 그러나 노동자들은 취직 때와 마찬가지로 실직 때에도 하루라도 식량 의복 연료 등의 소비를 중단하지 않는다. 무슨 이유 때문일까? 그것은 생활자료의 소비생활이 '생산'활동이 아니라 '생활'활동이기 때문이다. 생활자료의 소비는 노동력이라는 상품을 생산하기 위한 생산활동이 아니라 이미 가지고 있는 생명력(창조력)을 유지 또는 강화하는 생활활동인 것이다.[6]

그리고 노동력은 노동을 지향하는 인간의 생래(生來)의 창조력에 불과한 것이다. 이 창조력이 예술을 지향할 때 그것은 예술창작력이 되고, 이 힘이 학문을 지향할 때 학문연구력이 되고, 이것이 과학을 지향할 때는 발명력이 된다. 이와 같이 노동력은 인간의 창조력의 한 표현 형태에 불과하기 때문에 그것은 어떤 수요를 채워 주기 위한 상품이 아닌 것이다. 그리고 노동력 창조력은 생활자료를 소비할 때에 무에서 유로 비로소 생산되는 생산물이 결코 아니며 위에서 말한 바와 같이 그것은 이미 출생할 때부터 가지고 있는 생래의 창조력이며

---

[6] 마르크스도 생활자료의 소비를 노동력을 생산하기 위한 것으로만 보지 않고 생활하기 위한 것임을 인정하고 있는 것처럼 보인다. 그는 "그러면 노동력 그 자체의 생산비(임금……저자)란 무엇인가? 그것은 노동자를 노동자로서 유지하기 위해서(즉 생활하기 위해서……저자) 또 노동자를 노동자로서 양육하기 위해서(즉 사식들을 노동자로서 기르기 위해서……저자) 필요로 하는 비용이다"('임금노동과 자본' 岩波文庫 45면). "그러므로 간단한 노동력의 생산비는 후계자의 생존 및 번식비가 된다. 이 생존 및 번식비의 가격은 노임을 형성한다."(동상)고 말함으로써 그도 임금이 생활을 위한 비용인 것을 인정하고 있지만 마르크스의 생활비는 어디까지나 노동력을 생산하는 생산비로서 다루어지고 있다는 것을 잊어서는 안 된다. 따라서 그에 있어서는 노동자의 생활자료의 소비는 전적으로 생산활동이지 생활활동은 아닌 것이다. 마르크스 당시에는 노동자의 생활이 너무도 비참하였기 때문에 산다는 것은 곧 노동력을 생산하기 위한 것으로 보였을는지 모르나 오늘날에 있어서는 전연 맞지 않는 견해인 것이다.

생활자료의 소비로써 다만 그것이 유지되고 강화되는 데 불과한 것이다. 노동력은 결코 노동생산물이 아니라 천부적 창조력인 것이며 상품이 아니라 인격인 것이다.

자본주의사회에서는 물론 노동력이 상품 취급을 받고 있는 것이 사실이다. 마르크스도 이런 점에서 노동력을 상품으로 다루었을 것이다. 그러나 이것은 보수를 포함한 모든 수수관계를 금전으로 환산하는 자본주의의 경제행위의 습성 때문이며 엄격한 의미에서는 노동력은 상품이 아닌 것이다. 그리고 노동력이 상품 취급을 받음에 있어서도 그것이 어떤 가치(노동량)를 지닌 노동생산물과 같은 상품이 아니라 노동량과는 아무런 관계도 없는, 즉 노동생산물이 아닌 상품으로서 취급을 받고 있는 것이다.

이미 노동가치설의 비판에서 지적했듯이 상품에는 마르크스가 말하는 노동생산물로서의 상품과 노동이 들어 있지 않은 상품의 두 가지가 있다. 산림 토지 그 외의 일부의 자연물과 증권 같은 것은 노동생산물이 아닌 상품이다. 노동력은 자본주의사회에 있어서 이와 같은 비생산물로서의 상품으로서 다루어지고 있다. 따라서 그런 의미에서 노동력을 상품으로 본다 하더라도 그것은 생활자료의 소비에 의하여 생산되는 것이 아니며 또 그 속에 노동량(가치)이 들어 있지 않기 때문에(즉 생활자료의 가치에 해당하는 어떤 가치가 그 속에 있다고 볼 수 없기 때문에) 필요노동시간이 있을 수 없는 것이다. 필요노동시간이 있을 수 없으니 잉여가치라는 개념도 성립될 수 없으며 결국 잉여가치론은 허위에 불과하다는 결론이 되게 되는 것이다.

노동력에는 사용가치도 교환가치도 없다

노동력이 상품(노동생산물)이 아니라는 사실은 다음과 같은 이유로써도 밝힐 수가 있다. 노동력이 상품이라고 한다면 아무리 그것이 특수상품이라 하더라도 가치를 지닌 상품인 이상 그것은 반드시 사용가치와 교환가치를 지녀야 할 것이다. 그러나 노동력은 그러한 가치를 갖고 있지 않다. 이에 관하여 다음에 검토하기로 한다.

먼저 사용가치에 대하여 비판하기로 한다. 마르크스는 노동력에 가치증식작용이 있다고 보고 이것을 노동력의 사용가치라고 주장하였다. 그에 의하면 노동력은 생산과정에서 잉여가치를 생산해서 자본가에게 이윤을 안겨 주는 바 잉여가치를 낳는 이러한 작용은 노동력의 유용성이어서 이것이 바로 노동력의 사용가치라는 것이다. "노동력의 가치와 노동력의 가치증식과는 두 개의 다른 크기이다. 노동력의 유용한 속성은 하나의 불가결의 조건이 있을 뿐이다. 그러나 결정적인 것은 노동력의 특수한 사용가치, 즉 그 자신이 갖고 있는 것보다 큰 교환가치의 원천이라는 것이었다"(엥겔스 '자본론강요' 岩波文庫 42면). 그러나 이것이 참이 아니라는 것을 다음에 밝히기로 한다. 마르크스에 의하면 상품이 지니고 있는 사용가치와 교환가치는 각각 노동력의 이중적 성질인 유용노동과 추상적 인간노동에 기인한다고 하였다. 즉 유용노동에 의하여 사용가치가 생산되고 추상적 인간노동에 의하여 교환가치가 형성된다고 하였다.

따라서 노동력의 사용가치도 어떠한 유용노동에 의해서 형성되는 것이 아니면 안 될 것이다. 유용노동이란 원료 기계 설계도에 따라서 달라지는 구체적인 노동이었다. 그러면 노동력의 사용가치를 형성한 유용노동은 구체적으로 어떠한 것인가? 이상하게도 여기에 대해서 마르크스는 아무런 언급도 없다. 왜 마르크스는 이것을 밝히지 않았는가? 그것은 밝히려야 밝힐 수 없기 때문이다. 왜냐하면 노동력은 노동생산물이 아니기 때문에 거기에 유용노동이란 있을 까닭이 없기 때문이다. 그러나 마르크스는 가치증식작용을 사용가치라고 고집하고 있으니 그의 이론에 따라서 노동력의 유용노동을 추리해 보기도 한다.

마르크스는 생활자료의 교환가치를 노동력의 교환가치와 같다고 보고 있다. 즉 그는 생활자료를 생산하는 데 소모되는 노동량(추상적 인간노동의 양)이라고 보고 있다. 따라서 노동력의 사용가치를 형성한 유용노동도 만일 있다고 한다면 생활자료를 생산한 유용노동이 바로 그것이라고 보아서 무방할 것이다(또 그렇게밖에는 달리 볼 수 없을 것이다). 그런데 생활자료는 노동자에 따라서 같지 않다. 가령 식량을 보더라도 어떤 노동자는 쌀밥, 어떤 노동자는 보리밥, 어떤 노동자는 감자, 어떤 노동자는 빵을 먹을 것이다. 그런데 식량의 종류에 따라서 그 식량을 생산한 유용노동은 각각 달라지는 것이다. 쌀을 생산하는 노동과 빵을 만드는 노동이 다르다. 사용가치는 유용노동이 달라짐에 따라서 달라지는 것이다. 그런데 마르크스에 의하면 가치증식작용은 모든 노동자들이 다 갖추고 있다. 생활자료의 유용노동이 노동자에 따라서 다 다름에도 불구하고 왜 사용가치(가치증식작용)는 모두 같은가? 이것은 생활자료의 유용노동과 노동력의 기능과는 아무런 관계도 없음을 뜻하는 것이요, 결국 노동력에는 사용가치가 없음을 뜻하는 것이다.

공산주의자들은 노동력이 갖고 있는 가치증식작용 사용가치로 보아야 할 것이 아니냐고 반문할 것이지만 노동력이 갖고 있는 것은 가치증식작용 그 자체가 아니라 가치를 증식시킬 수 있는 가능성 또는 능력뿐인 것이다. 가능성이니 능력이니 하는 것은 그 자체로서는 아무런 구체적인 작용도 나타낼 수 없으며 다른 어떤 조건이 갖추어졌을 때 비로소 작용을 나타내는 성질을 말하는 것이다. 노동력은 하나의 가능성에 불과하기 때문에 그 자체로서는 절대로 이윤을 증식시키지 못하며 여기에 원료 기계 및 다른 노동력의 협력과 사무원 및 기술자들의 협력 등이 갖추어졌을 때만 비로소 가치증식작용을 나타내는 것이다. 다시 말하면 가치증식은 노동자 단독의 힘에 의하는 것이 아니라 여러 생산요소들의 협동에 의해서 되는 것이다. 이와 같이 노동력은 가치증식작용 그 자체를 갖고 있지 않다는 점에 있어서도 노동력에는 사용가치가 없다고 보지 않을 수 없다.

다음은 노동력의 교환가치에 관해서 비판하기로 한다. 위에서 이미 재차 말한 바와 같이 마르크스는 임금을 노동력의 가격이라고 하였다. 가격은 교환가치를 화폐로 표시한 것이다. 그런데 교환가치의 본질은 노동량(노동시간)이었다. 그리하여 노동력 속에서도 다른 상품과 마찬가지로 노동량이 들어 있다고 보아야 할 것이다. 그런데 노동력은 공장에서 생산되는 것이 아니고 인체에서 생겨나는 것이어서 노동력의 노동량(가치)을 직접 칭량(稱量)할 수는 없기 때문에 그 노동력을 생산하는 생활자료의 가치(노동량)로써 그것을 대신하고 있다. 노동자는 식량 의복 신발 등 생활자료를 소비함으로써 노동력을 생산하기 때문에 이 생활자료의 생산에 소요된 노동량이 그대로 노동력이 지니게 되는 노동량(노동시간)이며 여기서 필요노동시간이라는 개념이 생겨났다는 것은 이미 말한 바와 같다.

마르크스의 이 이론을 요약하면 첫째로 노동력은 생활자료에 의해서 생산된다. 둘째로 생활자료의 가치(노동량)가 그대로 노동력의 가치(노동량)와 같다는 두 가지로 볼 수 있다. 그러면 과연 이것이 사실일까? 첫째로 노동력은 과연 생활자료를 소비함으로써 생산되는가? 절대로 아니다. 이미 앞에서 말한 바와 같이 노동력은 생명력이요 창조력이어서 인간이 날 때에 지니고 나온 천부적 능력인 것이며 절대로 생활자료를 소비할 때에 생겨나는 후천적인 것이 아니다. 생활자료는 이 천부의 능력을 유지 또는 강화하기 위해서, 즉 살기 위해서 소비하는 것이다. 노동력은 생활자료에 의해서 생산되는 후천적인 산물이 결코 아닌 것이다.

둘째로 생활자료의 가치(노동량)가 그대로 노동력의 가치와 같은가? 그것도 거짓말이다. 만일 식량이나 의복의 가치가 그대로 노동력의 가치와 같다고 하면 가치가 많은 식량과 의복 등을 소비한 노동자의 노동력은 가치가 적은 식량이나 의복 등을 소비한 노동력보다 더 많은 가치(노동량, 노동시간)를 지니고 있을 것이며 따라서 더 많은 노동을 할 수 있어야 할 것이다. 가령 생활수준이 낮은 노동자(후진국이나 소기업의 노동자)는 적은 생활자료, 예컨대 10시간 노동의 값어치의 생활자료로 생계를 유지할 것이며 생활수준이 높은 노동자(선진국 또는 대기업의 노동자)는 라디오 텔레비전까지도 갖추는 등 많은 생활자료, 예컨대 20시간 노동의 값어치의 생활자료로 생계를 유지할 것이다. 이런 경우 낮은 수준의 노동력에는 10시간의 노동력이 들어 있을 것이기 때문에 10시간 노동을 할 수 있어야 할 것이고, 높은 수준의 노동력에는 20시간의 노동량이 들어 있을 것이기 때문에 20시간 노동을 할 수 있어야 할 것이다. 다시 말하면 높은 수준의 노동자의 필요노동시간이 낮은 수준의 노동자의 그것보다 더 길어야 할 것이다.

그러나 마르크스는 기계가 발달할수록 필요노동시간이 단축된다고 하면서 선진국의 높은 수준의 노동자들의 필요노동시간이 짧다고 하였다. 이것은 이론적으로 전후가 모순이 아닐 수 없는 것이다. 물론 마르크스는 노동력은 그 가치 이상의 가치를 생산할 수 있는 특수상품이라고 하면서 노동력의 가치의 대소에 관계없이 더 많은 노동, 즉 잉여노동을 할 수 있다고 하였으나 이미 말한 바와 같이 필요노동시간은 가치에 해당하는 것이기 때문에 생활자료의 가치(노동량-노동시간)가 크면 그만큼 필요노동도 길어져야 하는데 실제는 그렇지 않으니 이것이 바로 이론적 모순인 것이다. 그리고 이러한 사실은 생활자료의 가치(노동량)를 결코 노동력의 가치로 볼 수 없음을 나타내는 것이니, 이것은 노동력의 가치를 측량할 수 없음을 의미할 뿐 아니라 도대체 노동력이 가치(노동량)를 갖고 있지 않음을 증명하는 것이다.

위에서도 말한 바와 같이 생활자료는 생래의 노동력을 다만 유지 강화하기 위해서 소비하는데 불과한 것이다. 이와 같이 노동력에는 교환가치(노동량)는 추호도 포함되어 있지 않다. 따라서 임금은 노동력의 가격이 결코 아닌 것이다. 그것은 다만 노동에 대한 단순한 보수이며 생활비일 뿐이다.

필요노동시간은 기만수단이었다

이상으로 노동력은 어떤 수요를 위한 노동생산물(상품)이 아니며 또 그 속에는 사용가치도 교환가치도 들어 있지 않다는 것이 밝혀졌으리라 믿는다. 이와 같이 노동력이 노동생산물로서의 상품이 아니기 때문에 노동력은 노동량(노동시간)을 지니고 있지 않으며 따리서 필요노동시간이란 개념은 전혀 성립되지 않는다. 필요노동이니 필요노동시간이니 하는 것은 모두 가공적인 명칭에 불과하였다. 실제로는 전혀 존재하지 않는 것을 마치 실재하는 것처럼 날조한 것이 필요노동시간이었던 것이다. 그는 노동력 속에도 일반상품과 같이 노동시간이 들어 있는 것처럼 꾸며댐으로써 '필요노동시간'이라는 명칭을 날조하여서 새 기계를 도입하더라도 자본가들은 여전히 잉여노동에 의해서 이윤(잉여가치)을 남기고 있다는 상대적 잉여가치의 이론을 세웠던 것이다. 필요노동시간은 실재하지 않는 가공적인 명칭이었으며 기만수단이었다. 따라서 잉여노동이니 잉여노동시간이니 하는 것들도 모두 가공적인 날조된 명칭이었던 것이며, 잉여가치도 대중을 기만하기 위한 책략적인 명칭에 불과하였던 것이다. 잉여가치는 존재하지 않는다. 따라서 상대적 잉여가치도 존재하지 않는다.

이상으로 기계가 이윤을 절대로 생산하지 못하는 불변자본임을 증명하기 위해 마르크스가 채용한 감가상각법의 적용과 그가 창안해 낸 상대적 잉여가치의 이론이 전적으로 기만이론임을 폭로하였다. 그리하여 그의 잉여가치론은 도저히 성립될 수 없음이 밝혀졌으리라 믿는다.

3. 잉여가치론의 대안

그러면 다음에는 마르크스의 잉여가치론을 극복하면서 그 대안을 제시하기로 한다. 기계는 어떠한 자본인가, 이윤은 무엇에 의하여 생산되는가, 이때까지의 자본가들의 범죄(착취)는 어디에 있는가 등을 해명하기로 한다.

기계는 가변자본이다

기계가 불변자본이 아니라면 그것은 어떠한 자본일까? 그것은 두말할 것도 없이 가변자본이다. 노동력과 마찬가지로 이윤(엄밀히 말해서 이윤요소)을 생산하는 가변자본이다. 마르크스가 기계가 불변자본임을 논증하려고 그토록 갖은 수단을 써 보았으나 실패한 것은 그것이 틀림없는 가변자본이기 때문이다. 도대체 기계가 이윤을 생산하지 않는다면 자본가들은 무엇 때문에 막대한 비용을 들여서 기계를 도입할 것인가? 자본주의 초기에 자본가들은 그들의 착취의 도가 한계에 이르러서 그 이상을 착취하면 노동자들이 굶게 되거나 지쳐서 쓰러질 수밖에 없이 되었을 때 더 많은 이윤을 올리기 위해서 새 기계를 도입했다는 것은 누구보다도 마르크스 자신이 더 잘 알고 있었다. 그리하여 그들의 목적대로 기계로써 막대한 이윤을 올렸던 것이다.

그는 "기계의 직접적인 결과는 잉여가치의 증대이다." "기계는 잉여가치를 생산하기 위한 수단이다." "기계는 노동자로부터 노동력뿐 아니라 숙련까지를 빼앗아 갔다." "공장의 전 운동은 노동자로부터가 아니라 기계로부터 출발한다." "기계가 생산과정에 도입되면서부터 노동자는 단순한 기계의 조수, 감시공, 부첨공(附添工)이 되고 말았다."고 하면서 기계가 가치를 증식하는 성능을 갖고 있음을 실은 잘 인정하고 있었던 것이다.

생산과정에 있어서의 기계의 비중을 이처럼 명료하게 인식하고 있으면서도 그는 공식적으로는 이윤은 어디까지나 노동력에만 공헌한다고 강변하고 있다. 그 이유는 이미 말한 바와 같이 만일 기계도 이윤생산에 공헌한다는 언질을 공식으로 준다면 즉시 그의 전 가치론은 깨어지고 따라서 그의 전 사상체계와 그가 목적하는 혁명운동도 모두 파괴되어 버리기 때문이다. 그리하여 그는 기계가 생신하는 이윤을 노동력만이 생산하는 것처럼 바꿔치기하기 위해서 감가상각법도 적용해 보고 상대적 잉여가치라는 개념도 만들어 보았던 것이다.

노동시간의 연장과 임금의 인하가 한계점에 이르렀을 때 새 기계를 도입하여서 이전보다도 더 많은 이윤을 올렸다고 하면 그 이윤의 증대한 부분은 틀림없이 그 기계의 채용에 기인함은 두말할 필요조차 없는 것이다. 도대체 기계를 발명한 동기와 그 목적은 생산능률을 증대시키려는 데 있었던 것이며 따라서 새 기계일수록 낡은 것보다 능률이 더 높은 것임은 너무도 명백한 일이다. 오늘날에 와서는 소위 '오토메이션'이라고 불리는 무인공장까지 출현하여서 노동자 없이도 막대한 이윤이 생산되고 있다. 만일 마르크스가 아직도 살아서 이 현실을 목격하였다면 필시 그는 자신의 노작(勞作)인 '자본론'을 불살라 버릴 것이 틀림없다. 기계도 이윤을 생산한다는 것은 의심할 바 없는 것이다. 즉 기계도 노동력과 마찬가지로 가변자본인 것이다.

이윤의 생산

그러면 노동력과 기계는 왜 이윤을 생산할 수 있는가를 다음에 밝히기로 한다. 먼저 노동력의 이윤생산에 관하여 설명한다. 노동력이 이윤을 생산하는 것은 그것이 생명력이요 창조력이기 때문이다. 생명력이란 성장의 능력이요 창조의 능력이다. 모든 생물은 성장력(즉 生長力) 번식력을 가지고 있다. 그러므로 한 알의 씨가 땅에 심어지면 그 씨 속에 있는 생명력에 의하여 씨는 싹이 되고 줄기가 되고 잎 가지 꽃 열매로 성장한다. 그리고 나중에는 그 열매에서 또 새로운 씨가 번식된다. 동물도 새끼 동물은 이 생명력에 의해서 성장하여 어미 동물이 되고 나중에는 또 새로운 새끼 동물을 번식한다. 그런데 성장이나 번식은 바로 새로운 세포나 개체의 창조인 것이다. 하나의 수정 세포에서 새끼 동물이 생겨나는 것은 하나의 세포가 수많은 세포로 증식되는 것, 즉 새 세포들이 창조되는 것을 뜻하는 것이요 어미 동물에서 새끼 동물이 생겨나는 것도 어미 동물의 생명력이 새로운 생명체를 창조함을 말하는 것이다.

그런데 동물 중에는 일정한 물질수단을 이용해서 어떠한 목적물을 창조하는 능력을 가진 동물도 있다. 가령 거미는 몸에서 실을 뽑아서 공중에 그물을 치며 벌은 특유한 벌집을 만들고 새는 새집을 짓는다. 이와 같이 성장 번식 작소(作巢:둥지 틀기) 등은 모두 생명의 창조력에 의하는 것이다. 즉 생명력은 곧 창조력인 것이다. 인간도 이와 같은 창조력을 갖고 있음은 물론이다. 그런데 인간이 갖고 있는 창조력은 동물의 그것에 비하여 비교할 수 없을 정도로 발달하였다. 그 이유는 인간이 이성을 지니고 있기 때문이다. 인간은 이성적인 동물이라는 말도 있지만 인간은 동물이 갖지 못하고 있는 이성을 갖고 있기 때문에 인간의 창조력은 극히 세련되고 정교할 뿐만 아니라 시시각각으로 발달하고 있다. 이것은 동물의 창조력은 본능적 창조력이지만 인간의 그것은 이외에 또 이성, 즉 과학적 지식에 의하는 기술창조력까지를 지니고 있기 때문이다. 인간은 날 때부터 이 같은 두 종류의 창조력을 지니고 있는 바 노동이란 이 중에서 주로 기술창조력을 말하는 것이다. 이것 역시 생명력임은 물론이다. 이러한 생명력, 즉 기술창조력에 의해서 이윤이 생산된다.

다음에 기계는 왜 이윤을 생산하는가? 그것은 기계도 훌륭한 기술창조력이기 때문이다. 기계는 단순한 쇠뭉치가 아니며 그것은 과학기술자들의 기술창조력이 물체로 화한 것이다. 기계는 과학자에 의하여 발명되고 제작된 것인 바 이 발명이나 제작은 과학자 자신의 기술과 창조력을 기계에 옮겨 놓는 과정이나. 그리하여 기계는 과학자들의 기술과 창조력의 연장이요 그 체화물(體化物)이다. 그러므로 기계도 노동력과 마찬가지로 기술창조력이다. 기계가 이윤을 생산하는 것은 이 때문이다.

수수작용과 이윤생산

그런데 여기에서 밝혀 두어야 할 것은 모든 창조력은 단독으로는 절대로 이윤을 생산하지 못한다는 것이다. 반드시 다른 요소들과 수수관계를 맺어서 상호작용을 할 때에 비로소 이윤이 생산된다. 식물은 토양 비료 수분 등과 상호작용을 함으로써 성장하고 동물도 암컷과 수컷이 상호작용을 함으로써 새끼를 번식한다. 이러한 작용을 수수작용이라 한다. 마찬가지로 이윤도 여러 생산요소들이 수수작용을 함으로써 생산되는 것이다. 즉 여러 노동력과 기계가 협동하여서 이윤을 생산한다.

그런데 여기서 말해 두어야 할 것은 기업가 기술자 사무원들도 각각 일종의 창조력으로서 이윤생산에 기여한다는 것이다. 다시 말하면 노동력이나 기계만으로는 결코 이윤이 생산될 수 없으며 기업가들의 치밀한 기업활동, 기술자들의 부단한 기계의 관리, 사무원들의 조직적인 활동 등이 원만히 행해질 때 비로소 생산과정이 성립되는 동시에 이윤이 생산되는 것이다. 생산과정이란 요컨대 경영과정이기 때문이다. 이와 같이 이윤 창조력을 지닌 많은 생산요소들의 수수작용(상호작용)에 의해서 생산된다. 마르크스는 노동자의 잉여노동에 의해서 이윤이 생산이 된다고 하였으나 이것은 전적으로 잘못이며 여러 창조력(생명력)의 수수작용에 의해서 이윤이 생산되는 것이다.

이윤의 분배

따라서 이윤생산에 기여한 모든 생산요소들은 모두 이윤의 일정 부분을 취득할 권리가 있는 것이다. 마르크스는 이윤은 전부 노동자가 차지해야 할 것임에도 불구하고 자본가들이 착취한다고 비난하고 있으나 오늘날까지의 자본가들의 범죄는 이윤을 착취하였다는 사실 그 자체에 있는 것이 아니라 이윤을 여러 생산요소에 공정하게 분배하지 아니하고 너무나 많은 부분을 독차지한 데 있는 것이다. 자본가들은 자본을 투입하였기 때문에, 그리고 기계도 이윤생산에 기여하였기 때문에 이윤의 일부분은 당연히 자본가에게로 돌아가야 한다. 더욱이 오늘날에 있어서는 기업가를 겸한 자본가들이 많아서 이들은 노동자 못지않게, 아니 때로는 그 이상으로 정신적 육체적 활동을 하고 있다. 따라서 그들이 이윤을 취득하는 것은 너무나 당연한 일이다.

다만 문제는 이윤을 어떻게 하면 공정하게 분배하느냐 하는 것이다. 오늘날까지 자본가들은 노동자와 기술자 사무원들에게는 적게 분배하고 많은 부분을 과당 취득하였던 것이다. 자본가들의 착취는 잉여가치의 착취가 아니라 이윤의 착취다. 따라서 이런 의미에서 그들은 역시 비난을 받아야만 했던 것이다. 이 같은 비난을 없애기 위해서는 이윤의 적정분배를 실현하지 않으면 안 된다.

이윤의 본질–가치창조에 대한 보수

다음에는 이윤의 본질에 대하여 설명하기로 한다. 그런데 여기서 먼저 이윤의 생산과 형성에 관하여 언급하여 둘 필요를 느낀다. 저자는 위에서 노동력과 기계를 포함한 여러 생산요소들은 각각 창조력으로서 직접 간접으로 생산과정에 참가하여서 상호간의 수수작용을 통해서 이윤을 생산한다고 설명하였다. 이것은 마르크스의 잉여가치를 비판 극복하는 데 있어서 독자들의 이해를 쉽게 하기 위해서였음을 양해하여 주기 바란다. 엄격히 말해서 생산과정에서 생산되는 것은 이윤 그 자체가 아니라 이윤이 될 수 있는 근거 또는 소재 요소였던 것이다.

이윤에는 소재의 면과 현실적인 면이 있음을 알아둠이 필요할 것이다. 소재의 면이란 이윤이 생겨나는 요인을 말하는 것이며 현실적인 면이란 금액으로서 거두어들이는 수익을 말한다. 그리하여 마치 식물에 있어서 씨가 없이는 줄기 잎 꽃 등이 생겨날 수 없는 것처럼 이윤에 있어서도 상품 속에 그 이윤의 씨에 해당하는 어떤 요소가 없이는 현실적인 이윤이 생길 수 없는 것이다. 이러한 사실은 이윤의 소재는 생산되지만 현실적인 이윤은 형성되고 결실됨을 의미하는 것이다. 흔히 이윤은 시장에서 처음으로 생겨나는 것같이 보이지만 사실은 생산과정에서 이미 생산된 소재를 근거로 하고서 시장에서 2차적으로 이윤이 형성되는 것이다.

그러면 이제부터 이윤의 본질에 대하여 논하기로 한다. 마르크스는 이윤의 본질이 잉여가치라고 하였는데 이것이 틀린 것임은 이미 말한 바와 같다. 그러면 이윤의 참 본질은 무엇인가? 우선 결론부터 말하면 이윤은 가치의 창조활동에 대한 사회적 보수인 것이다. 여기의 가치는 사용가치를 말하는 것으로서 위에서 말한 이윤의 소재를 뜻하는 것이다.

이미 말한 바와 같이 이해의 편의를 위해서 위에서는 일단 이윤이 생산된다고 설명하였으나 정확히 말하면 이윤요소, 즉 사용가치가 생산되는 것이다. 이 사용가치를 근거로 해 가지고 시장, 즉 유통과정에서 효과가치가 결정되는 동시에 현실적인 이윤도 결정되는 것이다. 사용가치는 이미 지적한 바와 같이 상품이 갖고 있는 객관적 가치로서 이것 없이는 이윤이 형성될 수 없게 된다. 이러한 사용가치를 창조하여서 사회적 부(富)를 증대시키거나 또는 이미 존재하고 있는 사용가치를 보관 또는 이동시켜서 소비대중에게 편의를 제공하였을 때 사회가 그 기업인(또는 상인)에게 돌려주는 보수가 바로 이윤인 것이다. 이것을 간단하게 가치창조의 활동에 대한 사회적 보수라고 표현한다. 기업인(상인까지 포함해서)이 가치의 창조활동으로써 사회(소비대중)를 기쁘게 하였으니 사회가 이들 기업인(상인들)에게 보수로서 일정한 금액을 돌려준다. 이 금액이 바로 이윤(현실적 이윤)인 것이다.

여기서 말해 둘 것은 이러한 보수는 노무에 대한 보수와 같이 기업인의 단순한 활동(노동) 그 자체에 대한 개체가 아니라 가치(대상가치-사용가치)로써 사회에 이익을 준 창조실적에 대한 보수라는 것이다. 이러한 창조적 활동으로써 사회에 기여하였기 때문에 사회는 그들에게 이윤을 돌려준다. 사례를 받았으면 그 은혜를 갚는 것이 인간 본연의 수수작용(授受作用)이기 때문이다.

여기서 가격과 이윤의 관계 및 이윤의 결정에 대하여 잠깐 설명하기로 한다. 가격과 이윤은 어떠한 관계가 있는가? 이윤은 요컨대 이익이기 때문에 가격 속에 이윤이 들어 있음은 물론이다. 그런데 이미 노동가치설의 대안에서 말한 바와 같이 생산자가 가격을 결정하는 데 있어서 먼저 생산비(상인의 경우는 유통비)를 상회하는 적당한 선에서 그 자신의 만족량의 일부를 금액으로 표시한다. 생산비를 상회하는 부분이 곧 수익임은 두말할 필요도 없다(그러나 만족은 심리상의 느낌이기 때문에 가변적인 것이어서 때로는 만족량이 생산비 이하로 낮아질 수도 있는 것이다). 이때 기업인은 수요 공급 기타의 시장조건을 참작해서 그 자신의 만족량을 금액으로 표시하는 것이다. 한편 소비자 역시 자신의 금전 사정과 그 상품에 대한 예상효과 등을 고려해서 기업인이 정한 가격이 자신의 만족량의 화폐적 표시액과 일치되면 매입하고 그렇지 않으면 구매를 단념한다. 여기에 있어서 기업인이 거두어들이는 수익(생산비 또는 유통비를 상회하는 금액)이 이윤인 것이다.

이와 같이 현실적 이윤은 기업인 자신이 결정하는 것이기 때문에 이윤을 보수로 보는 것은 부당한 것처럼 느껴질는지 모르나 소비자가 그 자신의 만족량의 표시인 금액과 일치될 때에만 상품을 구매한다는 점에서 역시 보수로 보아서 잘못이 아닌 것이다. 이것을 바꾸어 말하면 기업인이 요청하는 금액을 소비자가 동의함으로써 무의식 중에 기업인(생산자 상인 등)에게 보수를 지불하고 있다 할 것이다. 더욱이 가격결정은 수요 공급뿐 아니라 때와 장소 및 통제 독점 화폐량 수출 수입 등 여러 가지의 경제적 사회적 조건에 의해서 달라지기 때문에 결코 기업인 개인의 의사대로 가격, 즉 수익(이윤)이 결정되지 않는다. 이것을 바꾸어 말하면 기업인이 어떤 금액의 이윤을 올렸다면 그것은 이상과 같은 사회적 조건에 의해서 얻어진 것이기 때문에 사회가 그것을 용인한 것으로 보아야 할 것이다. 따라서 그런 의미에서도 이윤은 사회가 기업인에게 돌려주는 보수로 보아서 잘못이 아닌 것이다. 이것으로 이윤은 가치의 창조활동에 대한 보수임이 밝혀졌으리라 믿는다. 즉 이윤의 본질은 잉여가치가 아니라 가치창조에 대한 보수(간단히 창조보수)였던 것이다.[7]

---

[7] 이상으로 잉여가치론의 비판과 극복을 마침에 있어서 잠깐 본저에서 사용한 가치와 창조의 개념을 명백히 할 필요성을 느낀다. 먼저 가치의 개념을 논한다면 본저에서 다룬 가치는 모두 재화의 가치임은 물론이지만 재화에는 유형재(기계 공장 건물과 같은 생산재와 식품 의류 등의 소비재)와 무형재(신용 권리 노력 명성 등)가 있는 바, 이 중에서 유형재의 가치만을 다루었다는 것을 밝혀 둔다. 가치란 인간주체가 필요로 하는 대상가치이기 때문이다. 이미 말한 바와 같이 가치는 인간의 창조력에 의해서 생산되는 것이기 때문에 가치란 무엇보다도 먼저 인간의 창조활동의 대상이 되지 않으면 안 된다. 창조력(창조활동) 그 자체가 가치(재화)일 수는 없다.

왜냐하면 창조력은 주체(인간)의 능력인 동시에 그 주체의 인격이 결합되어 있기 때문에 창조력을 가치로 다룬다면 결국 인격까지도 이것을 상품으로 다루는 결과가 되어서 상식적으로나 도의적으로나 허용될 수 없게 되어 버린다. 따라서 신용 권리 명성 재능 노력 등은 엄격히 말해서 가치(대상가치)가 될 수 없으며 따라서 이러한 무형재의 가격이나 이윤은 단순한 사례금의 성격을 지닌 것에 불과하다. 그리고 가치는 대상(재화)의 가치이기 때문에 재화를 다루는 기업은 생산업뿐 아니라 수송업이나 상업이라도 그것이 모두 가치를 다루는 창조활동이라면 그 기업은 모두 직접 또는 간접으로 가치생산 또는 유통에 기여하고 있는 것이다.

제4절 자본주의 붕괴론 비판

위에서 말한 바와 같이 마르크스의 가치론, 즉 노동가치설과 잉여가치론은 그의 경제학의 핵심이요 기초다. 그는 이 이론에 입각해서 자본제적 생산경제를 불가피적으로 파멸로 이끄는 몇 가지 경제운동법칙을 도출하였다. 이윤율 저하 경향의 법칙, 빈곤증대의 법칙 및 자본집중의 법칙 등이 그것이다. 그의 가치론에 대한 비판을 보다 철저히 하기 위해서 이하에 이들 법칙을 소개 비판하기로 한다.

예컨대 기업인 A가 시계를 생산하였을 때 기업인 B가 그 시계를 매입하여서 그 장소에서 또는 장소를 옮겨서 소비자에게 팔았다고 하면 이 경우 A가 시계의 가치를 생산한 것은 물론이지만 B도 그 시계의 보관 또는 장소 이동으로써 창조활동에 가담하고 있는 것이다. 여기서 창조의 개념을 명백히 할 필요가 있게 된다.

재화를 다룸에 있어서 창조란 무엇인가? 좁은 의미의 창조는 보통 새로운 것을 만들어 내는 것을 의미하지만 넓은 의미로서는 인간이 본래부터 갖고 있는 창조력을 발휘하는 것으로 봄이 마땅하다. 재화를 직접 만들어 내지 않는다 하더라도 새로운 아이디어와 창조적 노력을 발휘하여 사회생활에 보탬이 되었다고 하면 그것도 창조활동으로 봄이 타당한 것이다.

앞에서도 말한 바와 같이 노동자의 노동력이나 과학자의 연구력, 예술가의 예술창조력 등은 모두 인간이 나면서부터 갖고 있는 창조력이기 때문에 노동 연구 예술창작 등은 다 같이 창조활동으로 보아야 할 것이다. 서비스업에 있어서 상업 수송업 등은 오늘에 있어서는 비중이 큰 기업이 되고 있기 때문에 비록 직접적으로 재화를 생산하지 않는다 하더라도 그 기업 활동에도 충분한 창조력의 발휘가 요구되고 있는 동시에 그 활동이 직접적으로 사회생활에 크게 기여하고 있기 때문에 그러한 서비스업도 마땅히 창조활동으로 보아야 할 것이다. 따라서 3차 산업에 종사하는 기업인들도 이윤을 올릴 수 있음은 두말할 필요도 없다. 그러나 유형재를 다루지 않고 순수한 노력(용역)만을 제공하는 서비스업에 있어서는 이윤의 개념을 사용할 수가 없다. 왜냐하면 인간의 노력 그 자체는 대상가치가 아니고 주체(인간)의 능력일 뿐이며 또 그것에는 인격이 부가되고 있기 때문이다.

1. 이윤율 저하 경향의 법칙

이 법칙의 내용

마르크스에 의하면 자본제적 생산은 본질적으로는 잉여가치의 생산이다. 잉여가치, 즉 이윤을 생산한다는 목적 없이는 자본주의적 생산은 성립하지 않는다. 그런데 자본가들이 잉여가치를 더 많이 얻기 위해서는 잉여노동을 증강시켜야 한다. 그리고 잉여노동을 증강시키려면 잉여노동시간을 연장하면 된다.

그런데 잉여노동시간을 연장하는 방법에는 두 가지가 있었다. 하나는 1일의 노동시간을 연장하는 것과 또 하나는 1일의 노동시간은 그대로 두고 필요노동시간을 단축하는 것이다. 그런데 노동법에 노동시간이 규정되어 있기 때문에 노동시간을 연장하는 방법을 오늘날에는 채택할 수 없다. 따라서 필요노동시간을 될 수 있는 대로 줄이는 방법을 강구하지 않을 수 없다. 필요노동시간을 단축하려면 보다 기능이 좋은 새로운 기계를 도입해서 생산성을 높이지 않으면 안 된다. 새 기계를 사용하면 짧은 시간 내에 좋은 질의 상품을 대량생산할 수 있기 때문에 단위당의 상품의 생산비가 적게 들어서(이것이 곧 필요노동시간의 단축이라는 것이다.) 시장가격과 생산비와의 차이가 커져서 그만큼 이윤(잉여가치)이 늘어날 것이다.

자본가들은 판로 개척을 위해서 서로 경쟁하기 때문에 생산비가 싸게 먹힌 상품에 한해서는 판매에 있어서도 시장가격보다 좀 싸게 한다. 그럼으로써 많이 판매할 수 있겠기 때문이다. 그런데 이렇게 하여서 한 자본가가 큰 이득을 남기게 되면 다른 자본가도 같은 방법을 채택하여 새 기계를 도입한다. 그리하여 결국 시장가격 전체가 싸지게 된다. 이 경쟁에서 이겨내기 위해서는 자본을 축적해 가지고 또다시 새로운 기계를 도입한다. 그러면 얼마 안 가서 다른 자본가들도 똑같은 방법을 사용한다.

이와 같은 현상이 되풀이되는 동안에 결국 자본가들의 이윤율은 계속해서 낮아진다. 왜냐하면 생산비가 싸짐에 따라서 시장가격도 그만큼 또는 그보다 더 싸질 뿐 아니라 새 기계의 도입을 위하여 끊임없이 자본을 보다 더 많이 축적해야 되기 때문에 결국 호주머니에 들어가는 이윤은 투자한 자본에 비해서 점점 적어지기 때문이다. "자본가는 부단히 개량기계와 새로운 생산방법을 써야 하며 이 확대는 누진적 축적으로서 할 수밖에 없다"(자본 축적의 법칙). "이 축적은 잉여가치의 일부로서 이루어진다." 그리하여 "잉여가치율, 즉 자본에 의하는 노동의 착취도가 동등 불변일 때 필연적으로 일반적 이윤율의 단계적 저하라는 결과를 일으키고 만다"(마르크스 '자본론' 제3권 岩波文庫 ⑥ 334면). 즉 잉여가치율(노동의 착취도) $\frac{m(잉여노동)}{v(필요노동)}$이 일정하다면 불변자본(c)이 커짐에 따라서 이윤율 $\frac{m}{c+v}$은 적어진다는 것이다(동상). (이 공식에서 v는 가변자본 m은 이윤을 말한다.)

이것이 이윤율 저하 경향의 법칙이다. 이와 같이 하여 자본가들은 결국 도산한다는 것이다. 이와 같이 이윤율에 의해서 발전한 자본주의적 생산방법은 자신을 발전시킨 바로 그것으로 인히여 소멸한다는 것이다(마르크스 '자본론' 제3권 동상 333~366면 참조).

이 법칙에 대한 비판

현대에 있어서 이 법칙을 검토할 때 이것이 전연 부당함을 누구나 곧 깨닫게 된다. 이윤율의 저하는커녕 도리어 증대의 현상이 벌어지고 있는 것이 오늘의 현실이기 때문이다. 선진자본주의 국가들이 오늘의 번영된 경제성장을 이룩한 것은 실로 이 이윤율의 증대에 기인함이 아니고 무엇이겠는가?

마르크스의 예언대로 되었다면 마르크스로부터 100여년이 지난 오늘날 이 지상에는 자본주의는 자취도 없이 사라졌어야 할 것이다. 그러나 도리어 자본주의 국가들은 더욱 번영하고 국민소득은 놀라울 정도로 성장하고 있으니 이것은 무슨 까닭일까? 이제 이 사실을 마르크스의 이윤율 공식 $\frac{m}{c+v}$ (마르크스 '자본론' 제3권 동상 76면) 을 적용하여서 이론적으로 검토하기로 한다. 그런데 여기서 밝혀둘 것은 마르크스가 이 공식을 세움에 있어서 '잉여가치율 $\frac{m(잉여노동)}{v(필요노동)}$ (동상 75면)이 일정하면'이라는 조건을 붙이고 있는데 이미 위에서 말한 바와 같이 필요노동이니 잉여노동이니 잉여가치니 하는 따위는 실재하지 않는 가공적인 개념이며 마르크스가 기계자본의 불변성을 논증하기 위해서 날조한 기만수단이었기 때문에 잉여가치율 $\frac{m}{v}$ 이라는 식은 성립되지 않는다. 또 기계도 노력과 마찬가지로 아니 그 이상으로 우수한 가변자본이기 때문에 엄격히 말하자면 그의 이윤율 공식을 $\frac{m}{v+v}$ 로 고쳐야 할 것이다.

그런데 오늘날에는 노동력은 기계에 비해서 이윤 생산성이 현저히 낮은 것으로 보아야 하겠기 때문에 도리어 노임을 불변자본(c)에 가까운 것으로 보아도 좋을 것이다. 그렇게 본다면 성격은 다르나 그의 이윤율 공식 $\frac{m(이윤)}{c(노임) + v(기계자본)}$ 은 그대로 성립할 수 있을 것이다. 지금 기업회계의 실제의 경우와 같이 1회계기간(가령 1년)을 놓고 고찰한다면 이 기간에 있어서의 기계비용, 즉 상각금은 $\frac{기계가격}{내용(耐用)기간}$ 이 된다. 그러므로 상각금을 d로 표시한다면 이윤율은 마르크스의 방식에 따라서 $\frac{m}{c+d}$ 이 된다(윤원구 '공산주의의 비판적 극복'에서 인용).

다음으로 구신(舊新)의 두 개의 기계에 의한 이윤율을 각각 $\frac{m}{c+d}$

$\frac{m'}{c'+d'}$로 표시하고 그 이윤율의 변화를 살펴보자. 첫째로 낡은 기계와 새 기계의 생산물이 그 양과 질에 있어서 모두 같다고 하면 반드시 새 기계의 상각금(d)이 줄 것이다. 왜냐하면 새것일수록 낡은 것에 비해서 적게 마멸될 것이기 때문이다. 그리하여 (c+d)>(c'+d') 따라서 $\frac{m}{c+d} < \frac{m'}{c'+d'}$로 되어서 새 기계의 경우의 이윤율이 낡은 것에 비해서 증대한다. 둘째로 새 기계를 대치했을 때 노임이나 기계비용(상각금)이 낡은 기계 때와 같다고 하면 이때에는 상품이 질적으로나 양적으로 증대할 것이다. 왜냐하면 새 기계는 낡은 것보다 좋기 때문에 노임과 상각금이 같은 반면에 생산물의 질과 양을 향상시키는 것이 그 성능일 것이기 때문이다. 그리하여 이윤이 증대하여서 m<m' 따라서 이때에도 $\frac{m}{c+d} < \frac{m'}{c'+d'}$로 되어서 이윤율이 상승한다.

셋째로 새 기계를 사용함으로써 생산물의 양과 질의 향상은 물론이고 상각금마저 감소되었다고 하면 m<m', (c+d)>(c'+d') 그러므로 $\frac{m}{c+d} < \frac{m'}{c'+d'}$가 되어서 이때에는 더욱 현저히 이윤율이 상승한다. 그러므로 생산력이 발달하면 할수록 이윤율은 도리어 상승하는 경향이 있다고 보아야 할 것이다. 자본주의 국가가 오늘날 국민소득의 놀라운 향상으로 미증유의 번영을 누리고 있는 것은 바로 이러한 이론 때문인 것으로 봄이 타당할 것이다.

외견상의 이윤율 저하

그런데 최근 선진자본주의 국가에 있어서 외견상으로는 이윤율이 저하되는 듯한 경향이 가끔 나타남을 본다. 그러나 이것은 마르크스의 이윤율 저하 경향의 법칙에 의해서 나타나는 현상은 결코 아님을 알아야 한다. 마르크스는 기계자본이 부단히 증대하기 때문에 이윤율이 준다고 하였으나 선진국가에 있어서의 이윤율의 저하는 주로 유효수요의 상대적 저하와 노임의 증대에 기인하고 있는 것이다. 이윤 생산성이 적은 노동력에 많은 자본이 투하되기 때문에 이윤율이 저하되는 것이다.

마르크스의 이론대로 한다면 노임만이 가변자본이기 때문에 노임이 증대하면 그것에 비례해서 이윤율이 늘어야 할 것이다. 그럼에도 불구하고 도리어 줄어든다는 것은 마르크스의 법칙이 완전히 거짓임을 드러내는 것이다. 그리고 노임이 인상된다는 것은 이윤율이 증대하였음을 뜻한다. 왜냐하면 노임의 인상은(노동쟁의에 의한 인상의 경우라도) 엄격히 말해서 생산비(투자)의 증대로 볼 것이 아니라 이윤 배분의 증대로 보아야 하기 때문이다.

이미 말한 바와 같이 노동력은 상품이 아니기 때문에 노임은 노동력의 가격(생산비)이 아니라 노동에 대한 보수이며 일종의 이윤배당인 것이다. 그러므로 새 기계일수록 이윤율은 상승하기 때문에 노동자에의 이윤배당이 증가되는 것이다. 이 때문에 기업인에게 돌아오는 개인의 몫은 도리어 상대적으로 감소하는 경우가 있게 되는 것이다. 그리하여 기업인의 입장에서만 본다면 이윤율이 저하되는 듯한 인상을 받게 된다. 그러나 순수한 이윤의 생산이라는 점에서 본다면, 그리고 수요 공급 등 시장 조건이 불변이고 투자 규모가 불변인 한, 새 기계일수록 이윤율은 틀림없이 상승되기 마련인 것이다.

그리고 또 하나 외견상의 이윤저하의 원인이 되는 것은 누진세율일 것이다. 세금의 누진적 부과 때문에 실수익이 줄어드는 경우도 적지 않을 것이다. 그러나 이것 역시 엄격히 말해서 이윤의 몫으로 보아야 할 것이다. 그리하여 자본주의사회에 있어서 생산력이 발전하면 할수록 외견상 저하의 경향 유무에도 불구하고 이윤율은 실질적으로는 상승의 경향을 보이고 있는 것이다.

2. 빈곤증대의 법칙

이 법칙의 내용

위에서 말한 바와 같이 그는 노동력만이 잉여가치, 즉 이윤을 생산하고 기계는 자신의 상실한 가치만을 생산물에 옮겨 놓을 뿐 아무런 이윤도 만들지 못한다고 주장하였다. 그러므로 자본가가 많은 이윤을 올리려면 그만큼 노동자를 더욱 착취하는 수밖에 다른 도리가 없다. 다시 말하면 노동자를 더욱 혹사하고 그러면서도 임금을 더욱 인하하지 않으면 안 된다. 임금을 올리면 그만큼 이윤이 줄어들기 때문이다. 임금과 이윤의 증감은 서로 상반관계를 나타낸다. 그러므로 쌍방은 동시에 감소되고 동시에 증대하는 일은 절대로 없다. 그런데 '잉여가치의 생산은 자본제 생산'의 절대율이기 때문에, 다시 말하면 자본주의사회에 있어서는 이윤 추구만이 경제활동의 유일한 목적이기 때문에 자본가들은 절대로 이윤을 낮추려 하지 않으며 따라서 노동자의 임금은 부단히 저락(低落)된다. 한편 새 기계의 도입으로 많은 노동자들이 해고되어서 실업자가 되어 산업예비군을 형성한다.

이와 같이 하여서 노동대중은 자본주의사회가 발달할수록 더욱 빈곤해질 수밖에 없다. "자본제적 생산의 일반적 방향은 임금의 평균수준을 높이지 않고 낮춘다"('임금 가격 및 이윤' 93면). "근대의 노동자는 공업의 진보와 함께……빈곤자가 되고 빈곤은 인구나 부(富)보다 더욱 급속히 발전한다"('공산당선언' 55면). "모든 이익을 횡탈(橫奪)하고 독점하는 대자본가의 끊임없는 감소에 따라서 빈곤……착취의 정도가 증대한다."('자본론' 青木書店 제1부 하 259면)고 말하면서 그는 빈곤의 증대를 지적하고 있다.

이 법칙에 대한 비판

이 이론도 너무나 배리(背理)임을 오늘의 현실이 잘 증명하고 있다. 자본가들은 노동자의 임금을 부단히 올려주면서도 많은 이윤을 올리고 있다. 선진자본주의 국가일수록 노동조합과의 단체교섭에 의한 노동협약으로 임금이 결정되고 있어서 자본가들이 일방적으로 임금을 인하할 수는 없게 되어 있으며 도리어 노동쟁의 등으로 임금은 항상 인상되고 있는 것이 오늘의 실정이다. 그리하여 상당히 부유한 생활을 하는 노동자들이 늘어가고 있다. 선진국일수록 빈곤이 증대하는 것이 아니라 도리어 사라져가고 있으며 한편 부가 경이적으로 증대해 가고 있다. 이것은 기계도 노동력과 마찬가지로, 아니 그 이상으로 훌륭한 가변자본이기 때문이다.

다시 말하면 이윤은 잉여노동에 의한 잉여가치에 의해서 이루어지는 것이 아니라 기계를 포함한 여러 생산요소로써 가치(사용가치)를 창조한 실적에 대한 보수로서 얻어지는 것이기 때문이다. 여러 생산요소들의 수수작용에 의해서 막대한 가치가 증식되며 이 가치 증식에 대한 사회적 보수가 바로 이윤인 것이다. 그러므로 이윤의 증대와 자본의 축적은 오늘날에 있어서는 노동자를 착취하지 않고도 가능할 뿐 아니라 노동자의 임금을 증대시키면서도 가능한 것이다. 아니 도리어 고임금정책을 씀으로써(물가에 변동이 없는 한) 더 많은 이윤을 올릴 수 있다. 왜냐하면 임금이 인상됨으로써 노동자들(소비대중)의 구매력이 증대하기 때문이다. 구매력이 증대하면 상품이 많이 팔리고 상품이 많이 팔리면 이윤이 그만큼 늘어난다.

이처럼 이윤과 임금의 상반관계는 이윤(이윤요소)을 생산하는 과정에서가 아니라 현실적 이윤을 분배하는 과정에서 비로소 나타나는 것이다. 따라서 생산에 대한 생산요소의 기여의 정도에 따라서 이윤을 공평하게 분배하기만 한다면 이러한 상반관계는 사라지게 되는 것이다. 그리하여 자본주의사회에는 빈곤증대의 법칙이 아니라 부의 증대의 법칙이 작용하고 있다고 보아야 할 것이다.

3. 자본집중의 법칙

이 법칙의 내용

자본주의사회에 있어서는 기업인(자본가)의 경제활동의 목적은 오로지 더 많은 이윤을 얻는 데 있다고 마르크스는 지적한다. 이윤은 잉여가치에 기인하는 것이었다. 따라서 이윤을 많이 올리려면 잉여가치를 많이 생산하지 않으면 안 된다. 잉여가치에는 절대적 잉여가치와 상대적 잉여가치가 있었다. 그들은 먼저 노동시간을 연장하여서 절대적 잉여가치를 늘리는 방법을 취하였다. 그러나 여기서 그들은 노동법 노동쟁의 등 때문에 어느 한계 이상으로는 노동시간을 연장하지 못한다. 따라서 그들은 부득이 새 기계를 채용하며 필요노동시간을 단축하여서 상대적 잉여가치를 늘리는 방법을 채택한다. 그 결과 투하자본(投下資本) 중에서 기계부분에 투입되는 부분이 많이 증대한다. 이런 것을 자본의 유기적 구성의 고도화라고 한다.

자본가들은 경쟁에서 패(敗)하지 않기 위해서는 기계를 부단히 개량하거나 성능이 보다 더 좋은 새 기계를 도입하지 않으면 안 된다. 그러므로 자본을 많이 축적하지 않고는 새 기계의 도입은 곤란하게 되며 따라서 새 기계로써 싸고 질이 좋은 상품을 대량생산하는 자본가에 패배하고 만다. 즉 경쟁에 있어서 중소기업체는 도산되고 그들이 가졌던 생산수단은 대자본가에게 병합되고 만다. 그리하여 쓰러진 중소기업들은 재기의 힘을 아예 잃고 결국 프롤레타리아로 전락하고 만다.

중소기업을 병합한 대자본가는 생산규모를 다시 확대하여 한층 더 싼 가치의 상품을 대량생산하여서 그렇지 못한 자본가들을 쓰러뜨린다. 쓰러진 자본가의 자본은 소수의 대자본가의 수중으로 돌아간다. 그리하여 '카르텔', '트러스트', '콘체른'과 같은 독점자본이 형성되어서 자본주의사회는 결국 2대 계급으로 갈라지고 만다. 일체의 이익을 수탈 독점하는 극소수의 대자본가와 노동력 이외에는 아무것도 없는 압도적 다수 프롤레타리아트의 2대 계급으로 분화한다. 중간층은 점점 줄어들며 자본주의의 최후 단계에 가서는 중간층은 완전히 사라져 버린다. 그들은 모두 무산자로 화하기 때문이다. 구직을 위해서 서로 경쟁하던 노동자들은 결국은 하나로 단결하여 자본주의사회를 타도하기 위하여 궐기한다. 즉 혁명이 발발한다는 것이다. 이와 같이 모든 자본이 소수의 대자본가의 손에 집중하는 것을 마르크스는 자본집중의 법칙이라고 불렀다.

이 법칙에 대한 비판

그러면 과연 이것이 사실일 것인가? 확실히 오늘날 가격협정 판매협정 등으로써 과당한 경쟁을 배제하는 '카르텔'(kartel, 기업연합), 더 나아가서 기업 그 자체를 합병하여 하나의 회사로 하는 '트러스트'(trust, 기업합동) 그리고 주로 금융자본, 즉 은행을 중심하고 이종의 기업체끼리 종적인 친자관계를 맺는 '콘체른'(konzern) 등 이른바 '독점자본'이라고 불리는 자본형태가 현저히 나타나고 있는 것이 사실이다.

그러나 그렇다고 해서 자본이 모두 소수의 자본가의 수중으로 집중하였다고는 말할 수 없다. 왜냐하면 '카르텔'이나 '트러스트'나 '콘체른'을 형성하는 기업체들은 대부분이 주식회사이기 때문이다. 자본주의 경제가 발달하면 할수록 대기업은 점점 그 주식이 더욱 분산하는 형태를 취하게 된다. 기업 규모가 크면 클수록 개인기업(개인단독으로 투자하는 기업)은 설립 및 유지가 곤란하기 때문이다. 주식회사는 많은 주주들이 공동출자하여서 기계나 건물 등 생산수단을 공동소유하는 동시에 이익금을 공동분배 받는 기업형태를 말한다. 주식회사에 있어서는 어떠한 사람도 개인 명의로는 생산수단을 소유하지 못한다. 기업체의 재산은 전부 회사, 즉 법인의 소유하에 놓이게 된다. 생산수단을 공동소유하는 것이 사회주의의 소유형태라고 한다면 주식회사도 그 주식이 더욱 분산만 된다면 훌륭한 사회주의 체제라고 볼 수 있는 것이다.

공산사회의 사회주의 체제와는 다만 다음의 두 가지 점에만 차이가 있을 뿐이다. 첫째로 공동기업체가 복수냐 단수냐 하는 점이다. 자본주의사회에 있어서는 공동기업체가 복수이지만 공산사회에 있어서는 그것이 단수이다. 공산사회에서는 생산수단은 전부 정부의 소유(사실은 공산당의 소유)이기 때문에 국가 전체가 하나의 기업체를 이루고 있다고 볼 수 있다. 한 개의 기업체(공산당)가 전국의 경제를 지배하고 있는 것이다. 생산물의 품목, 수량 및 가격 등 모든 것을 정부가 일방적으로 결정한다. 그 점에 있어서 공산사회의 사회주의 체제야말로 노골적인 독점체제인 것이다. 그들은 자본주의사회의 거대한 기업체를 독점자본이라고 비난하고 있지만 공산당이야말로 규탄 받아야 할 독점자본가인 것이다.

둘째로 공동기업체가 민영이냐 국영이냐 자유경제냐 통제경제냐 하는 점이다. 자본주의사회에 있어서는 물론 민영인 동시에 자유경제이지만 공산사회에 있어서는 국영이며 통제경제인 것이다. 자본주의

사회에 있어서는 생산 교환 및 생산물의 소유에 있어서 대폭적인 자유가 인정되고 있으나 공산사회에 있어서는 이러한 자유가 원칙적으로 인정되지 않고 있으며 당 또는 1인의 독재하에 국가 관료에 의해서 일방적으로 기업이 계획 통제 관리되고 있다(최근 소련에서 '리벨만 법칙'을 채용하여 기업경영에 어느 정도의 이윤추구의 자유를 허용하고 있지만 그 자유의 범위는 아직도 제한되고 있다. 그리고 앞으로 만일 이윤추구가 광범위하게 허용된다면 그것은 사회주의 경제에서 자본주의 경제로 복귀를 의미하는 것이 된다).

이와 같이 주식회사는 공동소유라는 점에 있어서는 사회주의 체제와 다를 바 없다. 자본주의사회에 '카르텔' '트러스트' '콘체른' 등의 거대한 기업형태가 아직 존재한다고 해서 자본이 소수의 개인(대자본가)에 모두 집중된다고는 결코 볼 수 없는 것이다. 기업이 커지면 커질수록 공동기업 또는 복합기업의 형태를 취하지 않을 수 없게 되며 따라서 생산수단은 보다 더 많은 사람의 공동소유로 이행하기 때문에 자본은 도리어 대중화된다고 보아야 할 것이다.

이상은 자본집중의 표준형인 이른바 '독점자본'의 이론에 대한 비판이지만 오늘날 자본주의 경제하에서는 이러한 거대기업 외에 중소기업이 또한 놀라우리만큼 증대하고 있으며 더 나아가서 서비스업 정보산업 등 제3차 산업이 급속도로 팽창하여서 상담업 대리업 문필업 교육업 등의 중간계층이 놀라우리만큼 증가하고 있다. 마르크스시대에는 상상도 못 하였던 현상이다.

중소기업 서비스업이 증대하였다는 것은 그만큼 자본이 분산되어 감을 뜻하는 것이다. 그리하여 어느 면으로 보거나 자본주의는 발달할수록 자본이 집중되고 개인화되는 것이 아니라 도리어 분산되고 대중화되어 가고 있으며 인구층도 2대 계급으로 분산되는 것이 아니라 중간층의 급증과 더불어 두 계급의 간격은 점점 좁아들 뿐 아니라 연속되어 가고 있으며 이러한 추세로 나아간다면 불원한 장래에 두 계급은 모두 중간계층으로 통일되어서 경제적으로는 자본주의사회이면서 무계급의 사회를 이룩하게 될 것이다. 이때에는 자본과 경영은 완전히 분리되어서 노동자 농민 지식인 등도 자본을 소유할 수 있게 된다. 이미 선진국에서는 이러한 경향이 나타나기 시작하였다. 이상으로 마르크스의 자본집중의 법칙도 완전히 오류임이 밝혀졌으리라 믿는다.

제3장
변증법적 유물론 및 그 비판과 대안

　변증법적 유물론(辨證法的 唯物論)은 마르크스주의의 철학이다. 그것은 마르크스의 경제학과 역사관의 이론적 근거가 되고 있다. 특히 유물사관은 변증법적 유물론을 역사면에 응용한 것에 불과하기 때문에 변증법적 유물론에 대한 이해와 비판은 마르크스주의의 비판 극복에 필요한 일이 아닐 수 없다. 그리하여 본장에서는 이것을 간단하게나마 소개·검토하여 보려고 한다.

제1절 공산주의 유물론

　그런데 변증법적 유물론을 이해하려면 공산주의의 유물론 그 자체를 좀 더 구체적으로 알아야 할 것이다. 주지하는 바와 같이 공산주의 유물론은 변증법과 결부되어서 변증법적 유물론을 이루고 있어서 종래의 유물론과는 큰 차이가 있다. 다 같은 유물론인데 왜 차이가 있을 것인가 하는 의문이 생길지 모르나 공산주의 유물론은 마르크스와 엥겔스에 의해서 종래의 유물론의 비판과 극복의 터 위에 세워진 이론이기 때문에 이론과 실천의 양면에서 고래의 그리스 유물론 및 기계적 유물론 등 구 유물론과는 현격한 차이를 드러내고 있다.

1. 이론과 실천 및 철학의 당파성

이론과 실천

그러면 여기에서 종래의 유물론과의 차이를 밝히기 위해서 먼저 철학에 있어서의 이론과 실천에 관하여 설명하기로 한다.

철학이 하나의 이론체계임은 재언할 필요가 없다. 그런데 그 이론은 단순한 학문만을 위한 이론이 아니라 실천을 위한 이론임을 알아야 할 것이다. 도대체 철학이 인생에 필요한 이유는 인간이 올바르게 살기 위해서인 것이다. '어떻게 살아야 할 것인가?' 하는 문제는 예나 오늘이나 만인이 다 같이 의식적으로나 무의식적으로나 부딪치고 있는 인생문제인 것이다. 이 문제를 해결하기 위해서는 우주, 자연, 인간은 왜 그리고 어떻게 생겨났으며 우주의 본질은 무엇이며 정신과 물질의 관계는 어떠하며 인생이란 무엇이며 우리가 감각으로 인식하여서 얻는 지식이 과연 참인가 아닌가 등의 여러 가지 난문제가 풀어지지 않으면 안 될 것이다. 이러한 의문을 품기 위해서 여러 학자들에 의해서 시도된 연구가 바로 철학이었던 것이다.

다시 말하면 철학은 인간의 의문, 즉 어떻게 살아야 할 것인가의 의문에 대한 해답이었던 것이다. 따라서 어떠한 철학적 이론이 정립되면 반드시 그 이론에 따라서 인간의 생활의 방법 방향이 결정되게 된다. 예컨대 낙뢰라는 자연현상이 일어났을 때 이 재해에 대처하는 태도는 철학에 따라서 달라진다. 유물론의 경우에는 그것이 공중에서 일어나는 방전현상이기 때문에 이것을 피하기 위해서 피뢰침을 세우지만 미신을 믿는 사람은 무당을 불러서 굿을 한다. 혹시 신(神)의 진노일지도 모르기 때문이다.

이론이 생활의 방식을 좌우하는 것은 이러한 사소한 일로부터 한 국가의 정치 경제 사회 등 광범한 영역에까지 미친다. 예컨대 고대 그리스 밀레토스학파의 유물론이 그때까지의 신화적 세계관에 반대하고 나선 것은 실은 그때까지의 씨족주의제도를 타파하기 위해서였던 것이다.

기원전 6~7세기의 고대 그리스에 있어서는 씨족제 사회가 무너지면서 노예제 사회가 형성되어 가고 있었다. 씨족사회의 지배계급은 토지귀족들이었고 노예제 사회의 지배자들은 해외무역, 노예매매, 제조업 등으로 축재(蓄財)한 상공업 귀족들이었다. 그런데 고대의 신화적 세계관은 토지귀족들의 계급지배를 유지·강화하고 구질서를 옹호하는 구실을 하고 있었다. 신화 중 모든 신의 왕인 제우스신은 지상의 씨족사회의 왕을 반영하는 것이었고 제우스를 중심한 여러 제신은 왕을 중심한 토지귀족을 나타내는 것이었으며 제우스신에 대한 복종은 지상의 왕에 대한 백성들의 충성을 상징하는 것이었다. 따라서 신화를 긍정하고 옹호하는 것은 그대로 구질서를 찬동하고 옹호하는 것으로 되지 않을 수 없었다. 이것을 바꾸어 말하면 신흥 상공업자들에게는 신화적 세계관은 불필요하였으며 새로운 세계관이 요구되었던 것이다.

밀레토스는 이오니아의 식민도시로서 상공업이 가장 발달한 곳이었기 때문에 항상 참신한 기풍과 발랄한 진취성이 넘쳐흐르고 있었다. 이러한 시대적 사회적 배경하에 살고 있던 밀레토스의 시민에게는 신화적 세계관은 불필요하였다. 더욱이 해외무역, 제조업 등의 상공업을 발달시키기 위해서는 과학의 발달이 불가피하였으며 따라서 노예에 의해서 많은 여가를 얻을 수 있었던 상공업자들은 항해술, 조선술 등을 위시해서 천문학, 수학, 기상학 등을 발달시켰던 것이다. 이러한 시대적 상황하에 있는 상공업자들에게는 신화적 세계관은 이미 불필요할 뿐 아니라 도리어 지장이 되었던 것이며, 새로운 세계관이 요구되었던 것이니 이러한 시대적 요청에 의해서 출현한 것이 탈레스를 위시한 밀레토스학파의 유물론이었다.

이 유물론은 몇 명의 학문적 호기심에 의해서 형성된 것이 결코 아니었으며 생활상의 필요에 의해서, 생활의 새로운 방식을 제시하기 위해서 출현하였던 것이다. 이 유물론에 의해서 신이 부정되니 지상의 왕의 권위도 부정되고 왕과 신하와 백성으로 이루어지는 씨족적 계급제도도 깨지고 말았으며 상공업 귀족들에 의하는 노예제 민주주의의 사회가 이에 대치되었던 것이다. 또 소크라테스의 윤리적 관념론을 본다 하더라도 그 당시의 퇴폐하고 부패해 가는 인심을 바로잡아서 기울어져 가는 아테네의 국운을 돌이키려는 우국의 일념에서 인간 정신을 개조함으로써 시민의 생활을 선도하기 위해서 그의 철학을 제창하였던 것이다.

이와 같이 모든 철학은 직접 간접으로 반드시 생활에 연결되어 행동의 방식, 생활의 방향을 결정한다. 비록 철학자 중에는 철학이라는 학문 자체만을 위해서 연구하는 학자도 있을 것이지만 그러나 그의 학설은 결국은 인간의 행동 양식에 어떠한 영향을 끼치고야 마는 것이다. 이와 같이 철학적 이론에 연결되는 인간의 행동이나 생활을 실천이라고 한다. 정치 경제 사회 예술 과학 도덕 등 모든 영역에 있어서의 인간의 행동을 철학의 입장에서 볼 때에는 모두가 실천인 것이다.[8]

---

8) 그런데 공산주의자들은 이외에 생산, 노동, 혁명 등을 특히 실천이라고 강조하고 있다. 이것은 모두 그들의 혁명이론에 의한 것이다(후술).

철학의 당파성

공산주의 유물론과 구 유물론 또는 자유주의 유물론과의 가장 근본적인 차이점은 그들의 유물론 철학이 당파성을 띠었다는 것이다. 즉 노동계급을 위한 실천철학이라는 것이다. 마르크스와 엥겔스를 위시한 공산주의자들은 과거의 모든 철학도 모두 그 당시에 있어서 어느 한 편의 계급의 이익을 옹호하는 데 봉사하였다고 보고 있다. 즉 고대의 유물론은 씨족제도를 타파하는 상공업귀족들의 이익을 옹호하였고, 아리스토텔레스의 철학은 노예제 사회의 지배를 유지 강화하는 데 이바지하였으며, 중세의 토마스 아퀴나스의 철학은 교황의 지배를 합리화시키는 데 공헌하였고, 근대의 기계론적 유물론자들은 봉건사회를 타도한 시민혁명을 돕는 진보적 역할을 다한 뒤에 자본주의사회에 있어서의 부르주아지의 앞잡이의 역할을 하였다고 보고 있다.

공산주의자들은 계급사회에 있어서는 언제나 관념론과 형이상학은 항상 지배계급의 이익을 옹호하였으며 유물론은 피지배계급의 혁명운동을 도왔다고 주장한다. 그리고 아무리 유물론이라 하더라도 피지배계급이 혁명에 성공하여서 다음 사회의 지배계급으로 등장하면 유물론은 폐기되거나 관념론적 성격을 띠고서 보수세력(지배계급)의 앞잡이 노릇을 함으로써 보수화, 반동화한다는 것이다. 그 좋은 예가 바로 기계론적 유물론이라는 것이다. 그리하여 철학은 본질적으로 당파성을 띤다는 것이다.[9]

---

9) 그러나 이것은 사실이 아니다. 철학이 지배계급의 이용물이 된 사례는 물론 있지만 그렇다고 해서 모든 철학이 다 그런 것은 절대 아니며 또 혁명세력이 언제나 유물론의 입장을 취했다는 것도 사실이 아니다. 노예제 사회인 로마제국이 무너진 것은 종교, 즉 관념론의 세력에 기인하였던 것이다. 철학은 모두가 당파성을

그리하여 공산주의 유물론은 마치 봉건사회를 타도하는 데 있어

띠고 있는 것은 결코 아니다. 다만 철학을 이용하는 정치가 또는 정치적 철학자의 일부가 당파성을 띠었을 뿐이다(그러나 공산주의 철학만은 당파성을 띠고 있다).

철학은 당파성에서 다룰 것이 아니라 진리성(眞理性)에서 다루어야 한다. 철학 그 자체는 이론과 실천에 있어서 참이냐 아니냐가 문제이며 당파성의 유무는 문제가 되지 않는다. 그리고 참이냐 아니냐의 기준은 신의 섭리에 있으며 또 참 진리에는 시대적 진리와 초시대적 진리가 있다. 한 시대의 모든 주체적 객관적 조건을 합리적으로 설명할 수 있는 이론과 그 이론에 따라서 그러한 시대적 조건을 합리적으로 해결할 수 있는 실천이 시대적 진리이며, 모든 시대를 초월해서 과거와 미래의 전체 역사를 통해서 모든 현상을 일관된 논리로써 설명할 수 있는 이론과 실천이 초시대적 진리이다.

그러나 공산주의 철학은 과거의 역사적 사실을 일관성 있게 설명하지 못할 뿐 아니라 미래에 대한 구체적인 해명도 하지 못하고 있다. 뿐만 아니라 당파성의 주장은 실천의 이론과 더불어 인간의 기본권을 유린하고 있다. 그들은 철학의 당파성이라는 이유로써 이론과 실천을 대중에게 강요하고 있다. 예컨대 무신론의 경우 자유세계에서는 무신론을 받아들이고 안 받아들이고는 각인의 자유이지만 공산사회에서는 철학은 프롤레타리아 전체의 철학이기 때문에 그리고 이론(신이 없다고 하는 이론)은 반드시 실천되지 않으면 안 되기 때문에 그들은 그 실천의 방법으로서 신앙의 자유를 구속하고 종교가들을 탄압하고 교회 건물을 파괴하거나 몰수하고 끝까지 신앙생활을 계속하는 자는 반동분자로 몰아서 숙청하거나 처형해 버린다. 이러한 예는 이외에도 얼마든지 있다. 인간은 고등동물에 불과하다는 유물론의 이론도 이것이 당파적으로 실천되고 있어서 수많은 지성인 종교인 애국지사들이 공산주의에 찬동하지 않는다는 단 하나의 이유로써 동물과 똑같이 살육되었던 것이다.

이와 같이 그들의 당파성의 이론은 인간의 기본권의 말살을 정당화하는 단순한 변명 수단에 불과한 것이다. 그런데 오늘날 소련을 위시한 동구의 공산주의 국가에도 비록 제한된 것이나마 어느 정도의 자유화 경향이 나타나고 있음을 보는데 이것은 그들이 철학의 당파성을 포기한 때문도 아니요 철학의 내용이 변질된 때문도 아니다. 그것은 첫째로 자유진영 내의 생활에 영향을 받은 인민대중의 묵묵한 본성의 강력한 저항에 기인한 것이요, 둘째로는 자유진영과의 대결에 있어서 전략상 가상된 자유가 필요했기 때문인 것이다. 그리고 또 한 가지 밝혀둘 것은 공산주의 철학이 그 수립의 동기가 당파적이었기 때문에 프롤레타리아의 폭력혁명이라는 목적이 먼저 설정되고 이론의 내용이 이에 맞도록 꾸며진 것으로 되어 버렸다는 사실이다. 따라서 그들의 이론은 처음부터 진리를 논하려는 데 있었던 것이 아니고 사회를 변혁하려는 데 있었던 것이며 그 때문에 그들의 이론은 거짓을 참인 것처럼 위장하고 있는 것이 특징으로 되어 있는 것이다.

서 기계론적 유물론이 혁명세력의 정신적 지주가 되었던 것처럼 자본주의를 타도하는 데 있어서 혁명세력인 프롤레타리아의 정신적 무기가 된다는 것이다.

2. 기계론적 유물론과 포이엘바하 유물론

여기서 잠깐 기계론적 유물론 및 포이엘바하의 유물론의 요점을 소개할 필요를 느낀다. 마르크스와 엥겔스는 이와 같은 유물론의 비판과 극복의 터 위에 공산주의 유물론을 수립하였기 때문이다.

기계론적 유물론

먼저 기계론적 유물론을 약술한다. 기계론적 유물론은 17~18세기에 서구사회의 철학계를 지배하던 역학적 자연관을 말한다. 이것은 14세기의 르네상스를 계기로 해서 대두하여서 17~18세기에 전성을 보게 된 세계관으로서 당시의 과학적 성과에 그 이론의 기초를 두고 있다. 당시의 과학은 주로 역학(기계학)과 수학이었으며 모든 자연현상은 역학적 기계적으로 설명될 수 있다고 보았던 것이다. 이 과학의 영향을 받아서 유물론도 불가피적으로 기계론적 성격을 띠게 되었다.

고금을 막론하고 철학자들은 언제나 그 당시의 과학적 사실을 근거로 하고서 이론을 전개한다. 철학이 적어도 과학적 사실과 모순되어서는 안 되기 때문이다. 그리하여 17~18세기의 유물론은 그 당시 기계학적 이론을 적절하게 철학에 반영시켰던 것이다. 기계가 여러 부분품의 복합체인 것처럼 '세계'도 많은 사물(개체)이 모여서 이루어진 사물의 복합체이며 따라서 식물 동물 인체 등도 모두 많은 세포들로써 구성된 기계장치에 불과한 것이었다. 그리고 만물이 운동하고 있는 것도 기계가 운동하는 것과 같은 이치에 의하는 것이었다. 즉 기계의 운동은 각 부분품의 상호 간의 운동의 총화인 것처럼 사물의 운동도 그것을 구성한 물질분자의 상호작용의 총화인 것이다. 그리고 기계에 있어서 부분품은 어느 것 하나라도 없으면 그 기계는 움직이지 못한다. 부분품은 어느 것이나 필수불가결이며 필요도에 있어서 모두 동일하다. 마찬가지로 개개인이 모여서 이루어진 사회에 있어서도 개인의 가치는 존귀하며 사회가 잘 되려면 개인의 권리가 보호되고 개성이 존중되고 자유가 보장되어야 한다. 권리와 개성과 인격에 있어서 인간은 평등이다.

　이러한 기계론적 사고방식이 근대의 시민혁명의 구호인 자유와 평등의 사상을 낳았던 것이며 중세의 세계관, 즉 교황을 정점으로 하는 위계조직, 즉 '히에라르키' 아래에서의 인간차별의 사상을 여지없이 분쇄하였던 것이다. 갈릴레이, 데카르트, 가상디, 홉스, 스피노자 등이 기계론적 유물론의 대표자들이었다. 공산주의자들은 이러한 유물론 세계관에 의해서 근대의 시민혁명, 예컨대 프랑스 대혁명이 성공을 거두었다고 보고 있다. 그러나 이것도 반드시 사실은 아니다. 시민혁명의 하나인 영국의 청교도혁명은 종교의 힘에 의해서 이루어졌던 것이다.

　그런데 기계론적 유물론은 시민혁명에 있어서는 진보적인 역할을 다하였지만 일단 자본주의가 성립된 뒤에는 이 유물론은 반동화하여서 자본가계급의 계급지배를 옹호하는 관념론으로 탈바꿈하였다고 그들은 비난한다. 기계는 인간이 만들고 인간이 이를 발동시킨다. 기계 단독으로는 움직이지 못한다. 마찬가지로 우주도 하나의 거대한 기계장치에 불과하기 때문에 여기에도 이를 만든 창조자와 그 운동을 발동시킨 발동자가 반드시 있어야 할 것이다.

기계론자들은 이러한 창조자 및 발동자로서 신을 맞아들였다. 즉 기계론자들은 끝까지 유물론의 입장을 고수하지 못하고 결국은 관념론으로 탈바꿈하고 말았다는 것이다. 그리하여 역사상의 모든 관념론이나 형이상학이 그러했던 것처럼 기계론적 유물론도 결국은 지배계급의 시녀가 되고 말았다고 그들은 힐난한다.

공산주의자들이 기계론적 유물론을 반대하는 또 하나의 이유는 그것이 운동은 인정하지만 새로운 질(質)의 출현을 보지 못하고 있다는 점이다. 자연계에는 천체의 운동이나 사시(四時)의 변천과 같이 같은 운동을 되풀이하는 운동(반사운동)도 많지만 낡은 단계에서 새로운 단계로, 낮은 단계에서 높은 단계로, 단순한 단계에서 복잡한 단계로 옮아가는 발전운동이 더 많다는 것이다. 한 알의 씨(種子)에서 싹이 나고 줄기 가지 잎 꽃 열매가 된 뒤에 새롭고 더 많은 씨가 생겨나는 것이라든지 동물에 있어서 새로운 새끼를 번식하는 것이라든지 가스상태에서 액체상태를 거쳐서 고체로 변화해 온 우주의 역사 등이 모두 새로운 질의 출현을 동반하는 발전운동임이 틀림없는데도 불구하고 기계론자들은 이 사실에 눈을 감고 있다는 것이다. 그렇기 때문에 사회현상에 있어서도 항상 반복되는 여러 사건에만 관심을 보일뿐 낡은 사회가 무너지고 새 사회가 출현하는 역사의 발전운동을 깨닫지 못하고 있으며 따라서 사회발전의 중요한 모맨드인 사회혁명을 기계론자들은 인정하지 않는다는 것이다.

포이엘바하의 유물론

다음은 포이엘바하의 유물론을 소개한다. 포이엘바하의 유물론은 공산주의 유물론의 직접적인 기반이 되고 있다. 칸트로부터 시작되는 독일의 관념론 철학은 피히테, 쉘링을 거쳐서 헤겔에 이르러서 거대한 체계로서 완성되었던 바 이 철학은 1831년 헤겔이 죽은 뒤에도 독일 철학계를 완전히 지배하고 있었으며 사상가로서 헤겔의 영향을 믿지 아니한 사람은 거의 없었다.

헤겔의 관념론에 의하면 물질로 된 자연계는 비록 현실적으로 확실히 존재하고 있는 것같이 보이지만 사실은 그림자와 같은 2차적인 존재에 불과하며 실제로 존재하는 것은 절대정신이라고 한다. 절대정신이 자신을 외부세계에 전개시킨 것이 물질적 세계(자연)이다. 그런데 물질적 세계는 정지해 있지 않고 부단히 운동하고 발전하고 있는데 그것은 절대정신 자체가 발전하고 있기 때문이라고 한다. 절대정신이 자기모순에 의하여 변증법적으로 발전하기 때문에 그 발전운동이 물질계에 반영되어서 자연계의 발전이 이루어진다는 것이다. 그리하여 헤겔에 있어서는 우주의 근원적 존재는 물질이 아니라 정신(절대정신)이며 자연과 사회의 일체의 현상은 모두 절대정신의 자기전개였다. 헤겔의 절대정신은 바로 신을 의미하며 절대정신의 자기전개는 신의 창조 및 섭리를 철학적으로 합리화시킨 것이다.

한 시대를 풍미하던 이 장대한 관념론 체계에 대하여 가장 신랄하게 비난한 철학자가 바로 포이엘바하(Ludwig Feuerbach 1804~1872)였다. 그는 헤겔의 제자였음에도 불구하고 스승의 이론을 전면적으로 거부하고 이를 맹렬히 비난하였다. 동시에 그동안 빛을 보지 못하였던 유물론을 다시 소생시켰던 것이다. 물질세계는 정신의 그림자가 아니라 정신과 독립해서 객관적으로 존재하는 실물이며 이 객관적 존재가 정신의 내용을 규정한다. 존재는 감각을 통하여 인식되어서 정신의 내용을 형성할 뿐 아니라 그 정신 자체는 물질(腦髓)에서 생겨난 파생적인 것이며 물질 없이는 정신이 존재할 수 없다.

포이엘바하는 이러한 유물론에 입각해서 무신론에 도달하였다. 그는 '기독교의 본질'에서 신이 인간을 창조한 것이 아니라 인간이 신을 만들었다고 갈파하고 신앙은 일종의 미신이라고 비난하였다. 그러나 그는 인도주의자였다. 인간의 참된 해방을 그는 모색하였다. 그리하여 그는 신의 종교 대신에 인간의 종교를 내세웠고 신의 사랑 대신에 인간의 사랑을 강조하였다. 그의 인간은 인류학과 생리학에 기반을 둔 '종(種)'으로서의 인간(생물학적 인간)이었으며 창조된 인간은 아니었다. 그러나 '종'으로서의 인간은 사유(思惟) 감정 욕망 등을 가졌다는 점에서 다른 동물과 구별되며 따라서 사회문제의 해결이나 역사발전의 원동력을 인간의 의지 욕망에서 구하고 있다. 이것은 사회문제의 근본적인 해결을 생산관계의 변혁에서 구하고 역사발전의 원동력을 생산력의 발전에서 구하고 있는 공산주의의 견해와는 반대이다. 이 때문에 마르크스와 엥겔스를 위시한 공산주의자들은 포이엘바하를 "하부로는 유물론자이며 상부로는 관념론자"라고 비난하였다.

그는 유물론적 원칙을 사회에도 적용하여서 정신이 물질의 소산인 것처럼 사회생활에 있어서도 물질적 조건(경제)이 토대이고 정치 법률 도덕 종교 등의 관념형태는 이 토대의 산물로 보았어야 하며 따라서 사회문제의 해결이라든가 인간의 참된 해방은 생산관계의 변혁, 즉 사회혁명에 의해서만 달성될 수 있다는 것을 주장했어야 함에도 불구하고 사랑 욕망 사유 등의 관념론적 방식으로써 사회문제 인간문제의 해결을 시도하였다는 것이다.

그러나 그럼에도 불구하고 그의 유물론 그 자체는 자연의 설명에 관한 한 가장 순수하고 정당하였다고 보였기 때문에 마르크스와 엥겔스는 이를 그대로 받아들여서 그들의 철학, 즉 변증법적 유물론 수립의 기반으로 삼았던 것이다.

3. 공산주의 유물론의 물질관과 인간관

그러면 이제부터 공산주의 유물론의 구체적인 내용을 소개하기로 한다. 이미 말한 바와 같이 공산주의 유물론은 종래의 모든 유물론을 철저하게 비판하고 극복하여 자연현상뿐 아니라 사회현상에까지 그 원칙을 적용할 수 있도록 구성한 이론체계인 것이다.

물질의 개념

따라서 공산주의 유물론은 구 유물론과는 물질의 개념부터 다르다는 것을 알아야 할 것이다. 엥겔스는 포이엘바하론에서 철학의 최고의 문제는 사유와 존재에 관한 문제이며 정신과 물질(자연)에 관한 문제라고 하였다. 정신과 물질 중에서 어느 것이 더 본원적인가 하는 문제에 있어서 정신이 본원적이라고 보는 입장, 따라서 천지창조를 인정하는 입장은 관념론이요, 물질(자연)을 본원으로 보는 입장은 유물론이라 하였다. 즉 유물론은 본질이 선차적이요 정신은 물질에서 생겨난 파생물이며 후차적인 것으로 보는 입장이다. 물질과 정신과의 관계에 대한 이러한 견해에 있어서는 종래의 유물론과 공산주의 유물론과의 사이에 차이가 없다.

그러나 물질의 개념에 있어서는 공산주의 유물론은 포이엘바하를 위시한 모든 구 유물론과는 전연 다르다. 물질이란 무엇인가? 구 유물론에 있어서는 물질은 어떤 형태를 갖춘 물리학적인 구성체였다. 고대에 있어서 탈레스는 물, 헤라클레이토스는 불, 데모크리토스는 원자를 물질로 보았고, 데카르트는 연장(延長)을, 프랑스 유물론은 미분자로 된 구성체를 물질로 보았다. 이러한 것은 모두 물리학적 물질관으로서 물질은 정신의 원인이긴 하지만 그 물질이 구체적으로 어떤 성질을 가진 것인가에 관심을 집중시켜서 얻어진 물질관이었다.

그러나 공산주의는 이러한 물질관에 입각한 유물론으로써는 사회현상을 설명할 수 없으며 따라서 진정한 의미의 철학이 될 수 없다고 주장한다. 유물론이 참된 철학이 되기 위해서는 그 이론이 사회현상에도 적용될 수 있어야 하며 따라서 물질의 개념이 더욱 확장되어서 보다 더 보편성을 띠어야 한다는 것이다. 그리하여 그들은 물질의 개념에는 물리학적 개념과 철학적 개념의 두 가지가 있음을 주장한다. 이 중에서 물리학적 개념은 철학적으로는 하등의 도움도 되지 못한다고 본다. 왜냐하면 물질을 물리학적인 미립자로 된 구성체로만 다룬다면 그 미립자의 궁극적인 원인이 무엇인가 하는 문제가 남게 되며 이 문제를 끝까지 추구하면 결국은 물질은 소멸되고 방정식만이 남게 되는 바 이러한 수식(數式)은 철학적으로는 무의미하다는 것이다.

공산주의 유물론이 다루는 물질은 "우리의 감각으로부터 독립하여 있으면서 우리의 감각에 의하여 묘사되고 촬영되고 반영되는 객관적 존재"(레닌 '유물론과 경험비판론' 일역 국민문고 162면)인 것이며 원자, 입자 등이 물질임에는 틀림이 없으나 그것은 물질의 구조와 성질을 물리학적으로 밝힌 것에 불과하며 철학에서 다루어야 하는 물질은 그것의 구조나 성질이 아니라 그것의 객관성이요 실재성이다. 즉 인간의 의식과는 떨어져서 인간이 인식하고 안 하고에 관계없이 객관적으로 실재하는 존재가 유물론이 다루어야 하는 물질이다. 철학은 물질을 구성한 요소가 입자냐 에너지의 파동이냐를 다루는 것이 아니고 물질이 객관적 존재냐 아니냐를 다루어야 한다. 그리하여 유물론은 물질을 객관적인 실재로 보고 관념론(주관적 관념론)은 물질을 관념적 존재에 불과하다고 본다. 가령 여기에 책상이 있다고 하면 유물론은 그 책상이 실물로서 객관적으로 실재한다고 보며 관념론은 그것이 실물로 있는 것이 아니고 다만 감각면에 책상이라는 표상 또는 관념이 나타나 있을 뿐이라고 본다.

그러면 관념론에 있어서의 그 표상(관념)은 어디에 유래하는가? 그것은 신으로 유래한다. 신이 지녔던 관념이 인간의 의식에 반영되어서 감각면에 나타난 것이다. 그러므로 관념론에 있어서는 사물은 인간의 의식(정신)을 떠나서는 존재하지 않으며 인간의 주관적 정신과 함께 존재한다. 이러한 관념론은 유신론 및 종교로 통하며 공산주의의 혁명운동에 지대한 장애가 됨은 두말할 필요도 없다.[10]

그런데 공산주의자들은 한걸음 더 나아가서 물질의 개념을 더 확장하여서 자연계뿐 아니라 사회적 경제적 제 현상까지를 물질의 개념에 포함시켰다. 즉 그들은 생산력 생산관계 기업 자본 노동쟁의 데모 파업 혁명 계급 등을 모두 물질의 범주에 넣고 있다. 그 이유는 철학의 목적은 자연현상만을 설명하는 데 있는 것이 아니라 사회문제까지도 설명하고 더 나아가서는 이것을 해결하는 데 있기 때문이다. 그러므로 자연계에 있어서 물질이 객관적 존재인 것처럼 사회생활에 있어서도 객관적인 조건이 있다면 그것을 물질의 범주에 넣어서 좋다고 그들은 보고 있다. 인간은 자연 속에 나서 그 속에서 살다가 그 속

---

10) 이와 같이 사물이 다만 인간의 감각면에 나타나는 단순한 관념(표상)에 불과하다고 보는 관념론을 주관적 관념론이라 부른다(버클리가 그 대표자임). 이외에 또 객관적인 관념론이 있다. 이것은 사물의 관념이 절대자(신)에게 있었다가 물질계에 나타난 것으로 보는 입장이다. 예컨대 책상의 경우, 실물로 있기 전에 그 책상의 관념이 목수의 마음속에 그려져 있다가 그 목수에 의해서 그 관념대로의 실물로 만들어진 것이 책상인 것처럼 자연계의 여러 사물도 그 사물의 관념표상이 먼저 절대자의 마음속에 그려져 있다가 물질적 형태를 쓰고 나타난 것이라고 보는 것이다. 이러한 관념은 인간의 주관과는 떠나서 있기 때문에 이 입장을 객관적 관념론이라고 부른다.

에서 죽는다. 그러므로 자연은 인간과는 독립하여서 존재하는 객관적 존재이다. 마찬가지로 인간은 사회 속에서 나서 그 속에서 살다가 그 속에서 죽는다. 그러므로 사회도 객관적 존재다. 따라서 물질과 사회는 철학적으로는 같은 특성을 갖고 있다. 그리하여 그들은 사회적 경제적 제 조건도 이것을 물질의 개념에 포함시키고 있는 것이다.

여기서 알아야 할 것은 자연계의 원칙을 사회현상에 적용함에 있어서 물질에 해당하는 것이 사회적 경제적 조건이라면 정신에 해당하는 사회적 조건이 또 있어야 할 것이다. 그것이 무엇일까? 그것이 바로 정치 법률 종교 등의 이른바 관념형태인 것이다. 마르크스는 정치 법률 도덕 종교 예술 철학 과학 등을 관념형태(ideology)라고 불렀으며 물질적 조건인 생산관계와 대치하였다. 그리하여 자연계에 있어서 정신이 물질의 소산인 것처럼 사회현상에 있어서도 관념형태가 생산관계의 소산이라는 것이다. 생산관계는 생산 및 생산수단을 중심한 인간관계를 말하는 것으로서 결국 사회체제를 의미한다. 그리하여 정신은 물질의 소산이기 때문에 정신이 물질을 지배할 수 없는 것처럼 관념형태도 근본적으로 생산관계를 좌우하지는 못한다. 즉 아무리 좋은 정책으로써 좋은 정치를 한다 하더라도, 그리고 교육을 잘하고 도의심을 앙양시킨다 하더라도 생산관계나 사회제도를 변혁시키지는 못한다. 사회의 변혁은 물질적 수난, 즉 노동사들의 난셜과 투쟁에 의해서만이 가능하다는 것이다. 이와 같이 공산주의에 있어서는 물질의 개념이 사회혁명을 합리화하는 수단으로까지 확장되고 있다. 이러한 것이 공산주의 유물론, 즉 변증법적 유물론의 물질관인 것이다.

물질과 정신

다음은 물질과 정신과의 관계에 대한 공산주의자들의 견해를 좀 더 상세히 밝히기로 한다. 이미 말한 바와 같이 공산주의 유물론은 신이나 영혼을 부정한다. 다만 정신은 인간만이 갖고 있다. 인간의 의식, 사고만이 정신이며 그 이외는 정신이 있을 수 없다. 그러면 인간의 정신은 어디서부터 생겨났는가? 그것은 두말할 것도 없이 물질에서 생겨난 것이다. 즉 정신은 물질의 소산이며 물질 외에 정신의 출처는 따로 있을 수 없다고 한다. 그런데 정신이 물질의 소산이라고 해서 아무런 물질에서나 정신이 생겨나는 것은 결코 아니다. 정신은 다만 고도로 발달한 물질적 조직인 뇌수(腦髓, 뇌세포)에서만 생겨난다(엥겔스 '포이엘바하론' 岩波文庫 37면).[11]

그 외의 물질에서는 결코 정신이 산출되지 않는다. 다른 물질에는 감각능력이나 사고능력이 없다. 정신이 물질의 소산이라고 해서 물질은 어떠한 것이나 정신을 산출한다고 하면 그것은 이른바 물활론(物活論 hylozoism)이 되어서 관념론에 빠지고 만다.[12]

공산주의 유물론은 변증법적 유물론이기 때문에 모든 현상을 발전적인 면에서 이해하며 따라서 물질도 고정불변하는 것이 아니고 항상 발전하고 있으며 그 발전과정에서 여러 가지 새로운 성질이 나타난다. 정신도 물질이 일정 단계에까지 발전하였을 때 그 물질에 나타난 새로운 성질이며 기능이라는 것이다. 마치 씨가 발전하여서 싹이 되고 줄기가 되고 가지와 잎이 되었을 때 거기에 꽃 또는 열매라는

---

11) 뇌수에서 정신이 생겨난다는 것은 무엇으로 증명할 수 있느냐 하면 그것은 약물로써 뇌세포를 마취시키든지 뇌종양이나 탄환에 의해서 뇌세포가 파괴되었을 때 정신작용에 이상이 오는 것으로 보아서 명확히 알 수 있다는 것이다.

12) 기계론적 유물론자인 디드로(Diderot, Denis 1713~1784)의 입장이 그 예라 할 것이다. 그는 물질을 구성하고 있는 물질분자가 감성을 갖고 있다고 하였으며 따라서 돌덩이(석편)와 같은 물질에도 감각이 있다고 주장하였다. 공산주의가 이러한 견해를 배격하였음은 두말할 필요도 없다.

새로운 특질이 나타나듯이 물질도 수십억 년이라는 오랜 기간에 걸쳐서 무기물, 유기물, 아메바, 어류, 양서류, 파충류, 포유동물, 원숭이 등의 순서로 발전하여 드디어 인간의 단계에 이르렀을 때 고도로 발달한 물질조직인 뇌수에서 정신이 생겨났다는 것이다. 엥겔스는 '反듀우링論'에서 "…사고 및 의식이란 대체로 무엇이며 그것이 어디로부터 온 것이냐고 묻는다면 그것은 인간의 뇌수의 산물이며 또 인간 그 자체도 자연의 산물이어서 그 환경 속에서 또 그 환경과 함께 발전되어 왔음을 알게 된다. 그렇다면 인간의 뇌수의 창조물도 결국은 역시 자연의 산물이기 때문에 그 외의 자연의 관련과 모순되지 않으며 이에 조응한다는 것은 명백하다."(岩波文庫 상권 20면)라고 하였다.

그런데 여기서 밝혀 두어야 할 것은 정신이 물질의 산물이라는 것은 이것이 물질의 기능의 표현임을 뜻하는 것이며 사람이 물건을 만들듯이 또는 암탉이 알을 낳듯이 물질이 정신을 만들거나 낳는 것은 결코 아니라는 것이다.

물질이 정신을 창조하거나 생산한다면 창조 또는 생산된 정신은 물질을 떠나서 단독으로 존재할 수 있다는 논리가 성립되며 이렇게 되면 영혼도 인정할 수밖에 없게 되어서 관념론에 빠지고 만다. 비유컨대 닭이 알을 낳으면 그 알은 닭과 떨어져서 시장에 나타나기도 하며 식탁에 오르기도 하는 것처럼 정신도 물질에서 생산된 것이라면 생산된 뒤에는 단독으로 이곳저곳에 나타날 수 있게 되며 결국 영혼을 인정하게 된다. 이러한 논리를 방지하기 위해서 그들은, 정신은 물질의 창조물이거나 생산물이 아니라 다만 물질(뇌수)의 기능의 표현에 불과하다고 주장하고 있는 것이다. 마치 시계의 침이 시간을 정확히 가리키는 것은 그 시계를 조립하고 있는 여러 부속품들의 기능에 기인하는 것처럼 정신도 뇌수의 기능에 기인한다. 그리하여 부속품의 기능을 떠나서 침이 단독으로는 시간을 가리킬 수 없듯이 물질의 기능을 떠나서는 정신작용은 나타날 수 없다는 것이다. 유물론 중에는 "간장이 담즙을 분비하고 신장이 요(尿)를 분비하듯이 뇌수는 사상을 분비한다(포그트 Karl Vogt)."는 주장도 있었지만 이러한 견해도 공산주의(레닌)에 의하여 배격되었던 것이다.

공산주의 유물론이 정신을 물질의 산물로 보면서도 물질을 떠나서 정신이 존재할 수 없다고 주장하는 또 하나의 이유는 물질과 정신을 통일적으로 다루어야 하기 때문이라는 것이다. 정신은 물질의 소산이라 하더라도 양자는 통일적으로 작용하기 때문에 서로 떨어질 수가 없다. 정신이 일단 생겨나면 그것은 다시 물질(신경, 근육 등)을 지배하여서 운동(실천, 생활)하며 운동에 의하여 새로운 경험을 얻어서 새로운 지식(정신)을 얻는다. 이와 같이 물질과 정신은 서로 떨어질 수 없으며 항상 통일적으로 작용한다는 것이다.

물질의 운동성과 역사성

공산주의 유물론의 개념에는 다음과 같은 또 하나의 특성이 있다. 그것은 물질 자체가 운동성을 지니고 있는 동시에 역사성을 띠고 있다는 것이다. 고대 유물론이나 기계론적 유물론은 물질과 운동을 분리시켜서 생각하였다. 그들은 물질을 다만 인간, 즉 주관의 감성(감각)에 인식되는 단순한 객체(객관적 존재)로만 이해하며 운동체로는 보지 않았다. 물질 그 자체는 항상 정지해 있으며 외부로부터 어떠한 힘이 가해졌을 때에만 운동한다고 보았던 것이다. 공산주의 유물론은 물질과 운동을 따로 떼어서 다루지 않는다. 운동은 물질의 속성이며 존재양식이다. 물질이 존재한다는 것은 물질이 운동하고 있음을 의미한다. 운동을 떠나서 물질이 따로 있을 수 없다. 물질은 운동체이며 운동이란 한 장소에서 다른 장소로 움직이는 위치의 이동만을 뜻하는 것이 아니라 물리학적 화학적 변화는 물론이고 생명의 운동까지가 모두 이러한 운동의 개념에 포함된다. "단순한 위치의 변화로부터 사고에 이르기까지의 우주에 일어나는 모든 변화와 과정을 그 속에 포함한다"(엥겔스 '자연변증법' 국민문고 ① 73면). 씨(종자)에서 싹이 나는 것도 운동이요, 학자가 학문을 연구하는 것도 운동이다.

그러면 운동이 왜 물질의 속성이 아니면 아니 되는가? 그것은 관념론을 피하기 위해서이다. 만일 운동이 물질의 속성이 아니고 물질과 별개의 것이라면 그 운동이 어디서 왔느냐 하는 문제가 제기되며 결국 물질 밖에서 어떠한 운동의 힘이 가해져서 물질로 하여금 운동을 하게 한다는 결론이 성립된다. 따라서 그 힘의 근원으로서 초물질적인 존재, 즉 신을 인정할 수밖에 없이 되어서 관념론에 빠지고 만다. 근대의 기계론적 유물론자들은 인간을 포함한 우주의 모든 존재를 물질로 보면서도 우주의 운동을 설명하는 데 있어서는 최초의 충격을 가한 동인(動因)으로서 신(창조주)을 맞아들였다는 것이다.

신은 존재하지 않기 때문에 신으로부터의 힘도 있을 수 없으며 운동의 힘은 오로지 물질 자체의 내부에서 작용한다. 물질은 자기 원인에 의해서 운동한다. "운동은 물질의 존재의 방식이다. 운동이 없는 물질은 일찍이 있은 일이 없으며 있을 수도 없다"(엥겔스 '反듀우링論' 岩波文庫 상권 101면). 헤겔은 물질의 운동은 이념(절대정신)의 자기전개의 과정이라고 하였지만 그것은 잘못이며 실제에 있어서는 그것과 반대로 물질의 자기원인에 의한 변화과정이 운동인 것이다. 그러면 물질의 내부에 있는 운동의 원인은 구체적으로 무엇인가? 그것은 모순의 통일과 투쟁인 것이다. 즉 모순되는 두 요소의 변증법적인 상호작용에 의해서 모든 물질이 운동한다는 것이다. 물질은 반드시 그 내부에 모순되는 두 요소를 갖고 있으며 이 두 요소는 각각 상대방의 존재를 필요로 하는 동시에 또 한 편으로는 상대방을 배척한다. 이것이 곧 통일과 투쟁이며 변증법적 상호작용이다. 이 같은 상호작용에 의해서 물질이 운동한다.

그런데 모든 물질은 반드시 시간성과 공간성을 띤다. 물질이 운동하고 있기 때문이다. 물질 그 자체는 공간을 차지하고 운동은 시간을 차지한다. 운동이나 발전은 반드시 시간이 소요되는 변화과정이기 때문이다. 그런데 시간성을 지닌 물질은 단순한 인식의 대상일 뿐 아니라 인간의 실천의 대상도 되고 있다는 것이다. 물질이 실천의 대상이라는 점은 그것이 인식의 대상이라는 점보다도 더 중요한 의미를 갖는다. 실천이란 행동을 말하는 것으로서 노동 생산 활동 혁명 실험 연구 등을 뜻하는 것이었다. 물질은 어떤 것이든지 인간이 노동 또는 기타의 활동으로서 이것을 생활에 이용한다. 즉 물질은 모두 인간의 활동의 대상이 된다. 농토나 농산물은 농민의 활동의 대상이 되고 광물이나 그 외의 많은 천연자원은 공장에서 원료가 됨으로써 노동의 대상이 되며 바다의 자원(해산물)은 어민들의 활동의 대상이 되며 또 자연계의 많은 물질은 과학자들의 연구활동의 대상이 된다.

이와 같이 물질은 모두 인간의 실천의 대상이 되고 있음을 부정할 수가 없다. 물론 우주에는 인간의 손이 닿지 못하는 곳이 많이 있는 것이 사실이다. 하늘의 별이나 몇 천 미터의 땅 속이나 바다 속에는 아직 인간의 손이 닿지 못하고 있다. 그러나 그러한 곳에도 장래 어느 시기에는 반드시 인간의 손이 미칠 것임에 틀림없다. 이와 같이 물질은 모두 인간의 실천의 대상이 되고 있기 때문에 물질의 운동은 부득이 인간의 활동의 영향을 받게 된다. 그리하여 공산주의 유물론은 물질을 인간의 활동에 의하여 그 모습이 변화되는 것으로서도 이해한다. 인간의 활동(실천)이 계속되면 역사가 성립된다. 역사는 인간활동이 쌓여져서 이루어진다. 따라서 물질도 인간의 역사와 떨어질 수 없는 관계를 갖고 있다. 다시 말하면 물질은 시간성과 더불어 역사성도 지니게 된다. 그리하여 물질이 실천에 의해서 필연적으로 역사성을 띠게 된다는 것이 공산주의 물질관의 또 하나의 특성이다.

구 유물론은 물질을 실천의 대상으로 보지 않고 관상(theoria, 조용히 앉아서 마음의 눈으로 바라보는 것)의 대상이나 직관(깊이 사유하지 않고 순간적 직접적으로 깨달아 아는 것)의 대상으로만 보았기 때문에 결국은 형이상학 및 관념론에 빠지고 말았다는 것이다.

그러면 '물질은 역사성을 띠었다'는 물질관이 공산주의 이론에 있어서 구체적으로 어떠한 의의가 있는가? 그것은 물질적인 제 문제의 근본적인 해결은 역사적인 실천에 의해서만 가능하다는 것을 의미한다. 인간이 사회생활을 해 가려면 여러 가지 문제에 부딪치는 바 그 대부분은 직접 간접으로 물질적 조건과 관련을 갖고 있다. 1차산업, 2차산업, 3차산업이 그러하고 물리화학 등의 과학이 그러하고 심지어 조각 건축 등의 예술도 그러하다. 즉 산업 과학 예술 등의 광범한 영역이 모두 물질을 다루는 영역이며 따라서 그 영역에서 생기는 많은 문제들은 직접 간접으로 물질에 관련되는 것들이다. 그런데 이러한 문제들을 근본적으로 해결하는 길은 오직 역사적인 과업을 실천하는 것뿐이다. 그러면 역사적 과업이란 무엇인가? 그것은 바로 혁명이다. 인류역사는 계급투쟁의 역사이며 인간의 행동은 직접 간접으로 또는 의식적 무의식적으로 어느 한 계급의 이익을 위한 행동이 되고 있는 것이다.

예컨대 홍수가 났다고 할 때 이 재해는 오랫동안의 벌채로 인하여 산이 벌거숭이가 되고 사방(砂防)공사가 되어 있지 않았기 때문에 일어난 것이다. 따라서 홍수를 막는 길은 식목으로 산을 푸르게 하고 사방공사를 철저히 하는 것이다. 그런데 식목이나 사방공사로써 누가 더 많은 이익을 보는가? 계급사회에 있어서는 권력층이 더 많은 이익을 본다. 즉 그들의 산에다 먼저 식목을 하고 그들의 땅에다가 먼저 사방공사를 한다. 즉 재해의 방지는 지배계급, 즉 권력층이나 부유층의 이익에 우선적으로 봉사한다. 또 과학자가 실험실에서 계속하고 있는 연구 같은 것도 마찬가지이다. 학자들의 연구는 계급과 전연 무관한 것처럼 느껴질 것이지만 자본주의사회에 있어서는 본인도 모르는 사이에 지배계급(부르주아지)의 이익을 위한 행동(실천)이 되고 있는 것이다.

이와 같이 계급사회에 있어서는 물질적 영역에서 발생하는 여러 가지 문제를 해결하려는 갖가지 노력은 진정으로 인민대중을 위해서가 아니고 지배계급을 위해서 이용되어 왔다. 따라서 진정으로 인민을 위하고 인류를 위하는 행동이 되려면 먼저 계급사회(자본주의사회)를 타도해서 무계급사회, 즉 공산주의사회를 건설하지 않으면 안 된다. 자본주의의 타도는 오로지 혁명(폭력혁명)에 의해서만 가능하다. 이 혁명이 바로 역사적 과업인 것이며 이 과업의 실천은 바로 혁명의 완수였던 것이다.

'물질은 역사성을 띠었다'는 공산주의 물질관은 이처럼 혁명이론과 직결되고 있음을 알아야 할 것이다.

인간관

공산주의 유물론을 이해하는 데 있어서 또 하나 중요한 것은 그들의 인간관이다. 공산주의가 물질을 다만 인간에 대한 단순한 객체(객관적 존재)로 뿐 아니라 시간성과 역사성을 띤 것으로서, 즉 실천을 통하여 인간의 역사에 관련되는 것으로서도 이해하고 있기 때문에 물질에 역사성을 부여하는 인간의 개념을 또한 검토하지 않을 수 없다. 공산주의가 보는 인간은 구체적으로 어떠한 인간인가?

인간은 어디까지나 물질적 존재이다. 아메바가 물질이며 동물이 물질인 것처럼 인간도 물질이다. 다만 최고도로 발달한 물질형태라는 데서 다른 물질과 다를 뿐이다. 자연계의 발전에 있어서 무기물이 발전하여 아메바와 같은 단세포동물이 되고, 그것이 진화(발전)해서 여러 종의 동물의 단계를 거쳐서 유인원이 되고 드디어 인간이 출현하였다. 이 진화과정은 모두 물질적 과정이며 창조는 결코 아니었다. 인간은 진화과정의 최고단계에 있어서의 고등동물에 불과하다. 관념론은 인간이 이성적 존재이며 인격적 존재이기 때문에 결코 동물이 아니며 인격과 권리의 존엄성을 지닌 윤리적 존재라고 말하고 있지만 공산주의 유물론은 이러한 인간관을 거부하면서 인간과 동물의 근본적 차이는 이성이나 인격 권리 등에 있는 것이 아니라 노동에 있다고 한다.

원숭이가 진화하여 인간이 됨에 있어서 그 원숭이가 갑자기 이성이나 인격을 갖추게 되었기 때문에 인간이 된 것이 아니라 그들 중의 일부가 노동도구, 즉 연장을 사용하여 노동을 함으로써 인간이 되었다는 것이다. 이성이나 인격 따위는 인간이 되어가는 과정에서 노동을 계속하는 동안에 후차적으로 형성된 특성이라고 주장한다. 원숭이가 인간이 된 것은 노동도구를 사용하게 되면서부터였으며 노동을 계속하는 동안에 언어가 발달하게 되었고 노동과 언어에 의해서 이성이 발달한 것이다. 이러한 견해는 선사시대의 유물의 발견에 의해서 뒷받침되고 있다. 우리는 태고시대에는 석기가 쓰였다는 것을 알고 있다. 이 선사시대의 유물은 근대에 이르러서 여러 곳에서 발굴되 없는 바 이것들은 보다 더 구석기일수록 노동도구로 쓰였던 것으로 알고 있다.

　구석기시대의 타제석기, 신석기시대의 마제석기 등은 그 대부분이 노동을 하기 위한 노동도구였던 것이다. 물론 그러한 선사시대의 유물 중에는 예술생활의 유물(알타미라동굴의 동물벽화 등이 그 예임)도 있고 종교생활을 했을 것으로 보이는 유물도 있다. 그러나 그것은 인간이 되어서 오랜 시간 뒤의 일로 보이며 구석기시대와 같은 인류 발생 초기의 유물은 모두 타제석기와 같은 순수한 노동도구였던 것으로 보인다. 중기 및 후기의 구석기시대에 들어와서 비로소 소박하나마 종교생활이나 예술생활을 하였던 것으로 추측되는 유물이 발견되고 있음은 알려져 있는 사실이다. 이것은 원숭이가 도구로써 노동을 계속하는 동안에 인간이 되었음을 의미한다는 것이다.

　노동과 인간
　노동과 노동도구의 창조야말로 인간이 다른 동물과 구별되는 유일한 점이다. "인간이 동물로부터 구별되는 것은 의식, 종교, 일반적으로 이러한 것들에 의해서가 아니라 인간 자신이 생산에 필요한 자료(노동도구……저자)를 생산할 때 비로소 동물로부터 구별되게 되는 것이다"(엥겔스). 노동에 의해서 언어가 발달되고 노동과 언어에 의해서 사고능력, 즉 이성이 발달하였다는 것이다.
　다른 동물(예컨대 개 말 원숭이 등)에도 심리작용이 있지만 인간의 정신은 이것과는 질적으로 다르다. 구체적인 여러 사물에서 보편적 진리를 귀납해 내는 능력, 즉 보편화 개념화의 능력 같은 것은 인간만이 갖고 있는 것이다. 이러한 고도의 사고능력은 인간의 사회적 노동(여럿이 같이 하는 노동)에 의해서 얻어진 것이다.

엥겔스는 "먼저 노동, 그다음에 그와 함께 언어가(발달하고……저자)……이 양자가 가장 근본적 충동이며 이들의 충동의 영향에 어떤 원숭이의 뇌수가 훨씬 더 크고 완전한 인간의 뇌수로 서서히 옮아간다. 뇌와 거기에 종속된 감각, 점차로 명확히 되어 가는 의식, 추상력 및 추리력의 발달이 노동력 및 언어에 미치는 반작용은 이 양자에 더욱 발전할 수 있는 새로운 동기를 준다."('자연변증법' 230면)고 하였다. 즉 노동 및 언어에 의해서 원숭이의 뇌세포가 발달하여 인간의 뇌수가 되었으며 뇌수에서 생겨난 의식의 발달은 다시 노동과 언어에 반작용하여 이들을 발전시킨다는 것이다. 인간의 의식이나 사고는 장기간에 걸친 물질적 발전의 결과로 형성된 뇌수에서 발생한 것이며, 결코 의식이나 사고가 최초부터 있었던 것은 아니다. 그런데 노동은 사회적 노동, 즉 공동으로 하는 노동인 것이며 따라서 인간은 노동을 통해서 서로 밀접한 관계를 맺고 있다. 이것이 사회이다. 즉 노동에 의해서 많은 인간이 유기적인 상호관계를 맺음으로써 성립된 것이 사회이다.

이와 같이 노동을 터로 하여 사회가 형성되었을 때 비로소 거기에 규율이 생기고 도덕, 종교(원시 종교)가 생겼으며 인격이 형성되었다. 규율이 없는는 질서가 파괴되기 쉬우며 도덕이나 종교가 없는는 지배자에 대한 충성을 기대할 수가 없다. 이것을 바꾸어 말하면 사회생활에 있어서 인간 상호간의 편의를 위해서 또 권력자가 대중을 효과적으로 지배하기 위해서 규율(법)도 종교도 필요하였던 것이다. 그리하여 법률 도덕 인격 이성 등은 모두 사회적 노동의 산물이었던 것이며, 인간의 본성은 결코 아니었다. 인간은 고등동물에 불과하기 때문에 인간의 본성이 본질적으로는 습성이어서 동물과 차이가 없다. 다만 동물과 같이 약육강식하는 싸움을 일삼아서는 서로가 손해이기 때문에 서로 손해보지 않기 위해서는 편의상 규율 도덕 종교 등을 만들어서 사회생활을 영위하여 왔다는 것이다. 인격 권리 개성 자유 등도 사회적 노동의 산물이며 절대적인 것이 결코 아니다. 인격의 존엄성 운운은 공산주의 유물론에 있어서는 하나의 난센스에 불과하다.

사회생활에 있어서 가장 중요한 것은 노동이다. 정치 법률 예술 도덕 종교 과학 등 모든 문화영역은 인간의 사회적 노동을 기반으로 하고 있다. 그러므로 사회적 노동이야말로 가장 중요한 요소이며 그 외의 사회적 문화적 요소들은 2차적이며 후차적이다. 과학도 필요하고 예술도 필요하지만 그보다 더 필요한 것은 사회적 노동이다. 사회생활에 있어서 노동은 1차적 선차적인 중요성을 띤다. 원숭이가 인간이 되게 된 근본 동기가 노동이었기 때문에 사회적 노동생산을 떠나서는 모든 문화적 요소들이 존립할 수 없게 된다. 따라서 인격도 권리도 개성도 자유도 노동을 전제로 하고서만 의의가 있다. 사회적 노동은 필연적으로 일정한 형태의 생산관계의 외각(外殼)을 필요로 하는 동시에 그 노동에 의한 소득의 공정한 분배를 요구한다. 다시 말하면 노동, 즉 생산이 사회적이기 때문에 소유도 사회적이어야 하며 분배도 사회적이어야 한다. 그리하여서 생산 분배 소비가 어떤 소수의 집단에 독점되지 아니하고 대중 전체에 균등하게 주어지는 생산관계(사회제도)가 성립될 때에만 비로소 사회적 노동은 그 능률을 최고도로 발휘하는 동시에 만인이 즐길 수 있는 참된 복지사회가 성립된다.

인격과 혁명

인격이나 권리라는 것은 상술한 바와 같이 사회적 노동의 산물이기 때문에 사회적 노동에 참여해서 참된 생산관계의 수립에 기여할 때에만 인정될 수 있는 것이다. 이러한 생산관계의 수립은 자본주의사회를 타도하고서만 가능한 것이다. 그러므로 인격 개성 권리 자유 등은 혁명투사와 그들의 노동자에게만 허용될 수 있는 조건들이며 부르주아지(자본가)와 그의 동조자 및 앞잡이들에게는 추호도 허용될 수 없다. 공산주의자들이 추호의 양심의 가책도 없이 사람을 살해하는 것은 그 까닭이다. 아무리 위대한 정치가, 아무리 저명한 과학자, 아무리 양심적인 종교가라 할지라도 이들이 공산주의 혁명운동에 장해가 될 때에는 아무런 거리낌도 없이 제거해 버린다. 심지어 어제까지의 동지라 하더라도 오늘에 와서 자기의 의견에 불복종할 때에는 서슴지 않고 죽여 버린다.

이와 같이 노동은 농민 학생 소시민 등 사회적 노동에 직접 참여하고 있거나 또는 사회혁명에 이용될 수 있는 인간층에게만 인격 개성 권리 등이 인정된다. 그러나 혁명과업의 수행에 있어서는 이러한 인간성조차 무시되며 이른바 당의 명령 앞에 인간성의 최후의 일편(一片)마저 박탈당하고 일개의 소모품으로 화하고 만다.

감성적 활동의 주체

인간관에 있어서 공산주의 유물론이 구 유물론과 다른 또 하나의 차이점은 구 유물론이 인간을 감성적 존재로만 다루는데 반하여 공산주의는 인간을 감성적 존재로 뿐 아니라 활동적 존재로도 이해한다. 인간은 오관으로 외부세계를 감각하는 동시에 수족을 움직여서 활동한다. 그리고 또 인간은 실천을 통해서 역사를 만들어가는 역사적 존재이다. 어디까지나 현실 속에서 먹고 입고 생활하면서 역사를 창조해 나아가는 실천적 존재이며 역사적 존재이다. 그리하여 인간은 감성적 활동의 주체인 것이다. 감성적 활동의 주요내용은 물론 생산적 운동이다. 감성은 노동(실천)을 위해 있으며 감성과 노동은 떨어질 수가 없다. "진실로 감성적 활동, 이 끊임없는 감성적 노동과 창조, 이 생산이야말로 지금 존재하고 있는 감성적 세계의 기초"(마르크스·엥겔스 '도이치 이데올로기' 국민문고 85면)라는 것이다. 이와 같이 인간은 고등동물이며 사회적 노동에 종사하는 사회적 존재이며 실천에 의하여 역사를 창조하는 역사적 존재이다. 그리고 인격은 평등인 것이 아니며 인격 권리 등은 사회적 노동의 산물에 불과하다는 것이 공산주의 유물론의 인간관이다.

제2절 공산주의 유물론의 비판과 대안

이상으로 공산주의 유물론의 내용을 소개하였다. 다음에는 그것을 비판하고 더 나아가서 그 이론을 극복하면서 대안을 제시해 보려고 한다. 여기에서 한 가지 밝혀둘 것은 공산주의 유물론은 무신론으로 통하기 때문에 그것을 극복하기 위해서는 종교적 유물론적 입장을 취하지 않을 수 없다는 것이다. 그 까닭은 공산주의 철학이 지니는 오류와 취약성은 전부 신의 부정에 기인하고 있으며 따라서 철학에 입각해서 전개하는 그들의 행동이 종교를 말살하고 자유주의 인사들을 무참하게 학살하는 등의 비인도적인 만행도 모두 신의 부정에 기인하고 있기 때문이다. 그리고 인간의 권리의 평등, 자유의 고귀, 인격의 존엄성도 신을 인정할 때에만 비로소 진정으로 보장될 수 있기 때문이다.

공산주의 철학에 대한 비판과 극복에 만전을 기하기 위해서는 종교적 유신론적 입장, 특히 기독교적 입장(여기서는 주로 통일원리의 입장)을 취할 뿐 아니라 그것을 고수하지 않을 수 없다. 그리하여 대안을 제시함에 있어서는 부득이 신학(통일원리)의 이론에 의거하지 않을 수 없으니 그 점을 독자 여러분은 미리 양해해 주기를 바란다.

 독자 중에는 물론 유물론의 입장을 지닌 분도 있을 줄 알지만 공산주의를 반대하는 한 자유주의 유물론자임이 틀림없으며 그런 한에 있어서 그는 그 사상을 견지할 자유를 보유하고 있음은 두말할 필요도 없다. 더욱이 자유주의 유물론은 인간의 기본권, 인격의 존엄성을 인정한다는 점에서 유신론적 입장과 다를 바가 없기 때문에 유신론적 입장에서의 공산주의 비판과 극복은 자유주의 유물론의 인사들에게도 큰 참고가 될 줄로 믿는다.

1. 물질의 개념에 대한 비판과 대안

 먼저 공산주의 유물론의 물질의 개념에 대해서 비판한다. 공산주의 물질관은 과학적 물질관을 거부하고 철학적 물질관이라는 이름 아래 객관성과 실재성만을 인정함으로써 문제가 해결된 것처럼 위장하고 있다. 물질이 인간의 정신과 독립해서 객관적으로 실재한다는 것은 틀림없는 사실이다. 그러나 그렇다고 해서 물질의 철학적 의의가 완전히 밝혀진 것은 결코 아니다.

물질의 객관성과 원인
 물질이 정신과 떨어져서 객관적으로 존재하느냐 하는 것도 철학적으로 중요한 문제이지만 물질이 생성물이냐 아니냐 하는 것은 더욱 중요한 철학적 문제인 것이다. 객관적으로 실재하는 그 물질이 어떤 원인에 의해서 생겨난 결과물인가 하는 것은 철학이 해결해야 할 중요한 존재론적 과제인 것이다. 어떠한 방법으로라도 이것은 밝혀져야 할 문제이다. 따라서 과학적 성과를 기대하는 것은 대단히 필요한 것이다.

오늘날 양자물리학은 이런 점에 대하여 중요한 자료를 제공하고 있다. 즉 물리학적 물질관은 그대로 철학적 물질관에 연결되고 있다. 그럼에도 불구하고 레닌을 위시한 공산주의자들은 과학적 성과에 도리어 눈을 감으려 하고 있으며 양자물리학에서 점점 밝혀지고 있는 물질관을 고의로 거부하고 있다. 이것은 그들의 철학이 비과학적임을 입증하고도 남음이 있는 것이다. 입으로는 변증법적 유물론이 가장 과학적인 철학이라고 선전하고 있으면서도 실제에 있어서는 가장 비과학적인 것이 바로 공산주의 유물론이라는 것을 우리는 확실히 알아야 할 것이다.

그러면 왜 그들은 유물론을 세우는 데 있어서 과학을 거부하는가? 그것은 오늘의 과학(물리학)이 물질의 정체가 비물질 또는 초물질임을 증명해 낼 것 같은 가능성이 보였기 때문이다. 물리학에 의하면 물질의 기본단위인 소립자는 입자인 동시에 에너지(energy)의 파동이라고 하므로, 따라서 질량을 가진 것만이 물질이라고 보았던 종래의 물질관은 깨어지게 되었으며 형태도 질량도 없는 에너지가 파동이 되었다가 어떠한 원인에 의해서 형태와 질량을 갖추어서 입자가 되기도 한다는 물질관이 세워질 수밖에 없게 되었다. 따라서 물질(에너지)은 왜 어떤 때는 파동성을 띠고 어떤 때는 입자성을 띠느냐 하는 문제와 함께 이 문제를 해결하는 하나의 가설로서 이 같은 에너지와 파동의 운동에 어떤 목적인자가 작용하고 있지 않는가라는 의문을 갖게 된다. 그러므로 만일 거기에 어떤 목적인자가 작용한다는 것이 밝혀진다면 에너지의 배후에 의지, 즉 정신이 존재함을 시인하지 않을 수 없는 것이다. 물질(자연)의 배후에 정신의 존재를 인정한다는 것은 바로 신의 존재를 승인하는 것이다. 이처럼 오늘의 과학은 신의 존재의 가능성을 부정하지 않고 있으며 적어도 아직은 신의 부재를 증명하지 못하고 있는 것이다.

그럼에도 불구하고 공산주의 유물론은 이러한 물리학적 사실을 고의로 거부하는 것은 너무나 독단이요 억견(臆見)이요 일종의 미신이라 아니할 수 없는 것이다. 공산주의자들은 유물론을 폭력혁명을 합리화하려는 수단으로 삼지 말고 진리를 위한 학문의 대상으로 다루어서 모름지기 그 억지주장을 포기하고 신의 존재여부에 대한 앞으로의 과학의 업적을 기다려야 할 것이다. 인간은 개인으로서는 유물론을 갖거나 관념론을 갖거나 자유이다. 그러나 적어도 타인에게 자기의 사상(유물론 무신론)을 강요하고 심지어 그 사상을 반대한다는 이유로 그를 배척하고 때로는 그런 사람을 살해한다는 것 등은 결단코 용납될 수 없다. 무신론의 정당성이 과학적으로 입증된다 해도 그렇게 해서는 안 되겠거든 하물며 오늘의 과학이 도리어 신의 존재의 가능성을 시사하고 있음에야? 그런데 오늘날 공산국가 특히 소련, 북한 등에서 종교를 압박하고 종교인 자유인을 박해하고 있는 것은 실로 천인공노할 만행이라 아니할 수 없다(최근 공산주의가 평화주의 또는 인도주의인양 선전되고 있지만 그것은 다만 대중의 지지를 얻기 위한 위장진술에 불과한 것이다).

대안

그러면 다음에 이에 대한 대안을 제시하기로 한다. 신의 우주 창조를 인정하는 종교적 입장에서도 물질의 객관성과 실재성을 적극적으로 시인하고 있는 것이다. 신은 만물을 인간의 기쁨의 대상으로 인식 및 실천(즉 주관)의 대상으로 창조하였기 때문에(성경 창세기) 인간의 정신과는 독립해서 객관적으로 실재하고 있다. 인간이 인식하는 대로의 객관세계가 바로 그대로 실재한다고 보는 것이다. 이 점은 유물론적 입장과 조금도 다를 바 없다. 그러므로 공산주의 유물론이 신을 부정하는 이론적 근거로 물질의 객관성과 실재성을 주장하는 것은 전혀 부당하다 아니할 수 없다. 다음은 물질의 원인에 대하여 논한다면 물질의 원인은 이것을 귀납적 방법으로 추리한다 하더라도 신의 존재를 부정할 수 없게 된다. 왜냐하면 물질의 원인의 원인을 끝까지 추구한다면 절대원인이라고 할 수 있는 제1원인에 도달할 수 있으며 그리고 그 원인은 목적을 띠고 있을 것이기 때문이다.

분자의 원인은 원자요 원자의 원인이 소립자임은 이미 언급하였다. 그러면 그 입자의 원인은 무엇인가? 오늘날까지 발견된 것보다 더 작은 입자일는지도 모르며 또는 무형의 어떤 요소일는지도 모른다. 그러나 우리가 확실히 말할 수 있는 것은 물질의 궁극적인 원인은 무형의 어떤 힘이 아니면 안 되겠다는 것이다. 왜냐하면 입자는 아무리 작은 것이라 하더라도 그것은 아직도 생성물이요 결과적이기 때문에 궁극의 원인이 될 수 없기 때문이다.

그리고 물질은 엄청난 힘에 의하여 형성되고 있다는 것은 이미 상식이 되고 있다. 궁극의 원인이 무형의 것(힘)이라면 그 원인의 세계는 이미 공간도 시간도 없는 세계일 것이며 따라서 그 제1원인의 더 이전의 원인은 있을 수 없다. 그리고 그 제1원인은 완전한 공허가 아니라 무형의 힘의 존재로 보는 동시에 목적적인 존재로 보는 것이다. 왜냐하면 우주는 제1원인으로부터 발전해 온 것으로 볼 수 있기 때문이다. 발전에는 반드시 방향성이 있으며 방향성에는 또 반드시 목표가 있게 마련이다. 그러므로 제1원인으로부터 발전해서 오늘의 우주가 될 수 있는 이법(理法) 또는 목표가 이미 그 제1원인에 포함되어 있지 않으면 안 된다. 다시 말하면 제1원인이란 이법(목적)을 지닌 힘인 것으로 보지 않을 수 없는 것이다. 이러한 것이 바로 신인 것이다. 그러므로 신은 정신적 존재만도 아니요 힘(力)적 존재만도 아니며 정신과 힘(물질의 근본요소)을 그 속성으로 하는 절대적 존재인 것이다. 그러므로 유물론도 유심론도 모두 틀렸다 할 것이며 진정한 존재론은 두 속성을 통일적으로 지니고 있는 절대자, 즉 유일자(唯一者)를 인정하는 것이어야 할 것이다. 그러므로 이것을 유일론(唯一論)으로 부름이 마땅할 것이다.

개념의 부당한 확장

공산주의 유물론이 범하고 있는 또 하나의 과오는 물질의 개념을 사회현상에 적용함에 있어서 부당하게 그것을 확장하고 있다는 것이다. 이에 대한 비판과 그 극복을 다음에 시도하기로 한다. 공산주의자들은 생산력 생산관계 자본 노동 노동쟁의 데모 파업 등을 모두 물질의 범주에 넣고 있다. 그리하여 이러한 사회적 물질조건에 의해서 자본주의사회는 붕괴되고 새로운 공산주의사회가 도래한다고 말하고 있다. 정치를 잘하고 법률을 고치고 도덕심을 앙양하는 것 등으로는 절대로 자본주의의 모순을 제거할 수 없다는 것이다.

그러나 생산력 생산관계 노동 노동쟁의 파업 데모 등은 결코 물질의 개념에 포함시킬 수 없는 것이다. 왜냐하면 이러한 사회현상은 모두 인간의 정신력의 소산이기 때문이다. 예컨대 마르크스도 말한 바와 같이 생산력이란 노동력과 노동도구를 말하는 것으로 이는 단순한 체력이 아니라 노동기술력이며, 기술력은 정신력인 것이다. 노동도구도 단순한 물체가 아니라 과학기술이 물체화한 것, 즉 기술력의 체화물이요 정신력의 연장인 것이다. 생산관계도 생산 또는 생산수단을 중심한 인간 대 인간의 관계인 바 여기서 중요한 것은 물질적 수단이 아니라 인간관계인 것이다. 자본을 단독소유하려는 인간의 욕망 때문에 소유한 자와 소유하지 못한 자와의 관계가 성립되는 것이다. 인간이 이러한 욕망을 시정하여 공동소유의 정신을 갖게 된다면 생산관계의 형태도 자동적으로 달라질 수 있는 것이다. 최근 선진국에서는 협동의식이 높아져서 주식 등에 의한 자본의 대중화로써 기업의 공동소유가 점차 늘어가고 있다.

이와 같이 생산관계는 물질적 관계가 아니라 정신상의 인간관계인 것이다. 파업 및 데모도 마찬가지이다. 파업이나 데모가 일어나게 되는 동기는 임금인상과 같은 물적 조건인 경우가 많지만 임금인상의 필요성을 느끼는 것과 파업의 결행 등은 어디까지나 인간의 정신인 것이다. 임금인상의 필요성을 강조하면서 대중을 조직하고 선동하고 동원하는 것은 결코 물질의 힘이 아니라 인간의 정신력인 것이다. 물론 이런 때에 비용과 같은 물질적 수단이 필요하기는 하지만 그런 것은 보조적인 구실만을 할 뿐이다.

경제재

이와 같이 공산주의자들은 물질의 개념을 부당하게 확장시키고 있다. 그러면 물질의 개념을 사회현상에 적용함에 있어서 그 범위를 어느 정도로 할 것인가? 다시 말하면 공산주의자들이 사회에 적용한 물질개념이 틀렸다고 하면 그 대안은 무엇일까? 그것은 두말할 것도 없이 물질의 개념을 경제재(經濟財)에만 국한시키는 것이다. 경제재 중에도 다만 유형재(有形財)에만 적용한다.

다 아는 바와 같이 재화에는 물질적인 재화와 비물질적인 재화가 있다. 재능 신용 권리 등 비물질적인 무형재는 제외하여야 하며 생산재 소비재와 같은 유형재에만 물질의 개념을 적용하여야 할 것이다. 토지 원료 기계 공장시설 등의 생산재와 식량 주택 의복 연료 등의 소비재(일용품)는 모두 사회생활에 필요한 문자 그대로의 물질적 품목인 것이다. 이러한 것은 자연의 물질이 생산과정을 통해서 사회화된 사회적 물질이다. 물론 물질이 사회화되는 생산과정에는 기업가 기술자 사무원 노동자 등 인간들의 노력이 가해지지만 그렇다고 해서 노동이나 경영이나 관리 등 인간의 정신적 활동을 물질의 개념에 포함시킨다는 것은 천부당만부당한 일이다.

사회와 자연

인간은 육신을 갖고 있기 때문에 물질 없이는 살아갈 수가 없다. 물질을 얻어서 그것을 소비함으로써 생활을 유지한다. 오늘날 아무리 문명이 고도로 발달하였다 하더라도 연장을 가지고 물질을 획득하여 그것을 소비하고 있다는 점에서는 예나 지금이나 다를 바 없다. 고대에는 창이나 활로써, 중세에는 농기구 등으로써 그리고 근대와 현대에 와서는 대규모의 기계로써 일용품을 얻어서 소비한다. 이와 같이 인간은 물질로써 생활한다는 의미에서 다른 동물과 마찬가지로 물질적 존재이다. 그러나 인간은 동물과는 달리 이성 심정 등을 가진 정신적 존재이기도 하며 이 정신적 측면이 도리어 더욱 인간의 특성이 되고 있는 것이다.

사회는 인간에 의해서 구성된 하나의 유기체이다. 인체가 여러 세포에 의해서 구성된 유기체인 것처럼 사회도 많은 개인에 의해서 구성된 유기체이다. 그리하여 인체가 외부에서 물질을 얻어 소비하여 (소화시켜서) 생활하듯이 사회도 자연에서 물질을 얻어서 생산과정을 거쳐서 이것을 사회화한다. 생산재 소비재는 모두 자연의 물질이 사회적 노동에 의해서 사회적 효용에 적합하도록 변형된 사회적 물질인 것이다. 이와 같이 사회는 자연에서 물질을 얻어서 사회생활을 유지하기 때문에 인간이 물질적 존재라면 사회도 인간과 마찬가지로 일종의 물질적 존재라고도 할 수 있을 것이다. 다시 말하면 사회의 자연에 대한 관계는 인간의 물질에 대한 관계와 같다는 것이다.

그러나 인간의 특성이 물질적인 면에 있는 것이 아니고 정신적인 면에 있는 것처럼 사회도 동물사회와는 다르기 때문에 그 특성은 정치 법률 과학 도덕 종교 예술 교육 등 정신적 측면(전술한 바와 같이 생산관계도 정신적 측면인 것이다.)에 있는 것이며 따라서 사회는 보다 더 정신적 존재인 것이다. 그런데 이미 말한 바와 같이 사회는 인간의 환경을 이루고 있다. 사회가 인간에 의한 구성체이긴 하지만 그렇다고 해서 인간이 먼저 있은 뒤에 사회가 성립하는 것이 아니고 사회가 먼저 있어 가지고 그 안에서 개개의 인간이 나서 살다가 죽는다. 즉 사회는 인간의 환경을 이루고 있다.

마치 자연이 인간의 환경을 이루고 있는 것과 같다. 그러나 다 같이 인간의 환경이지만 자연과 사회는 그 성격이 전연 다르다. 자연은 물질적 환경이지만 사회는 주로 정신적 환경을 이루고 있다. 자연을 지배하고 있는 힘은 자연법칙 또는 자연력이지만 사회를 지배하는 힘은 어디까지나 인간의 정신력인 것이다. 이러한 사실은 엥겔스도 시인하고 있다. 그는 "자연 속에 있는 것은……모두 무의식적 맹목적인 힘이며 이들의 제력(諸力)이 서로 작용하며 그 교호작용 속에 일반적인 법칙이 작위(作爲)한다……이에 반하여 사회의 역사 속에서 행동하고 있는 사람들은 모두 의식을 갖고 사려와 열정으로써 행동하며 일정한 목적을 향하여 노력하고 있는 인간이며 어떠한 일도 의식적인 의도, 의욕된 목표 없이는 일어나지 않는다."('포이엘바하론' 국민문고

60~61면)라고 하였다.

이와 같이 자연과 사회는 다 같이 인간의 환경을 이루고 있으나 그 성격은 전연 다른 것이다. 즉 자연은 물질적 환경을 이루고 있고 사회는 인간의 정신적 환경을 이루고 있다. 그런데 자연은 인간의 환경이 되고 있을 뿐이지만 사회는 인간에 대해서 환경이 되고 있을 뿐 아니라 자연에 대하여 능동적 주체가 되고 있다. 즉 사회는 자연을 이용하고 지배하고 개조하는 주체로서의 기능을 또한 다하고 있다. 따라서 사회는 주체요 자연은 그 대상이다. 그것은 마치 인간이 주체요 물질이 그 대상인 것과 같다.

인간과 물질의 관계

그런데 인간의 물질에 대한 관계는 철학적으로는 정신(의식)의 물질에 대한 관계이다. 왜냐하면 이 경우에 다루어야 하는 인간은 동물로서의 인간(생물학적 인간)이 아니라 "사려나 정열로써 행동하며 일정한 목적을 향하여 노력하는 인간"(엥겔스), 즉 정신적 인간(이성적 인간)이기 때문이다. 사회는 이러한 정신적 인간에 의하여 구성되어 있기 때문에 사회 대 자연의 관계는 바로 정신 대 물질의 관계인 것이다. 생산재 및 소비재 등 경제재는 자연의 물질을 생산을 통해서 사회화시킨 사회적 물질이다. 이와 같이 사회는 정신적 인간에 의해서 구성되어 있고 사회생활을 영위하는 데는 경제재, 즉 사회화된 물질이 필요하기 때문에 사회현상에 있어서 정신 대 물질의 관계는 상부구조 대 하부구조(토대)의 관계가 아니라 의지(욕망) 대 경제재의 관계인 것이다.

이미 말한 바와 같이 철학에 있어서의 정신과 물질과의 관계를 사회현상에 적용함에 있어서 공산주의자들은 생산관계(생산수단을 중심한 인간관계)를 하부구조 또는 토대라 부르며 이것을 물질에 해당하는 것으로 다루고 있다. 또 정치 법률 예술 도덕 종교 철학 등의 관념형태는 상부구조라고 부르며 이것을 정신에 해당하는 것으로 다루고 있다. 그러나 생산관계 노동쟁의 등 소위 토대는 물질적 현상이 아니라 정신과 물질의 복합적 현상이기 때문에 절대로 단순한 물질적 개념에 포함시킬 수는 없는 것이다.

그러므로 사회생활에 있어서 철학상의 정신과 물질에 맞먹는 것은 관념 형태(상부구조)와 생산관계(토대)가 아니라 사회적 의지(욕망)와 경제재인 것이다. 철학상의 정신에 해당하는 것은 사회적 인간의 의지이며 물질에 해당하는 것은 사회화된 물질, 즉 경제재인 것이다(여기의 사회적 인간이란 자연이 아니라 정치인 경제인 농민 노동자 예술인 학자 등 구체적으로 사회생활을 하는 인간을 말한다). 파업 노동쟁의 등까지도 물질의 범주에 넣는다면 인간(노동자)의 정신력도 물질의 개념에 포함되게 되어서 사회는 인간 정신에 의해서 구성된 것이 아니라 물질에 의해서 구성되었으며 사회현상은 모두 물질현상이라는 결론이 되게 된다(그리하여 철학의 근본과제인 물질 대 정신의 관계는 물질 대 물질의 관계로 되어 버려서 우스꽝스러운 난센스가 되고 만다).

이미 말한 바와 같이 생산력은 인간의 기술력이요 생산관계도 인간의 상호관계이며 파업이나 노동쟁의도 모두 인간에 의해서 계획되고 결행되는 것이다. 그러므로 이러한 것은 인간, 즉 정신의 범주에 넣어야 마땅한 것이다. 물론 거기에 물질적 요소가 개재되는 것이 사실이다. 생산력이 아무리 인간의 능력이라 하더라도 거기에는 반드시 도구나 기계와 같은 물질이 있어야 하며 생산관계가 아무리 인간관계라 하더라도 생산수단이라는 물질이 필요하며 파업이 아무리 인간의 행동이라 하더라도 거기에는 반드시 비용이 필요한 것이다.

그러므로 이러한 관계는 소위 관념형태에 있어서도 마찬가지이다. 가령 정치의 경우 말만으로 정치할 수는 없으며 예산의 책정과 시행, 각종 기관의 설립 등 물질적 수단이 필요하며 또 종교의 경우에 있어서도 교회건립 헌금 등 물질적 요소가 역시 필요하다. 이것은 바꾸어 말하면 어떠한 사회적 사물이라 하더라도 반드시 거기에는 정신적 요소와 물질적 요소의 두 요소가 함께 있게 마련이다. 여기서 정신적 요소란 사회적 인간의 의지를 말하며 물질적 요소는 경제재를 의미함은 물론이다. 일체의 사회현상은 정신과 물질의 상호작용(수수작용)에 의한 복합적 통일적인 현상인 것이다.

이와 같이 정신과 물질의 관계를 사회현상에 적용함에 있어서 생산력 생산관계 등을 물질적인 것으로만 다룬 것은 근본적으로 잘못이며 사회생활에 있어서 물질적인 것은 오로지 경제재뿐이며 이 경제재와 인간의 정신력이 상호작용함으로써 사회생활이 영위되는 것이다(여기서 주체적인 것은 인간의 의지, 즉 정신력이다). 따라서 사회제도의 개혁이나 혁명도 물질적 조건변화에 의해서 이루어지는 것이다. 그러므로 사회제도를 개혁함에 있어서 폭력혁명은 추호도 필요 없으며 정신적 노력, 즉 정책의 적절한 개선과 정신구조의 올바른 개혁으로 족한 것이다. 이상이 물질개념의 사회적 적용에 대한 대안인 것이다.[13]

---

13) 사회가 상하 2층으로 되어 있는 것은 사실이다. 그러나 그것은 상부구조와 토대가 아니다. 그것은 지도층과 대중인 것이다. 주체층과 대상층인 것이다. 지도층은 주체이며 대중은 대상이다. 사회혁명은 주체와 주체의 반발작용, 즉 낡은 지도층과 새로운 지도층과의 투쟁에 의하는 것이어서 계급투쟁(생산력과 생산관계와의 모순)에 의하는 것은 아니다.

2. 정신과 물질의 관계에 대한 비판 및 대안

창조물이냐 재생물이냐

다음은 정신이 물질의 소산이라는 이론을 비판한다. 이미 소개한 바와 같이 정신은 오로지 인간만이 갖고 있으며 따라서 신이나 영혼은 존재하지 않으며 인간이 갖고 있는 정신도 외부에서 들어온 것이 아니라 물질인 뇌수에서 생겨난 후차적인 것이라고 한다. 고도로 발달한 물질적 조직인 뇌수(뇌세포)의 기능으로서 나타나는 것이 정신이다. 이러한 사실은 약물이나 종양 또는 탄환 등에 의하여 뇌세포가 손상되었을 때 정신작용에 이상이 오는 것으로 보아서 틀림없다는 것이다.

그러나 이것도 전혀 온당치 않은 독단이요 궤변인 것이다. 왜냐하면 뇌세포에 이상이 있을 때 정신에도 이상이 온다고 하여 정신이 반드시 뇌수에서 생겨난 것이라는 논리는 결코 성립될 수 없기 때문이다. 그것으로는 정신이 뇌의 창조물인지 재생물인지 구별되지 않는다. 이것을 비유하면 라디오나 텔레비전의 경우와 같다 할 것이다.

라디오의 내부에 고장이 생기면 소리가 흐려지거나 들리지 않게 된다. 그렇다고 해서 라디오에서 소리가 창조되는 것은 결코 아니다. 그 소리는 라디오 밖에 있던 전파가 라디오를 통과할 때에 음파로서 재생된 것이다. 라디오는 소리의 재생장치이지 창조장치는 결코 아니다. 공산주의 유물론이 주장하는 것처럼 정신이 뇌의 산물이라면 뇌가 정신의 창조장치여야 하며 따라서 정신은 뇌의 창조물이어야 할 것이다. 그러나 뇌세포에 변화가 생겼을 때 정신작용에 이상이 나타난다는 것만으로는 뇌가 반드시 정신의 창조물이라는 증거는 결코 되지 않는다. 라디오처럼 뇌도 재생장치일 수가 있겠기 때문이다. 이에 대한 대안으로서 신과 영혼의 존재를 인정하는 입장(신학의 입장)에서 논한다면 이러한 신 또는 한 개체의 영적 부분의 정신이 그 개체의 뇌조직을 기반으로 하고서 외부에 나타나는 것이 정신작용이라고 보는 것이다.

산물이냐 기능이냐

그리고 물질과 정신과의 관계에 대한 공산주의 유물론의 해명은 다음의 점에 있어서도 심히 애매한 바가 있다. 그들은 정신을 물질의 산물이라고 하면서 한 편으로는 정신은 뇌세포의 기능이라고 얼버무리고 있다. 산물과 기능은 전연 그 의미가 다르다. 산물은 일단 생겨난 다음에는 그 모체와 별도로 존재할 수 있으나 기능은 그 모체의 작용으로서 모체에서 절대로 떨어질 수 없다. 이것을 비유하면 닭에 있어서 산란하는 능력은 기능이요, 알은 이 기능에 의해서 생겨난 결과물(산물)이다. 기능은 항상 닭 자체에 속해 있지만 산물인 알은 일단 생겨난 뒤에는 닭과는 별도로 존재하며 시장에서 팔리기도 하고 혹은 식탁에 오르기도 한다. 시계의 경우는 기능은 있으나 산물은 없다. 침이 돌면서 시간을 가리키는 것은 시계의 기능일 뿐이며 하나의 시계에서 새로운 또 하나의 시계(산물)가 생겨나지는 않는다.

이와 같이 기능과 산물은 전연 별개의 개념임에도 불구하고 공산주의자들은 이 양자를 동일한 개념으로 다루고 있다. 그 이유는 무엇인가? 그것은 관념론과 대결하는 데 있어서 피난처가 필요하기 때문이다. 정신이 물질의 산물이라고 하면 우주의 근원이 물질이라는 존재론도 성립되고 정신이 물질에 반작용하는 현상도 설명이 되지만, 그것이 산물이기 때문에 일단 생겨난 정신은 별도로 존재할 수 있을 것이며 따라서 정신의 독자성, 즉 영혼을 인정하는 결과가 된다. 다음에 정신이 물질의 단순한 기능이라면 영혼과 같은 독자적 정신은 부정할 수 있지만(레닌은 그런 의미에서 '간장이 담즙을 분비하고 신장이 요를 분비하듯이 뇌도 정신을 분비한다.'는 설을 강력히 부정하였다.) 그 대신 정신의 반작용의 현상을 설명할 수 없게 된다.

여기서 반작용이란 정신이 물질에 어떠한 변화를 주는 작용을 말한다. 공산주의 유물론은 변증법적 유물론이기 때문에 물질과 정신을 따로 떼어서 생각해서는 안 되며 통일적으로 상호작용하는 것으로 이해해야 한다는 것이다. 그리하여 물질은 정신에 영향을 주며 정신은 물질에 영향을 준다. 육신(물질)이 건강하면 정신도 건전해지며 정신이 건전하면 육신도 또한 건강해진다. 육신(뇌)은 정신을 낳고 정신은 육신을 움직인다. 또 자연(물질)은 인간에게 미곡 과실 야채 어류 등 일용품을 공급하고 인간(정신)은 자연을 개조한다. 이와 같이 물질과 정신은 부단히 상호작용함으로써 통일적인 관계를 유지하고 있다는 것이다.

여기서 물질은 선차적이요 정신은 후차적이기 때문에 물질이 정신에 영향을 주는 것이 작용이라면 정신이 물질에 영향을 주는 것은 반작용이다. 그런데 정신이 물질에 반작용을 하려면 정신과 물질은 서로 대립하는 관계에 있어야 하며 따라서 정신이 물질에서 일단 형성된 뒤에는 독자성을 지니지 않으면 안 된다. 작용 또는 반작용에는 반드시 두 개의 요소가 양립하지 않으면 안 되기 때문이다. 그러나 그와 같이 정신이 독자성을 띠면 그것을 영혼으로 볼 수 있기 때문에 유물론 자체가 깨지고 만다.

이러한 난점을 회피하기 위해서 그들은 정신이 물질의 산물이면서 동시에 물질의 기능이라고(논리적으로 개념 애매의 오류를 범하면서까지) 억지주장을 하고 있는 것이다.

그러면 통일원리적 입장에서 볼 때 물질과 정신의 관계는 어떠한가? 이 관계를 밝히기 위해서는 정신과 정신작용 또는 정신현상(의식현상)과의 관계를 알아둠이 좋을 것이다.

우리가 매일 경험하고 있는 인식(지각 개념 추리 기억 사고)과 감정(희로애락 고통 등)과 의지(결심 선택 계획 의도 요구 등)의 과정을 흔히 정신으로 알고 있지만 엄격히 말해서 이것들은 모두 정신 그 자체가 아니라 정신이 외부에 나타난 정신작용 또는 정신현상인 것이다. 그리고 이 같은 현상이 나타나는 데는 반드시 어떤 과정이 있으니 그것이 바로 뇌의 기능인 것이다. 그러면 그 기능의 본질은 무엇인가? 그것은 정신과 뇌세포의 수수작용(授受作用), 즉 상호작용인 것이다. 인간의 정신은 영적인 마음으로서 비록 뇌와 접해 있으면서도 독립성을 지니고 있으며 이것이 뇌세포와의 수수작용을 통하여서 정신현상을 나타내는 것이다. 그러므로 정신현상은 물질이 없이는 일어날 수 없다.

뇌세포가 파괴되었을 때 의식이 흐려지는 것은 그 때문이다. 요컨대 정신은 물질의 산물이 아니며 또 물질도 정신의 산물이 아니다. 양자는 근원적으로 추구해 보면 절대자(제1원인, 신)의 두 속성에 불과한 것이다. 그리하여 이 물질과 정신은 뇌에 있어서 평상시에는 서로 밀착하고 있으면서도 각각 독립성을 유지하기 때문에 둘 사이에 작용과 반작용이 벌어지게 되는 것이다.

3. 물질의 운동성과 역사성의 내용에 대한 비판 및 대안

운동성은 신의 부재를 뜻하는가

다음은 물질의 운동성과 역사성에 관한 공산주의 유물론의 견해를 비판한다.

공산주의자들은 기계론적 유물론은 물질과 운동을 분리해서 다루었기 때문에 운동의 원인으로서 신(神)을 맞아들였다고 비난하고 있다. 그리고 운동은 물질의 속성이며 물질의 존재양식이라고 주장하고 있다. 그리하여 물질의 운동을 설명하는 데 신의 존재는 하등 필요 없으며 신은 본래부터 존재하지 않는다고 억지를 쓰고 있다. 그러나 이것 역시 독단이요 억설이다. 왜냐하면 운동이 물질의 속성이라는 사실이 반드시 신의 부재의 사실을 뜻하는 것이 아니기 때문이다. 다시 말하면 물질이 어떻게 되어서 운동성을 그 속성으로 지니게 되었느냐 하는 물음이 해결되지 않고 있기 때문이다.

공산주의 유물론은 변증법적 유물론이기 때문에 운동을 대립물(모순)의 통일과 투쟁의 결과로 보고 있다. 즉 모든 사물은 반드시 그 속에 모순을 지니고 있으며 이 모순의 상호작용에 의해서 운동 및 발전이 이루어진다. 모순이 있는 곳에 반드시 운동이 벌어진다. 운동이 물질의 속성이요 존재양식이라는 말은, 곧 모순이야말로 운동의 본질임을 의미하는 것이다. 여기서 이러한 모순이 왜 물질 속에 갖추어지게 되었는가 하는 물음이 해결되지 않으면 안 된다. 이 물음을 해결하는 데는 유신론적인 견해도 있을 것이요 무신론적 견해도 있을 것이다. 물질을 궁극의 원인으로 볼 때에는 무신론적 견해가 성립되지만 물질을 결과물로 볼 때에는 유신론적 견해가 성립된다. 물질이 결과물일 때에는 그것의 원인으로서 신과 같은 초물질적 존재를 상정할 수 있으며 따라서 이 초물질적 존재로부터 물질이 형성될 때에 운동성(모순)이 부여된 것으로 볼 수도 있는 것이다(사실에 있어서 신학적인 견지에서는 그렇게 보고 있는 것이다). 물질의 운동이 외부에서 가해진 것으로 보는 기계론의 주장은 물론 잘못이라 하더라도 물질의 운동성 자체가 신에 의해서 주어진 것으로 보는 견해는 순리적으로 조금도 잘못이 아닌 것이다. 그럼에도 불구하고 공산주의자들은 이러한 근본문제에 대하여는 일언반구의 해명도 없이 다만 물질의 운동성만 가지고 신을 부정하는 것은 분명히 잘못이라 아니할 수 없다.

역사성의 내용

다음은 물질이 역사성을 지니고 있다는 유물론적 견해를 비판한다. 그들은 물질이 인식의 대상일 뿐 아니라 실천의 대상이기도 하기 때문에 물질에 역사성이 있다고 주장한다. 이 주장은 표면상으로 타당한 것처럼 보인다.

실천이란 노동작업, 활동, 생산, 실험 등을 뜻하는 것이었다. 인간은 살기 위하여 수족을 움직여서 의식주에 관한 일용품을 구하지 않을 수 없다. 인간의 욕망에는 한이 없기 때문에 일용품에도 한이 없고 실천의 범위에도 한이 없다. 따라서 자연계의 사물은 무엇이든지 인간의 실천의 대상이 되지 않을 수 없다. 예건대 농토는 농민의 실천의 대상이요, 바다는 어부나 항해사들의 실천의 대상이요, 원료는 노동자들의 실천의 대상이다. 오랫동안 밤의 광원(光源) 또는 시음(詩吟)의 대상이 되어 오던 달(月)은 최근에는 인간이 그곳에 작륙함으로써 직접적으로 노동의 대상 및 실험의 대상이 되었다(이러한 마르크스의 실천의 이론은 우선 타당한 것으로 보아야 할 것이다. 이것은 성서 창세기의 '만물주관'에 해당하기 때문이다. 기독교의 입장에서 볼 때 신은 인간을 지어 놓고 만물을 주관하라 하였다. 주관은 지배요 실천이다. 그러므로 만물 창조의 목적은 인간의 인식의 대상이 되는 것뿐 아니라 실천의 대상이 되는 것이었다. 이 사실을 무신론자인 공산주의자들이 주장했다는 것은 좀 아이러니라 아니할 수 없다). 그리고 실천이 쌓여져서 역사를 이루기 때문에 실천의 대상인 만물(물질)도 역사성을 지닌다는 견해를 표면적으로는 타당하다고 보아야 할 것이다.

그러나 그 역사성의 내용으로써 그들이 주장하는 바는 결코 정당성을 인정할 수 없다. 역사성의 내용이란 바로 역사적 실천을 의미한다. 그런데 공산주의 이론에 있어서 역사적 실천이란 계급투쟁 또는 계급을 위한 활동을 의미하는 것이었다. 고대사회(그리스 및 로마 시대)는 노예사회였기 때문에 그 당시의 인간의 활동은 직접 간접으로 노예소유자(지배계급)와 노예(피지배계급)의 두 계급 중의 어느 한 편에 이익을 주었던 것이요, 중세시대의 인간 활동은 교황, 군주, 지주, 기사 등의 지배계급과 농노로 구성된 피지배계급의 어느 한 편을 두둔하는 활동이었다. 그리고 자본주의사회에서는 인간의 노력은 의식적이건 무의식적이건 간에 부르주아적 계급과 프롤레타리아 계급 중의 어느 한 편의 이익에 봉사하고 있다는 것이다.

그러나 이러한 견해는 결코 정당한 것이 될 수 없다. 역사는 절대로 계급투쟁의 역사가 아니기 때문이다. 역사는 물론 투쟁의 역사이긴 하지만 투쟁이 결코 계급간의 투쟁만은 아니었다. 도리어 비계급적인 투쟁이 더 많았던 것이다. 개인간, 동맹간, 국가간, 종파간의 싸움이 더욱더 많았던 것이다. 예컨대 서양사에 있어서 프랑스의 대혁명, 7월혁명, 2월혁명, 14세기의 영·불에 있어서의 농민반란 등은 계급투쟁으로 볼 수 있지만, 그 외의 여러 전쟁은 모두 계급적 성격을 띠지 않은 전쟁이었다. 그 대표적인 예를 들면 페르시아전쟁, 포에니전쟁, 백년전쟁, 북방전쟁, 보오전쟁(普墺戰爭), 보불전쟁(普佛戰爭), 노토전쟁(露土戰爭) 등은 민족 국가간의 전쟁이었고, 펠로폰네소스전쟁, 에스파냐 계승전쟁, 7년전쟁, 크리미아전쟁, 제1차 및 제2차 세계대전 등은 동맹국간의 전쟁이었고, 십자군전쟁 쉬말칼텐전쟁, 위그노전쟁, 30년전쟁, 청교도혁명 등은 종교전쟁이었으며, 로마의 악티움해전과 영국의 장미전쟁 등은 권력자 개인간의 싸움이었다. 이러한 싸움의 성격은 서양사뿐 아니라 동양사에 있어서도 마찬가지였다.

이와 같이 역사는 투쟁의 역사인 것은 틀림없지만, 결코 계급투쟁의 역사는 아닌 것이다. 역사상의 투쟁 중에는 계급적 성격을 띤 싸움은 소수의 예에 불과하였으며 그 외의 대부분의 싸움은 개인 부족 민족 국가 동맹국 종교 사상 등에 관련된 싸움이었던 것이다. 그럼에도 불구하고 이 모든 싸움을 무시하고 계급투쟁만이 역사를 꾸며 온 것처럼 주장하는 것은 억지도 이만저만이 아닌 것이다. 다시 말하면 역사적 실천을 계급투쟁으로 본다는 것은 완전한 잘못인 것이다. 역사성의 내용이 되는 이른바 실천이 투쟁이기는 하지만 구체적으로 말해서 결코 계급투쟁은 아닌 것이다.

선악의 투쟁–계급투쟁설의 대안

그러면 역사적인 투쟁의 성격을 어떻게 규정함이 타당한가? 그것은 선악의 척도로서 규정하는 것이다. 여러 가지 싸움이 벌어져 왔지만 그 투쟁의 쌍방중 내체로 한 변은 보다 더 선(정의)한 편이었고 다른 한 편은 보다 더 정의로운 편과 보다 더 의롭지 못한 편과의 싸움인 것이다. 예컨대 제1차 및 제2차 세계대전에 있어서 연합국 측은 정의로운(선한) 편이었고 독일편은 악의 편이었다. 계급투쟁에 있어서는 피압박계급이 선편이고 그 상대편은 악편이었고 제국주의국가와 그 식민지간의 전쟁에 있어서 식민적 민족이 선편이었으며 그 반대편은 악편이었다.

그런데 여기서 문제되는 것은 선악의 기준을 어디다 두느냐 하는 것이다. 세계대전에 있어서 연합국 측은 자기편을 정의라고 불렀으나 독일편은 또 그들의 편이 정당하다고 주장했다. 이와 같이 선악은 상대적인 것이어서 절대적 기준이란 있을 수 없는 것처럼 보인다. 그런데 선의 기준이 없는 것이 결코 아니다. 외적으로는 보다 더 큰 목적을 위한 행위가 선의 기준이 되며 내적으로는 인간의 본성, 또는 본심이 선의 기준이 된다. 개인보다 가정이 더 크고 가정보다 사회가 그리고 사회보다 민족 국가가 더 크며 국가보다 세계(인류)가 더 크다. 따라서 외적으로는 개인이나 가정보다도 국가나 인류를 위한 행위가 선이 된다. 그리고 내적으로는 생래(生來)의 본심의 명령에 따라서 타인의 인격을 존중하고 자유와 권리를 보장하면서 이웃을 사랑하는 것이 선이 된다. 대부분의 독재자는 입으로는 민족 또는 인류를 위한다고 떠들었지만 실제로는 외적으로 그 자신과 그 당만을 위해서 행동하였으며 내적으로 인간의 본성을 짓밟았기 때문에 그들은 모두 악에 속하였던 것이다. 히틀러, 무솔리니, 스탈린, 모택동, 김일성 등이 모두 그러한 무리들이다.[14]

---

14) 종교적(기독교적)으로는 선의 기준은 신(神)이다. 신은 우주를 창조하였기 때문에 우주보다도 더 크며, 따라서 큰 것 중에서 가장 큰 존재다. 또 신은 인간의 마음을 창조하였기 때문에 인간의 본성, 본심의 근원이다. 그러므로 신은 선의 절대적 기준이 되는 것이다. 그런데 신은 죄악의 세계를 구원하기 위하여 역사를 꾸며왔다. 즉 역사는 신의 구원섭리의 역사인 것이다. 따라서 보다 더 넓고 큰 목적이란 바로 신의 섭리를 이루어 드리는 방향으로 행동하는 것을 의미한다.
  그러므로 선악의 행위를 종교적으로 표현한다면 신의 구원섭리의 방향에 부합되는 행위는 선이요, 신의 섭리의 방향을 거슬리는 행위는 악이다. 이러한 행위는 반드시 신을 의식하고서 행하는 행위일 필요는 없는 것이다. 신을 의식하지 못하는 무신론적 행위라 하더라도 그 행위의 결과가 신의 섭리에 도움이 되면 선이 되는 것이요. 신의 섭리에 방해가 되면 악이 된다. 종교(고등종교)는 보다 더 광범한 인민대중을 심령적으로 구하여서 인간의 본심을 개발하려 하는 것이기 때문에 종

역사상의 주요한 투쟁을 이와 같은 척도로써 다룬다면 그 투쟁의 쌍방이 개인이건 민족이건 계급이건 간에 모두 보다 더 악한 편과 보다 더 선한 편과의 싸움으로 귀착된다. 그리하여 역사는 계급투쟁의 역사가 아니라 선악의 투쟁의 역사인 것이다. 그리하여 예컨대 국가 대 국가의 전쟁에 있어서는 먼저 도전한 편, 또는 침략한 편이 악이며 제국주의와 식민지 간의 싸움에서는 식민지 민족이 먼저 싸움을 일으켰다 하더라도 식민지 편은 선이며 카이젤, 히틀러, 무솔리니 등 독재자들이 일으킨 제1차 및 제2차 세계대전에 있어서는 그들 독재국가편이 악이다. 농민반란 시민혁명에 있어서는 농민이나 시민편이 선이며 종교전쟁에 있어서는 보다 더 새로운 편, 즉 혁신종교(사교가 아닌 것)편이 선이다. 그리하여 역사는 결코 계급투쟁의 역사가 아니라 선악의 투쟁의 역사인 것이다.

일상생활에 있어서의 인간의 주요 행위도 대개 선악의 그물에 걸리게 된다. 예컨대 군주는 선군(善君)이 아니면 악군(惡君)이며, 신하는 충신이 아니면 간신이며, 독립투사와 반역자, 성현들과 박해자, 순교자와 가해자, 혁명가와 배반자, 지배자와 피지배자, 효자와 불효자, 열녀와 부정녀(不貞女), 양심적인 학자와 어용학자, 친구와 원수, 양민과 난민, 성실한 사람과 간사(奸詐)한 사람, 의협인(義俠人)과 악한 등 인간의 생활에 이같이 선악이 대립된 예를 역사에서 흔히 찾아볼 수 있는 것이다(물론 인간의 행위가 선도 아니요 악도 아닌 중간 입장도 얼마든지 있었다. 그러나 역사적인 성격을 띤 싸움에 있어서는 항상

교와의 대결에 있어서는 종교가 항상 선편이었다. 이것을 바꾸어 말하면 선은 항상 종교를 기반으로 하고 있다. 따라서 종교가 말살된 사회에는 진정한 선은 존재할 수 없다. 그러한 사회에서는 집권자(독재자)의 명령이 선의 기준인 것처럼 행세하기 때문이다.

선과 악의 두 입장만을 인정해야 할 것이다). 즉 인간의 싸움에 있어서도 그것이 역사적으로 의의가 있는 것이라면 한 편은 선이요 한 편은 악인 것이다. 계급투쟁도 한 편의 계급은 악하고 다른 편의 계급은 선하다는 점에서만 그 투쟁의 의의가 있는 것이다. 부르주아계급을 타도해야 하는 프롤레타리아 혁명도 부르주아지는 악하고 프롤레타리아트는 거기에 비해서 선하다는 전제하에서만 그 혁명의 타당성이 성립되는 것이다.

오늘날까지의 민족 국가의 흥망성쇠도 외견상으로는 우발적인 사건에 기인하고 있는 것 같지만 내면적으로 볼 때에는 그것이 대부분 선악의 투쟁에 기인하고 있다. 이와 같이 역사적 일상적인 주요 행위와 사건은 대부분 선악의 척도로써 다루어지게 되며 또 다루어져야 한다. 이상으로 인류역사는 결코 계급투쟁의 역사가 아니라 오로지 선악의 투쟁의 역사임이 밝혀졌으리라 믿는다. 따라서 물질이 지닌 역사성의 내용도 선악의 투쟁에 관한 내용인 것이며 결코 계급투쟁에 관한 것이 아니다. 물질이 지니고 있는 역사성의 내용은 인간의 역사적 실천이다. 그런데 공산주의는 계급투쟁을 역사적 실천으로 보고 있지만 위의 설명으로 선악의 투쟁이야말로 역사적 실천인 것이며 동시에 물질이 지닌 역사성의 내용인 것이다.[15]

---

15) 기독교적 입장(성경의 입장)에서 본다면 인류역사는 인간의 타락으로 말미암아 죄악역사로 출발하였다. 타락으로 말미암아 인간도 만물도 사탄 주관하에 들어가게 되었다. 이 때문에 인간사회에는 선악의 투쟁이 벌어지게 되었으며 만물은 고통을 당하게 되었다(로마서 8:19). 그러므로 기독교적 입장에서 보면 선악의 투쟁, 정의와 불의와의 투쟁뿐 아니라 신의 섭리와 만물의 탄식 등도 물질이 지닌 역사성의 내용으로 볼 수 있는 것이다.

4. 인간관에 대한 비판과 대안

이미 말한 바와 같이 공산주의가 보는 인간은 어디까지나 물질적 존재이며 동물적 존재이다. 무기물이 발전하여서 단세포 동물이 되고 그것이 여러 단계의 진화과정을 거쳐서 유인원이 되고 이 원숭이가 진화하여서 인간이 된 것이다. 그리고 원숭이가 인간이 되는 과정도 어디까지나 물질적 과정이었다는 것이다. 즉 물질인 노동도구로써 노동을 하는 동안에 이성이 발달하고 언어가 생겼다. 노동은 개인 단독으로 하는 노동이 아니라 집단적으로 하는 사회적인 노동이었다. 사회적 노동을 하는 동안에 사회생활의 필요에 의하여 규율 도덕 종교가 생겨났고 자유 인격 권리 등도 인정하게 되었다는 것이다.

그리하여 공산주의가 보는 인간은 단순한 고등동물에 불과하며 이성 인격 권리 자유 도덕 등은 다만 사회적 노동에 의해서 형성된 것이었다. 따라서 사회적 노동이 없었더라면 인격 권리 자유 등은 형성될 수 없었을 것이며 또 따라서 어느 사회에 있어서나 사회적 노동에 참여하지 아니한 자에게는 인격 권리 자유 등이 허용될 수 없는 것이다. 원숭이는 노동에 의하여 인간이 되었기 때문에 노동하시 아니한 자는 원숭이와 같은 입장이므로 인간으로서의 대우를 받을 자격이 없는 까닭이다. 사회적 노동을 가장 이상적으로 보장하는 사회는 공산주의사회라고 그들은 믿고 있기 때문에 공산혁명을 반대하는 소위 반동분자도 역시 인간대우를 받을 자격이 없으며 따라서 반동분자는 (동물을 학살하듯이) 무자비하게 학살하더라도 조금도 양심의 가책을 받을 필요가 없다. 반동분자뿐 아니라 같은 동지라 하더라도 그가 권력자의 의사를 따르지 않을 때는 억울한 누명을 쓰고 무자비하게 숙청된다. 스탈린이나 모택동이 각각 3천만 명이나 되는 많은 인민대중을 학살할 수 있었던 것은 그들이 이러한 인간관을 가지고 있었기 때문이다.

이 같은 공산주의 유물론에 있어서도 인도주의나 평화주의는 도저히 성립될 수 없는 것이다. 특히 그들은 철학이론을 사회에 적용하는 동시에 이론과 실천을 떨어질 수 없는 관계로 보기 때문에 인간을 고등동물로 보는 그들의 유물론은 반드시 사회생활에 실천되게 되어서 불가피적으로 인민대중을 동물취급하게 된다. 가끔 그들은 평화와 화해를 운운하고 인도주의를 떠들지만 그것은 모두 위장전술에 불과함을 잊어서는 안 된다.

인도주의는 인격의 존엄성과 권리의 평등을 인정하는 철학에서만 비로소 성립된다. 다시 말하면 참된 평화를 추구하고 인격 자유 권리를 존중한다는 이론이 거짓이 아닌 참된 주장이 되려면 그러한 이론을 성립시키는 철학적 기반이 반드시 있어야 한다. 그러나 공산주의자들이 인도주의를 내세우며 인권의 존중, 자유와 권리의 보장을 운운한다는 것은 아무런 철학적 기초도 갖고 있지 않기 때문에 거짓 주장이요 기만에 불과한 것이다. 이것을 바꾸어 말하면 공산주의 유물론(변증법적 유물론)에서는 절대로 인권옹호 자유보장 인격존중의 이론이 생겨날 수 없는 것이다.

인도주의나 인간의 존엄성이 인정되기 위해서는 인간성이 어떤 존엄한 것으로부터 유래한 것이 아니면 안 된다. 왜냐하면 비천한 것으로부터는 비천한 것만이 생겨나며 존엄한 것에서만이 존엄한 것이 생겨나는 것이 천리(天理)이기 때문이다. 마치 기와(瓦)는 아무리 갈아(磨) 보아도 빛을 발하지 못하며, 금강석은 갈면 반드시 빛을 발하는

것과 같다.[16]

따라서 인격의 존엄성과 자유 권리를 진정으로 인정한다면 인간은 천한 동물이어서는 안 되며 인간성은 존엄한 신으로부터 유래된 것이어야 한다. 즉 신을 인정하는 철학에 의해서만이 자유 권리 인격 등이 진정으로 보장되는 동시에 인도주의 이론이 형성되는 것이다. 그러나 여기에서 명백히 하여 둘 것은 자유주의 인사들 중에도 유물론을 신봉하는 사람이 많은 바 그러한 유물론은 실천적으로 인간을 동물시하거나 인격의 존엄성을 무시하는 것이 결코 아니며 따라서 그가 공산주의를 반대하는 한, 그러한 유물론을 갖는 것은 각자의 자유인 것이다.

제3절 변증법

1. 변증법이란 무엇인가

전절(前節)까지에서 변증법적 유물론의 일부인 유물론에 대한 비판과 극복을 대체로 끝냈다. 다음에는 그것의 또 하나의 부분인 변증법에 대하여 논하기로 한다.

변증법은 고대의 그리스시대에는 대화술, 변론술, 논쟁술을 뜻하

---

16) 인간은 결코 원숭이의 사회적 노동의 산물이 아니며 신으로부터 유래한 피조물인 것이다. 따라서 인간은 창조와 동시에 노동하기 전부터 이미 인격, 존엄성, 자유, 권리 등의 속성을 초기에는 미분화된 상태로 지니고 있었다. 그러한 인간이 사회적 노동을 하였던 것이다. 노동한 뒤에 인간이 된 것이 아니라 본래 인격적으로 창조된 인간이 노동을 한 것이다.

였지만 근대에 와서는 관념의 세계나 자연의 세계가 모두 발전하고 있다고 보고 그 발전법칙 중의 하나로서 변증법이 다루어지고 있다. 그리고 공산주의에 있어서는 때때로 발전하는 자연현상에 대한 하나의 사유방법 또는 연구방법을 의미하기도 한다. 오늘날은 자연과학이 발달하였기 때문에 누구나 자연에 대한 이해와 연구는 당연히 실험적 방법에 의하는 것으로 알고 있으나 자연과학이 발달하기 전의 중세시대까지는 자연을 인식하는 데 있어서 주로 형이상학적 방법이 일반화되어 있었다.

형이상학적 방법

자연에 직접 맞서서 자연현상을 관찰하고 실험하여서 진리를 파악하려 하지 않고 자연의 배후에 자연현상을 초월한 근원적인 것이 있다고 보고는 그것을 사변(思辨)에 의하여 체득하려는 방법이 행해지고 있었다. 그런데 마르크스에 의하면 17~18세기의 기계론적 유물론자들도 결국은 이러한 형이상학적 방법에 빠지고 말았다는 것이다. 그리하여 그들의 사유내용은 추상적 관념론이 되어서 변화·유전하는 현상과는 상부하지 못하게 되어 필연적으로 현실과 동떨어지게 되었다는 것이다.

그러면 다음에 그 예를 들어보자. 가령 한 포기의 화초나 한 마리의 새(鳥)를 이해하는 데 있어서 그 하나하나의 생물이 언제나 환경과의 불가분의 관계하에 부단히 변화하고 있는 것임에도 불구하고 형이상학적 방법은 그런 것들이 모두 근원적인 것, 본질적인 것이 그들의 주위에서 분리시켜서 개별적으로 또 시간의 흐름에 관계없이 언제나 변치 않는 고정된 모양과 성질을 가지고 있는 것으로 다룬다. 또 인간을 예로 든다면 고대인간이나 현대인간, 열대인간이나 한대인간,

동양인이나 서양인을 일체의 조건의 차이를 고려함이 없이 모두 동일한 불변고정된 인간으로 이해하는 것이다. 이 같은 사유방법으로서는 그 사유내용이 추상적이요 개념적이기 때문에 항상 변화하는 현실과는 일치하지 않는다. 이러한 추상적 개념은 사물을 언제나 개별화시키고 고정화시키는 작용이 있기 때문에 사물을 상호관련성에서 또는 변화와 발전의 과정에서 이해하지 못하였다.

마르크스는 이러한 방법은 모두 신학이나 종교에 통하는 방법이라고 하여서 배격하고 변증법적 방법을 채택하였던 것이다. 엥겔스도 "형이상학적인 사고방식은……개개의 사물을 보되 그 관련을 못 보며, 그 존재는 보되 그 생멸(生滅)을 못 보며, 그 정지(靜止)는 보되 운동을 못 보며, 나무는 보되 숲을 보지 못한다."고 하면서 형이상학적인 사고방식을 경멸하였던 것이다. 마르크스에게 있어서 이러한 사고방식은 그가 영도하는 프롤레타리아 혁명에 대하여 반동적인 장애물이 되었던 것이다. 즉 사물을 불변과 고정의 면에서만 이해하는 형이상학적 방법은 자본주의사회나 자본가나 노동자나 모두 영원히 현상 그대로를 유지하며 사회혁명은 일어날 수 없다고 보기 때문에 이 같은 사고방식은 프롤레타리아 혁명의 수행에 있어 커다란 장애요 반동이 아닐 수 없었다.

변증법은 헤겔에서

그런데 마르크스 변증법의 개념은 헤겔 변증법에서 유래한 것이었다. 헤겔에 의하면 시간 공간 내에 있는 물질적 세계의 전 과정은 시간 공간 밖에 있는 절대이념의 현실화에 불과하다. 알기 쉽게 말하면 눈에 보이는 현실은 보이지 않는 마음(이념)이 전개된 것에 불과하다는 것이다. 그런데 물질적 세계는 정지해 있지 않고 부단히 발전해 가고 있는데 그 이유는 현실의 근원인 이념 자체가 발전하고 있기 때문이다. 그 이념은 일련의 자기모순에 의하여 발전한다는 것이다.

그리고 이념(즉 개념)의 자기모순에 의한 발전은 항상 긍정, 부정, 종합(부정의 부정)의 3단운동을 되풀이하면서 이루어져 나간다. 이에 따라서 사물의 발전도 거기에 조응(照應)되어 긍정, 부정, 종합(이 것을 정반합[正反合]이라고도 함)의 3단과정을 거치게 된다는 것이다. 이러한 운동의 방식이 헤겔의 변증법이었다. 그러나 마르크스는 이 같은 헤겔의 견해를 뒤집어 놓았으나 헤겔의 변증법적 방법은 그대로 채택하였던 것이다. 그리하여 마르크스의 변증법은 사물을 상호관련성과 변화와 발전의 면에서 파악하고 생성·존재·소멸하는 유동의 면에서 사물을 이해하고 연구한다. 그러면 다음에 마르크스의 변증법(이하 단순히 '변증법'이라 함)의 요점을 소개하기 위하여 변증법에 대한 스탈린의 해설의 골자를 알아보기로 한다.

스탈린의 해석

스탈린은 '변증법적 유물론과 사적 유물론'이라는 저서에서 마르크스주의의 변증법의 기본적인 요점을 다음의 네 가지로 요약할 수 있다고 하였다.

① 변증법은 자연을 독립적으로 존재하는 사물의 집적(集積)으로 보는 형이상학의 입장과는 반대로 사물을 '서로 관련하며 서로 의존하며 서로 제약하는 것(국민문고 98면)'으로 본다.

그러므로 변증법은 어떠한 사물이거나 타자에서 고립시켜서 그 자체만으로 생각해서는 그것들을 올바로 이해할 수가 없으며 언제든지 타자와의 불가분의 관련에서 타자에 의하여 제약되고 있는 것으로 이해되지 않으면 안 된다고 본다.

② 변증법은 만물을 '부단의 운동과 변화, 부단한 갱신과 발전의 상태에 있으며 거기에는 항상 어떤 사물이 발생하고 발전하면서 있으며 항시 어떤 물건이 파괴되어서 자기 생명을 끝내면서 있다(동상 99면).'고 생각한다. 그러므로 변증법은 사물을 그 상호관련이나 피제약성의 견지에서뿐 아니라 그 운동 변화, 그 발전의 견지에서, 그리고 그 발생과 사멸이라는 견지에서도 이해한다.

③ 변증법은 모든 사물의 발전과정을 '단순한 성장과정이라고 보지 않고……양적변화에서 질적변화에 이행하는 그러한 발전이라고 보고 그것은 돌연히 어떤 상태에서 다른 상태에의 비약적 이행의 양식(동상 100면)'이라고 생각한다. 그러므로 변증법은 발전은 '전진운동으로서 단순한 것으로부터 복잡한 것으로, 낡은 질적상태에서 새로운 질적상태로 이행으로서, 낮은 것으로부터 높은 것으로 발전으로서' 이해한다.

④ 변증법은 '낮은 것으로부터 높은 것으로의 발전과정은……물건이나 현상에 본래 따라다니는 모순의 발현(發現)으로서 이들의 모순에 의하여 작용하는 대립된 제 경향의 통일과 투쟁으로서(동상 103면)' 이해한다.

스탈린이 제시한 이상의 4가지의 요점을 더욱 간단히 요약하면 다음과 같나.

① 사물은 그 상호관련과 그것의 환경과의 관련에서 이해한다.

② 사물은 운동, 생성, 발전, 소멸에서 이해한다.

③ 발전은 단순한 성장과정이 아니며 양적변화에서 돌연히 질적변화로 이행하는 과정으로서 그것을 이해한다.

④ 발전은 모순에 의한 대립물의 통일과 투쟁으로서 이해한다. 그리하여 변증법적 유물론은 세계관에 있어서는 관념론(유심론)을 반

대하고 자연 사회역사에 대한 연구와 사유의 방법에 있어서는 형이상학과 대립한다. 이것을 단적으로 말하면 관점에 있어서 유물론이요 방법에 있어서 변증법적인 것, 이러한 철학이 변증법적 유물론이다. 그런데 앞에서도 말한 바와 같이 유물론에 대한 비판은 전절에서 이미 끝냈으므로 다음에는 다만 그 변증법의 내용에 관해서만 검토하여 보려고 한다.

2. 변증법에 대한 비판과 그 대안

상술한 바와 같이 변증법의 핵심적 부분은 상호관련, 모순, 부정, 발전 등에 관한 이론이다. 그러므로 이 개념들을 중심하고 변증법 이론을 검토·비판하려고 한다.

(a) 상호관련성

세계의 모든 사물은 어느 하나도 고립되어 있지 않고 서로 관련되어 있다는 것은 전적으로 옳다. 오늘의 과학이 너무나도 밝히 그것을 증명하고 있다. 지구와는 아무 관련이 없을 것 같은 밤하늘의 별들도 오늘에 와서는 지구뿐 아니라 지상의 생물에까지 관련이 있다는 사실이 밝혀졌다. 만물은 어느 하나도 상호관련을 떠나서 존재하는 것은 없다. 그러나 변증법은 이러한 상호관련을 밝혔을 뿐이며 그 사실이 왜 있게 되었는가 하는 이유에 대하여는 말하지 않았으며 또 말하려 하지도 않고 있다. 그들에게는 다만 나타난 사실을 사실대로 이해하는 것만이 중요하였고 또 이것이 변증법적 방법의 전부였다. 어떠한 사실이나 과정이 있게 된 동기, 이유, 원인은 도외시하고 과정만 다루고 있다. 변증법은 뿌리 없는 나무요, 토대 없는 건축이다. 보다 더 근원적인 이유와 원인이 밝혀지면 밝혀질수록 지식은 보다 더 진리에 가까워진다는 것이 엄연한 사실임에도 불구하고 궁극의 근원을 찾는 길이 막혀 있다는 것은 변증법에 있어서의 큰 맹점이 아닐 수 없다.

그러면 상호관련성은 왜 있게 되었는가? 이에 대한 타당한 답변을 하기 위해서는 이 우주가 목적을 지닌 거대한 하나의 유기체라는 것을 시인하지 않으면 안 된다. 왜냐하면 목적이 없는 상호관련성과 목적이 없는 발전은 생각할 수 없기 때문이다. 예를 들어서 살펴보자. 심장, 폐, 위 등의 여러 기관은 상호관련으로 서로 의존하고 있다. 이것은 자기도 살고 남도 살리려는 목적으로 맺어진 상호관련인 것이다. 그렇게 함으로써 인체라는 전체를 또한 살리려는 것이다. 그런데 각 기관은 상호관련을 유지하면서 스스로도 부단히 변화 발전해 간다. 그러한 개체기관의 변화 발전도 자신과 전체(인체)를 살리기 위한 합목적적인 것이며 맹목적인 것이 절대로 아니다. 인간의 상호관련에 의하여 성립된 사회의 경우도 마찬가지이다. 개체인 인간 자신도 살며 전체인 사회도 살리려는 목적 때문에 사회 내의 상호관련이 성립 유지되고 있는 것이다. 이러한 원칙은 전 우주 내에 있어서도 똑같이 작용하고 있다는 것을 인정하지 않고서는 자연계의 상호관련성의 의미를 이해할 수는 없는 것이다.

원리적 대안

그러면 원리적으로 이것을 설명하여 보자. 만물의 상호관련이란 바로 주체와 대상의 수수관계인 것이다. 창조의 '상대성의 법칙'과 '수수작용의 법칙'에 따라서 이 우주는 크게 천체로부터 작게는 원자에 이르기까지 주체와 대상의 관계, 즉 상대적 관계로 창조되었으며 일체의 사물은 이러한 주체와 대상의 상대물 간에 수수관계를 맺고서 움직이는 것이다. 그리하여 전 우주는 종횡으로 맺어져 있는 무수한 수수관계로써 이루어진 하나의 거대한 유기체다. 유기체란 목적을 가진 생명체를 말한다.

그러므로 우주는 하나의 목적을 지향하고 있는 거대한 생명체인 것이다. 그러면 그 목적은 어떠한 것인가? 우주는 신에 의하여 창조된 피조물이다. 목적이 없는 창조는 있을 수 없으니 신의 이 창조의 목적을 실현하기 위한 것이 피조물의 궁극의 목적이다. 그러므로 우주 내의 만물이 상호관련성을 보이고 있는 것은 우주 전체가 이 창조의 목적의 실현을 지향하고 있는 유기체이기 때문이다.

(b) 모순과 부정

변증법은 모든 발전은 모순관계에 있는 대립물의 통일과 투쟁에 의하여 이루어진다고 한다. 어떠한 사물이나 과정에는 반드시 그 내부에 모순된 두 요소(이것을 긍정과 부정이라고 함)가 있어서 그것들이 어느 기간까지는 통일과 투쟁의 양면적인 움직임을 지속하면서 발전해 간다는 것이다. 그러나 어느 시기가 오면 종합, 부정의 부정으로 결말을 맺고 투쟁은 끝난다는 것이다. 이때의 종합은 긍정도 아니요 부정도 아닌 새로운 것이다. 그러나 그 속에 긍정과 부정의 적극적인 특질은 그대로 보존되어 있다는 것이다. 그런데 종합, 즉 부정의 부정으로 결말지어진 새로운 사물은 그 내부에 그 자신을 부정하는 또 새로운 요소를 내포하게 되어서 이 새로운 대립물이 또 새로운 통일 투쟁을 계속하게 되어 이윽고 또 새로운 부정의 부정으로 결말된다고 한다. 이와 같이 부단한 대립물의 통일과 투쟁의 과정을 거쳐서 영구히 발전한다는 것이 변증법의 견해이다. 여기에서 우리는 모순 대립 통일 투쟁 및 부정 등의 개념을 검토해 볼 필요를 느낀다. 왜냐하면 개념의 검토 없이는 이론을 올바르게 이해할 수 없으며 또 그 개념 규명에 의하여 그 이론의 합리 여부를 가름할 수 있는 것이기 때문이다.

① 모순의 개념

변증법에서 말하는 모순은 어떤 대립되는 두 요소가 한 편으로는 서로 상대방을 필요로 하는 관계를 통일로, 상호 배척하는 관계를 투쟁으로 표현한다. 모든 사물은 그 내부에 이 같은 모순(대립)되는 두 요소를 지니고 있으며 이 두 요소의 통일과 투쟁에 의하여 사물은 변화 또는 발전한다는 것이다. 레닌은 대립의 실례를 다음과 같이 들고 있다. 즉 "수학에 있어서 플러스와 마이너스, 역학에 있어서의 작용과 반작용, 물리학에 있어서 양전기와 음전기, 화학에 있어서 원소의 화합과 분해, 사회과학에 있어서 계급투쟁"('철학노트' 하 국민문고 326면) 등이다. 그러면 이들 중에서 나중의 계급투쟁을 제외하고는 그 대립이 단순히 차별적, 정지적이어서 투쟁 없는 단순한 양극의 통일처럼 보인다. 그러나 이러한 인식은 아직도 변증법적이 못 된다. 그 이유는 변증법은 모든 사물을 정지의 면에서 보는 형이상학과는 달리 사물을 변화와 발전의 면에서 파악하는 것이기 때문이다. 변화 발전은 어디까지나 대립의 통일과 투쟁에 의한다는 것이다. 이상이 모순에 관한 변증법적 개념이다.

모순론의 비판

그러면 다음에 이것을 검토하여 보자. 모순의 변증법은 사회발전에 대해서만은 대체로 타당하다고 보아야 할 것이다. 오늘날까지의 사회발전의 역사는 틀림없이 투쟁의 역사였다. 그러나 자연계의 변화 발전에 대해서는 그것의 타당성을 인정할 수 없다. 왜냐하면 자연계에는 통일은 나타나고 있으나 투쟁은 나타나고 있지 않기 때문이다. 예를 들면 수학에 있어서의 플러스와 마이너스 및 역학에 있어서의 작용과 반작용을 대립이나 투쟁의 관계로는 도저히 볼 수 없다. 왜냐하면 거기에서는 발전(변증법적 발전)이 결코 이루어지지 않고 있기 때문이다. 또 전기에 있어서도 음전기와 양전기는 합하여서 중화(中和)되거나 또는 두 전기의 극을 연결하면 전류가 흐를 뿐이며 투쟁이나 발전은 일어나지 않는다. 또 원자의 양자 전자의 경우는 상호작용으로 일정한 원자의 구조와 형태를 유지하고 있다. 또 화학에 있어서 화합과 분해는 동시에 일어나는 반응이 아니고 일방적으로만 일어나는 것이기 때문에 역시 투쟁으로 볼 수 없다.

또 종자(種子)의 발아(發芽)는 그 내부의 배아(胚芽)와 내용과 껍질이 서로 이해 상반하는 투쟁을 통해서 된다고 볼 수 없으며 도리어 배아는 일정기간 껍질의 보호하에 성장하여 스스로 약화된 껍질의 도움을 받아서 발아하는 것이다. 이때 껍질은 자신의 존재 의의가 없어졌기 때문에 스스로 박약(薄弱)해져서 발아를 돕는다.

모순론의 대안

투쟁은 반드시 이해가 상반될 때에만 일어난다. 이해가 상반하는 것은 반드시 목적이 일치하지 않기 때문이다. 목적이 일치하면 이해관계도 일치하며 따라서 투쟁은 일어날 수 없다. 배아와 내용 및 껍질은 모두 싹(芽)을 낳는다는 공동목적을 지니고 있음을 아무도 부정하지 못할 것이다. 그리하여 자연계의 변화와 발전은 모두 투쟁에 의해서가 아니라 공동목적에 의해서, 즉 조화 상응 협조 등 통일적인 상호관계에 의해서 되고 있다.

　이와 같이 사회와 자연의 발전은 그 방식이 결코 동일하지 않으며 사회발전은 투쟁에 의하지만 자연의 발전은 공동목적을 중심한 두 요소의 통일적인 상호작용에 기인한다. 그럼에도 불구하고 마르크스는 모순의 개념에 투쟁의 요소까지 포함시켜서 자연과 사회는 전부 동일한 발전법칙(즉 모순의 변증법)을 따른다고 주장하였다. 그는 모순에 이처럼 상반되는 복수의 개념을 줌으로써 어의적(語意的)인 농간을 부린 것이다. 레닌과 모택동은 모순에는 비적대와 적대의 두 가지 의미가 있다고 하였다. 왜 그들은 하나의 용어에 정반대되는 두 가지 의미를 포함시켰으며 왜 자연현상까지를 투쟁이라는 표현으로써 설명하였는가? 그것은 자연과 사회의 발전이 모두 동일한 방식(투쟁)에 의한다는 것을 강조함으로써 투쟁을 법칙화시켜서 만인에게 투쟁(혁명)은 피할 수 없는 역사적 과업임을 인식시키기 위해서였던 것이다.

　② 부정의 개념

　한 사물이 그 자체에 내재하는 대립물의 반대로 인하여 그 대립물로 전화(轉化)할 때 그 대립물 또는 대립물의 반대삭용을 부정이라고 한다. 그러므로 변증법의 부정은 사물의 발전을 설명하는 데 쓰이는 개념이며 이 부정에 있어서 사물은 폐기되는 것이 아니라 도리어 선행의 상태를 지양하여서 그 적극적인 부분을 부정 속에 포섭하는 것이다. 엥겔스는 '부정은 형식으로만 부정되고 내용은 보존된다.'고 하였다. 그리고 이러한 부정은 변증법적 통일 속에서 이루어진다는 것이다.

예를 들면 종자는 그 성장과정에 있어서 한 편으로는 그 반대물인 배아와 더불어 통일을 이루면서 또 한 편으로는 그 배아에 의하여 부정되면서 드디어 싹으로 전화(轉化)한다. 이때 부정의 부정인 싹은 종자를 완전히 폐기하는 것이 아니라 도리어 종자의 내용을 섭취해서 싹이 되는 것이다. 이와 같이 변증법적 부정은 화해도 폐기도 아니며 보존과 지양을 겸하는 발전적 부정이다. 이것이 부정에 관한 변증법적 개념이다. 그런데 여기서 유의해야 할 것은 이 부정은 모순(대립물의 통일과 투쟁)의 개념과 통한다는 것과 따라서 부정은 화해나 조화를 일체 용납하지 않는다는 것이다.

부정의 대안

위의 부정의 설명은 일견 그럴듯한 인상을 주지만 엄밀히 고찰하면 참이 아님을 곧 알 수 있을 것이다. 앞의 종자의 예를 검토하여 보자. 종자에 있어서 싹이 트는 것이 과연 부정에 의하여 되는 것인가? 종자에는 껍질과 내용이 있는 바 이것은 대립물에 의하여 부정되려고 있는 것이 아니다. 그것은 배아의 성장을 위해서 있는 것이다. 배아가 어느 정도 성장하여 스스로 발아할 때까지 그 배아를 보호 육성하기 위하여 존재하는 것이며 그 배아가 성장하여 껍질 속에 차게 되면 껍질은 그 이상 더 존재할 필요가 없기 때문에 스스로 박약하여져서 배아의 발아를 돕고 자신은 소멸하는 것이다. 한편 배아도 껍질을 부정하기 위해서 있는 것이 아니다. 껍질과 내용의 도움을 받아서 스스로 성장하여 싹이 되고자 있는 것이다. 배아는 껍질과의 화해 속에서 그것의 협조하에 싹이 되는 것이다. 즉 껍질과 내용과 배아는 모두 공동의 목적을 지니고 서로 협조하여서 그 목적대로 싹을 낳는 것이다(원리는 발전에 있어서의 이러한 긍정의 측면을 특히 강조할 경우에는 발전의 법칙은 이것을 '긍정적 성장의 법칙'이라고 부른다). 자연의 발전은 모두 이러한 조화로운 발전인 것이며 결코 부정 대립투쟁에 의한 것이 아니다. 그러므로 자연현상에 관한 마르크스의 모순이나 부정의 개념은 전적으로 잘못임이 명백하다.

이상과 같이 마르크스가 헤겔에서 모순과 부정의 개념을 무비판적으로 받아들여 그것을 전투 개념화시켜서 자연현상의 설명에까지 투쟁적인 냄새를 풍기게 하지 않을 수 없었던 것은 그의 철학이 혁명을 합리화하려는 수단이었고 행동의 지침이었기 때문이다. 그에게 필요한 것은 진리를 논하는 이론보다도 프롤레타리아 혁명을 정당화시키고 합리화시키는 이론이었던 것이다. 이 목적을 달성하기 위하여 마르크스와 그 후계자(레닌, 스탈린 등)들은 개념의 모호화(模糊化)에 편리한 모순, 부정 등의 용어를 빌려다가 교묘한 어의적인 책략을 꾸며가면서 대중으로 하여금 판단을 그르치게 해왔던 것이다.

③ 모순의 변증법에 대한 원리적 견해-대안

그러면 마르크스의 모순의 변증법은 전적으로 부인해야 할 것인가? 그렇지 않다. 사회의 발전에 관한 그것은 어느 정도 타당하다. 오늘날까지 인류사회의 발전사는 분명히 대립과 투쟁에 의하여 이루어져 나왔던 것이다. 그러므로 모순의 변증법은 사회의 발전현상을 설명하는 데 일면의 타당성이 있음을 인정하지 않을 수 없는 것이다. 그러나 역사의 발전에 대하여서도 그것이 전면적으로 타당하다고는 할 수 없다. 왜냐하면 그들은 계급투쟁만이 역사를 발전시킨 투쟁으로 다루고 있기 때문이다. 역사를 발전시킨 투쟁은 선악의 투쟁이었기 때문에 계급투쟁 이외에도 여러 유형의 투쟁이 있었던 것이다. 그러면 마르크스의 변증법에 대하여 다음에 원리적 견해를 그 대안으로

피력하려고 한다. 신이 창조한 것은 대립물이 아니라 상대물이었다. 즉 만물은 모두 상대적 존재이다. 일체의 존재물은 주체와 대상의 상대적인 관계하에 있도록 창조된 것이다. 그리하여 한 개체는 반드시 다른 개체와 상대적 관계를 맺고 있다. 단독으로 고립해서 존재하고 있는 존재물은 하나도 없다.

이것을 원리에서는 '상대성의 법칙'이라 부른다. 그리고 이 같은 상대적 관계를 맺고 있는 주체와 대상은 반드시 힘 또는 자극을 주고받는다. 즉 양자는 반드시 상대방에게 어떤 영향을 준다. 이러한 작용을 통하여 생존(존재), 번식(생성), 운동(변화 발전 활동 작용) 등이 이루어지고 있다. 즉 한 개체가 새로이 생겨나고(생성번식) 성장하여서 일정기간 존재하다가 소멸하는 것, 그리고 모든 개체의 운동, 변화, 발전, 작용 등은 모두 주체와 대상의 수수작용에 의하여 이루어진다. 이러한 수수작용은 절대로 상충적인 것이 아니고 도리어 조화적, 협조적, 상응적인 것이며 거기에는 언제나 통일과 발전이 계속되고 있는 것이다(이러한 특성을 상응성이라 한다). 그리고 발전에 있어서 개체의 형태가 변화하는 것도 조화로운 수수작용에 의하는 것은 물론이다.

그런데 자연계에는 조화로운 상응현상뿐 아니라 서로 반발하는 상극현상이 또한 나타나고 있음을 본다. 예컨대 양전기와 양전기 또는 음전기와 음전기는 서로 반발한다. 동물이나 인간에 있어서도 이성을 대함에 있어서 동성끼리는 서로 상대방을 배척 또는 회피하려는 경향이 있다. 즉 수수작용에 있어서 주로 주체(양성)와 주체(양성)끼리 대상(음성)과 대상(음성)끼리는 서로 배척하려는 경향이 있는 바(이것을 상응성이라 한다.) 이러한 반발현상은 결코 수수작용 그 자체를 파괴로 이끌려는 것이 아니며 도리어 주체와 대상 간의 수수작용을 더욱 강화시키기 위해서인 것이다. '+'와 '+'끼리 '-'와 '-'끼리의 반발작용 때문에 '+'와 '-'의 수수작용은 더욱 완전하게 되는 것이다.[17] 이러한 상척작용(相斥作用)이 사물의 발전에 촉진적인 영향을 주고 있음은 물론이다. 발전은 주체와 대상의 수수작용에 의해서 이루어지기 때문이다. 그리하여 수수작용에 의한 발전의 법칙을 '상응상극의 법칙' 또는 단순히 '상응의 법칙'이라고 부르기로 한다.

그런데 인류역사도 인간이 타락되지 않았더라면 이렇듯 조화로운 발전을 이루어 왔을 것인데 타락으로 인하여 상대물(주체와 대상)은 대립물(주체와 주체)로 변하였으며 수수관계는 대립투쟁의 관계로 떨어지고만 것이다(그러나 타락사회라 할지라도 조화로운 수수작용이 완전히 사라진 것은 아니다. 타락 후에도 인간의 양심작용은 남아있으므로 사회생활에 있어서 또는 사회의 발전과정에 있어서 때때로 조화 통일의 수수관계가 나타나고 있는 것이다).

그런데 이 같은 대립투쟁은 유물사관에서 말하는 것처럼 생산력과 생산관계, 계급과 계급만의 것이 아니었다. 이외에도 여러 가지 대립관계가 성립되어 왔던 것이다. 즉 인간 대 인간, 가정 대 가정, 종족 대 종족, 민족 대 민족, 국가 대 국가, 또는 종교 대 종교, 사상 대 사상 등 여러 분야에 걸쳐서 대립 투쟁이 벌어져 왔던 것이다(전술). 그리고 아무리 투쟁의 내용과 양상이 각양각색이라 할지라도 이들에게 공통된 것은 대체로 선악의 요소인 것이다. 즉 신의 섭리적 입장에서 보면 역사적 성격을 띤 대립투쟁은 모두 보다 더 선한 편과 보다 더

---

17) 여기에서의 상극성은 모순과는 전연 개념이 다른 것이다. 모순 즉 대립물은 원리적으로 표현하면 상대물, 즉 주체와 대상을 뜻하는 것이어서 대립물의 투쟁이란 곧 주체와 대상 간의 투쟁을 말하는 것이며 주체와 주체 간, 대상과 대상 간의 반발을 의미하는 것은 결코 아닌 것이다.

악한 편과의 싸움에 귀착되는 것이다.

국가 대 국가의 싸움이거나 계급 대 계급의 싸움이거나 간에 그 싸움의 당사자들은 비록 선악의 깃발을 내걸고 싸운 것은 아니었다 할지라도 싸우는 양자 간에 하나는 신의 섭리의 방향에 보다 더 가까웠고 다른 하나는 보다 더 멀었던 것이다. 전자는 선편이요 후자는 악편이었다. 바꾸어 말하면 전자는 역사발전을 돕는 편이었고 후자는 그것을 방해하는 편이었다. 그러므로 인류역사는 이미 말한 바와 같이 '계급투쟁의 역사'가 아니라 '선악투쟁의 역사'였던 것이다. 그리하여 종국에 다시 선이 악을 제압하여 투쟁사를 종결짓고 싸움도 악도 없는 새로운 역사가 출발될 때에야 비로소 대립물의 투쟁은 자취를 감추고 창조본연의 수수의 법칙이 인류세계에 작용하여 인류사회는 자유와 평화와 번영 속에서 조화로운 발전을 영원히 계속할 것이다.

(c) 발전

위에서도 말한 바와 같이 변증법에 의하면 사물의 발전은 모순에 기인한다고 한다. 모순 있는 곳에 대립과 투쟁이 생기고 대립 투쟁이 있는 곳에 발전이 생긴다. 그런데 이 발전은 평탄하고 미끈한 연속이 아니라 돌연한 질적변화, 즉 연속의 중단과 상태의 비약이 나타나는 그런 과정임과 동시에 부정의 부정에 의하여 전진과 복귀의 방향을 취하는 그러한 발전이라는 것이다. 그러면 여기에서는 먼저 질적변화에 대하여 논하고 그다음에 발전의 전진과 복귀에 관하여 검토하기로 한다.

① 질적변화

　변증법에 의하면 발전에 있어서의 점진적 연속적인 진전은 돌연한 변화에 의하여 중단되고 새로운 단계가 비약적으로 출현한다는 것이다. 이러한 사실을 처음 지적한 것은 헤겔이었다. 예를 들면 태아가 태내에서 커진 뒤에 그 점진적인 양적 진보를 중단하고 새로운 단계의 아기가 출산된다는 것이다. 이러한 것을 양적변화의 질적변화로의 전화라고 한다. 사실상 여러 현상에서 이와 같은 양적변화의 연속이 중단되고 질적변화가 일어나는 듯한 예를 많이 본다.

　그런데 질적변화는 양적변화의 터 위에서 되는 데 있어서 그 질적변화의 직접적 원인은 대립관계의 변동에 있다는 것이다. 변증법에 의하면 대립물 간에는 일정한 우열관계 또는 지배와 피지배의 관계가 있다고 한다. 즉 갑과 을이 대립함에 있어서 갑은 을을 지배하고, 을은 갑에게 종속하는 그러한 관계가 성립한다는 것이다. 그런데 양적변화가 어느 단계에 이르면 그 지배 피지배의 관계가 역전된다. 즉 갑이 지배를 받고 을이 지배자의 위치에 오르게 된다. 이때에 질적변화가 일어난다는 것이다. 즉 질적변화는 대립물 사이의 균형에 변화가 일어나는 데서 생기는 것이다. 그리고 이 같은 관계의 변화에 있어서 대립물 자체들도 변화한다. 즉 대립되었던 갑과 을이 새로운 주종관계를 맺을 뿐 이니라 갑도 을도 새로운 것으로 변한다. 그리하여 새로운 모순, 새로운 통일, 새로운 투쟁이 벌어진다는 것이다. 예를 들면 계란과 병아리의 관계에 있어서 배자가 부화되어 가는 과정은 양적변화이다. 계란에서 아무리 배자가 크더라도 그것은 아직 병아리는 아니다. 그러나 그것이 껍질을 깨뜨리고 나와서 호흡하고 움직이게 될 때에 비로소 병아리가 된다.

　그런데 계란 내에서 부화하기 시작할 때는 배자는 지배받는 위치에 있었다. 그것은 점차 양적변화를 거쳐서 성장한 뒤에는 돌연히 지배하는 위치에 올라서면서 그때까지의 지배자였던 껍질을 깨뜨리고 나온다. 마지막 순간에 가서 주종관계가 갑자기 바뀐 것이다. 이것이 질적변화라는 것이다.

이상이 변증법에 있어서의 양적변화의 질적변화로의 전화의 법칙이다. 그러면 이제 그것이 참인가를 검토하여 보자. 이 법칙은 물론 외견상으로는 타당한 것같이 보인다. 자연계의 여러 가지의 현상은 이 사실을 보여주고 있는 것 같다. 동물 식물의 성장과정이 그러하고 원소의 생성이 그러하다.

예를 들면 수소는 하나의 양자와 전자가 각각 첨가되면(양적변화) 헬륨이라는 새로운 원소가 생겨난다(질적변화). 그러나 이 때의 새 원소는 입자의 수의 단순한 증대에 의하여 생긴 것이 아니고 늘어난 입자에 의한 새로운 구조에 의하여 생긴 것이다. 양의 변화에만 의해서 질의 변화가 온 것이 아니라 구조의 변화에 의해서 질의 변화(새로운 원소)가 온 것이다. 그리고 질적변화가 반드시 급격하게 파국적으로 나타난다는 것도 사실이 아니다. 즉 양적변화의 점차성이 반드시 돌연히 중단되어서 질적변화가 온다는 것은 전연 사실과는 다르다.

마르크스는 다음과 같은 예로서 점차성의 중단을 증명하려 하였다. 즉 물이 100도가 되면 끓고, 빙점이 되면 얼고, 또 새끼줄에 물건을 매달고 그 중량을 더해 가면 끊어지고, 한도를 넘어서 압축된 증기가 기관을 폭파시키는 등의 예이다.

물론 이러한 실례들은 점차성의 중단임에 틀림없다. 그러나 이들은 발전과는 아무런 관계가 없는 현상이다. 사회발전의 이론적 기초를 세우기 위해서 발전과는 아무런 관계도 없는 현상을 예로 든다는 것은 자가당착에 불과하다. 자연계의 발전은 모두 조화로운 점진적 발전이어서 마르크스의 이론을 뒷받침해 주는 현상이라곤 하나도 없다.

그리고 발전이 아닌 이러한 현상에 있어서 그러한 중단 없이도 질적변화가 일어난다. 예를 들면 서서히 물을 가온해 갈 때 그것이 끓지 않고도 수증기가 되는 것, 사시(四時)의 변화, 인생의 유년부터 소년, 청년, 노년으로 바뀌는 것, 식물에서 열매가 여는 것 등이 모두 그것이다. 이와 같이 돌변적인 과정을 거치지 않고 점차적 연속적인 과정을 거치는 질적변화가 얼마든지 있는 것이다. 그럼에도 불구하고 마르크스는 왜 질적변화가 반드시 점진성의 중단, 비약적인 파국을 거쳐야만 발전이 온다고 하였는가? 그것은 앞에서도 말한 바와 같이 그의 철학이 파국적인 폭력혁명을 합리화하기 위한 것이기 때문이다.

질적변화에 대한 대안

그러면 다음에 질적변화에 관해서 원리적으로 설명해 보기로 하자. 이미 누차 말한 바와 같이 모든 발전과 변화의 현상은 주체와 대상의 수수작용에 의하여 이루어진다. 그런데 발전과 변화에 있어서 질적변화가 양적변화에 기인한다는 것은 변화가 동시적일 때는 일단 타당하다고도 볼 수 있을 것이다. 그러나 마르크스는 양적변화가 선차적이요, 질적변화는 후차적이라는 의미로써 양변화의 관계를 설명하고 있다. 그리고 선차적으로 일어나는 양적변화 그 자체는 무엇에 의해서 일어나는가를 설명 못 하고 있다. 그리고 질적변화는 물리학적인 의미의 양적인 대소의 변화, 경중의 변화 또는 강약의 변화에 의해서보다도, 위에서 말한 바와 같이 구조적, 형태적인 변화에 의해서 오는 것이 더 사실이기 때문에 그런 점에서 마르크스의 양의 개념은 심히 애매하다 할 것이다.

마르크스가 양·질의 개념으로써 표현하려 했던 내용은 원리적으로는 형상과 성상에 해당한다 할 것이다. 사물에 있어서의 형상은 형태 구조 크기 등 질료적 외형적 측면을 말하며 성상은 그 사물의 성질 기능을 말한다. 그런데 사물의 발전에 있어서 형상이 먼저 변하고 그 후에 2차적으로 성질이 변화하는 것이 아니고 양자의 변화는 전부 동시적인 것이다. 병아리가 부화하는 과정에 있어서 배자의 성장(형태와 구조의 변화)과 동시에 그리고 성장과 평행하여서 배자의 질이 달라져 가서 드디어 병아리의 형태의 완성과 동시에 병아리의 성질도 완성되는 것이다. 그 이유는 원래는 이념적 또는 무형으로 있던 그 성질의 원형(즉 성상)이 현실적 물질적인 기반을 통해서 나타난 것이 사물의 성질이기 때문이다.

예컨대 병아리의 현실적인 생태학적 성질이 있기 전에 계란의 단계에서 그 성질의 원형(즉 원리)이 이념적으로 존재하였던 것이다. 이러한 이념적인 원형이 있었기 때문에 그 원형대로의 병아리의 구체적인 성질이 나타나는 것이다. 이러한 관계는 형태 구조에 있어서도 동일하다. 즉 구체적인 병아리의 형태가 나타나기 전에 계란의 단계에 이미 그 병아리의 형태의 원형이 이념적으로 존재하였던 것이다. 이러한 이념적인 형태의 원형과 성질의 원형이 현실적으로 나타남에 있어서 형태의 원형은 물질적인 실물의 구조와 형태로 나타나고 성질의 원형은 동시적으로 이 물질적 기반을 터로 하고서 구체적 현실적인 성질로 나타난다.

변화와 발전에 있어서의 이러한 측면은 원리에서는 '성상 형상의 변화(발전)의 법칙'이라고 불린다. 그리고 발전이 대립물의 투쟁에 기인함이 아님은 이미 말한 바이지만 질적변화가 직접적으로 대립물의 우열관계의 변화에 의하여 나온다는 것도 그들의 폭력혁명을 합리화하려는 책략적 표현에 불과하며 진실이 아니다. 양적 형태적 변화나

질적변화는 모두 공동목적을 중심한 주체와 대상의 원만한 수수작용에 의해서 이루어지는 것이며 주체와 대상에 물론 주종관계는 있지만 발전에 있어서 반드시 주종관계가 변화하는 것은 결코 아니다.

계란에 있어서 배자는 처음부터 주체였고 껍질이나 내용물은 처음부터 대상이 되었던 것이다. 그것은 배자는 생명을 갖고 있지만 껍질이나 내용물은 생명을 지니지 않기 때문이다. 원자에 있어서도 수소, 헬륨, 리튬 등으로 원소가 변화하더라도 양자는 어느 때나 주체요, 전자는 어느 때나 대상인 것이다. 다음에 발전에 있어서의 점차성의 중단과 돌연한 비약을 통해서 질적변화가 나타난다고 한 것도 전연 진실이 아닌 것이다. 발전에 있어서의 변화는 양적으로나 형태적으로나 질적으로 모두 조화적 점진적 평화적인 것이며 절대로 돌발적 파괴적인 것이 아니다.

② 발전의 전진성

변증법에 의하면 어떤 과정에 있어서 모순이 있을 때는 반드시 그 발전은 어떤 방향을 가진 운동, 즉 전진운동을 일으킨다는 것이다. 그리하여 한 단계에서 다른 단계로 전진하여 간다. 예를 들면 종자(씨)에 있어서 배아는 발전하여 싹→줄기→가지→꽃→열매 등의 여러 단계를 거치면서 전진해 나아간다. 물론 변증법은 방향 없는 운동 또는 반복하는 운동을 시인한다. 예를 들면 물이 증발하여 수증기가 되었다가 다시 냉각되어서 물이 된다. 이 운동은 언제나 일정형식을 되풀이하는 반복운동이다.

그러면 이러한 전진운동과 반복운동의 차이는 어디서 생기는가? 이에 관하여 헤겔은 자연의 제 과정은 모두 방향을 갖지 않는 것인데 거기에 정신 또는 의식이 작용함으로써 그 운동은 방향을 취하게 된다고 하였다. 그러나 변증법적 유물론은 정신도 자연의 산물로 보기 때문에 이러한 견해를 반대한다. 예를 들면 인간(정신)이 생겨날 때까지의 생물학적 진화는 방향을 가진 전진적 진화였으며 지구가 생겨날 때부터 오늘에 이르기까지의(즉 정신의 발생 이전의) 자연의 역사도 방향을 가진 발전의 역사였다는 것이다.

변증법은 전진운동과 반복운동과의 차이의 원인을 다음과 같이 본다. 어떤 변화과정에 있어서 양적변화의 본질적 원인이 그 과정의 내부에 있고 그것이 또 영구적일 때에는 그 운동은 방향성을 갖게 되고, 그렇지 않고 양적변화가 다만 외부적 원인에만 기인할 때는 그 운동은 방향성을 갖지 못한다는 것이다(모리스 콘포스 '변증법적 유물론' 일역 이론사). 예를 들면 계란에서 병아리가 되는 변화는 계란 내부의 배자가 본질적인 원인이 되고 외부에서 가해지는 온도는 조건적 원인에 불과하기 때문에 발전운동으로 나타난 것이다. 물의 증발의 경우는 물 자체 내에는 본질적 원인이 없고 다만 외부에서 가해진 열(외래적 원인)에만 의하는 것이기 때문에 물이 수증기가 되는 변화는 방향 없는 운동이라는 것이다.

발전의 전진성에 대한 대안

이것은 일리 있는 견해같이 보이지만 그러나 이러한 주장은 양적변화(사실은 형태적 구조적 변화)의 본질적 원인이 내부에 있을 때 왜 전진운동 방향운동이 생기는가를 해명하지 못하고 있다. 그리고 물의 증발의 경우 열이 본질적 원인이라는 것도 납득이 가지 않는다. 왜냐하면 물 내부의 분자력의 변동이 증발의 직접적 원인이 되기 때문이다.

그러면 원리로 볼 때 운동의 방향성은 어디에 기인하는가? 그것은 생명력에 기인한다. 한 과정 속에 있는 주체나 또는 주체와 대상의 양자가 생명력을 지녔을 때 그 운동은 방향을 갖게 된다. 왜냐하면 생명력으로 말미암아 그 운동이 목적을 가진 운동이 되기 때문이다. 발전이란 결국 목적을 지향하여 나아가는 운동과정이다. 그러므로 발전운동에는 그 목적을 지향하는 요소가 있어야 할 것이니 그것이 바로 생명력일 것이다. 변증법적 유물론은 생명을 물질운동의 한 형태로 보고 생명력은 무생명의 물질이 일정 단계에 발전했을 때 그 발전의 결과로 나타난다고 주장하고 있으나 통일원리는 생명을 잠재적인 의지(즉 원리 자체의 자율성)로 보기 때문에 생명운동과 물질운동은 그 질이 전연 다르다고 본다.

생명운동은 물질운동의 한 형태가 결코 아니다. 생명운동에는 능동적인 목적이 있으나 단순한 물질운동에는 그러한 목적이 있다. 계란 속의 배자는 생명력을 지니고 있기 때문에 진화(발전)할 수 있으나 무정란은 생명력이 없기 때문에 아무리 가온(加溫)하여도 부화하지 않는다. 그러면 물의 증발은 왜 방향성이 없는 반복운동을 지속하는가? 공산주의는 물의 증발은 외래적 원인(열)에만 기인한다고 하였으나 그것은 참이 아니다. 물의 내부에 도리어 증발의 직접적인 원인이 있으니 분자력이 바로 그것이다. 그러면 물의 내부에도 계란에서와 마찬가지로 본질적 원인이 있음에도 불구하고 왜 그 변화(증발)에 방향성이 없는가? 그것은 그 내부의 원인에 생명력이 없기 때문인 것이다.

이와 같이 무기물에는 생명력이 없기 때문에 무기물 그 자체는 발전하지 못한다. 그러나 아무리 무기물이라 할지라도 그것은 보다 더 포괄적인 생명운동에 끌려 들어가게 되면 그 운동도 방향성을 갖게 된다. 예컨대 식염(nacl)과 같은 무기물은 그것이 인체 내에 섭취되면 체내에서의 화학작용은 체외에서의 작용과는 달리 인체 생명을 유지하는 방향으로 진행되는 것이다. 즉 방향성을 가진 변화를 나타내는 것이다. 우주는 그 배후의 우주적 의지에 의하여 지탱되고 있는 하나의 거대한 생명체다. 그러므로 비록 이 우주는 대부분 무기물로 구성되어 있을지라도 그 무기물이 우주의 목적인 생명운동에 동참하고 있기 때문에 오늘날까지의 전 우주의 역사는 발전의 역사였던 것이다. 이것을 종교적으로 표현하면 우주사는 우주의 만물이 창조의 과정에 끌려들어서 방향운동을 전개해온 창조사였던 것이다.

③ 발전의 회전성

변증법에 있어서 또 하나 중요한 것은 '부정의 부정'의 문제이다. 한 사물은 그 발전이 진행되는 동안 이중으로 부정되어 일층 높은 단계로 옮아간다는 것이다. 그런데 여기서 유의해야 할 것은 이중의 부정에 의해서 사물은 출발했던 처음 단계로 다시 돌아간다는 것이다. 예를 들면 닭의 부정은 계란이요, 계란의 부정은 또 닭이 되니 처음 위치로 다시 돌아온 것이다. 이중 부정에 의한 이 같은 복귀운동은 자연계의 발전뿐 아니라 인간사회의 발전에도 나타난다는 것이다. 즉 시초에는 무계급사회인 원시공산사회에서 그것이 부정으로서 계급사회가 생기고, 이 계급사회가 여러 단계를 거치는 동안 또다시 부정되어서 다시 무계급사회인 공산주의사회가 된다는 것이다. 그런데 이러한 원단계의 복귀는 원수준 그대로의 복귀가 아니라 발전된, 즉 한층 높은 수준으로의 복귀라는 것이다. 그러므로 레닌도 부정의 부정은 '이미 경과한 여러 단계를 반복하는 것처럼 보이지만 그러나 이전과는 다른 일층 높은 기초 위에 반복되는 발전, 직선적으로 되는 발전이 아니라 말하자면 나선상(螺旋狀)으로 되는 발전(레닌 '칼 마르크스' 岩波文庫 26면)'이라고 하였다.

발전의 회전성에 대한 대안

그리하여 공산주의도 모든 운동이 돌아가는 운동임을 인정함으로써 창조의 '회전운동의 법칙'을 무의식 중에 긍정하고 있는 것이다. 그러나 그들은 그러한 회전운동이 왜 일어나는가를 알지 못한다. '부정의 부정'이 왜 꼭 돌아가는 방향을 취하는지 그들은 밝히지 못하고 있다. 닭의 부정인 계란이 재차 부정됨으로써 왜 또 닭이 되는가? 계란이 또 부정되어 다른 것이 되지 않듯이 또 닭이 되게 되는 이유는 무엇인가? 또 원시사회인 무계급사회에서 지배와 피지배의 양 계급의 사회가 되었는데 그것이 부정되어서 왜 또 무계급사회가 되어야 하는가? A의 부정이 B라면 B의 부정이 C가 되지 아니하고 또다시 A가 되어야 하는 이유를 변증법은 밝히지 못하고 있는 것이다.

변증법의 이러한 미해결의 문제는 통일원리의 '회전(圓環)운동의 법칙'의 이론에 의해서만 그 해결이 가능한 것이다. 원리에 의하면 모든 피조물은 닮기의 법칙에 의하여 지음 받았다. 즉 피조물은 신의 이성성상을 닮아서 주체와 대상, 즉 상대물로 지음 받았는데 이 상대물은 신의 영존성까지도 닮아서 지음 받았기 때문에 그 영속성도 지니지 않으면 안 된다. 영속성을 지니려면 모든 존재는 서로 수수의 관계를 맺으면서 돌(回轉)지 않으면 안 된다. 원환운동, 회전운동이 없이는 어떠한 존재도 연속할 수 없다.

신 자신도 절대를 중심하고 이성성상이 됨으로써 그 영속성을 유지하고 있는 것이다. 그러므로 피조만물은 천체로부터 원자에 이르기까지 전부 돌고 있다. 그리고 그것은 공간적으로 돌 뿐 아니라 시간적으로도 돌고 있다. 시간적으로 돈다는 말은 동일한 시기 또는 시대가 반복된다는 뜻이다. 반복, 계대(繼代), 주기, 동시성시대 등이 그것이다. 이 시기상의 회전은 원 수준으로 환원이 아니라 새로운 수준으로의 복귀, 다시 말하면 나선형의 회전인 것이며 이것이 곧 자연과 역사의 발전인 것이다. 예를 들면 닭에서 알이 생기고, 병아리가 생기고, 병아리가 다시 닭이 되는 것은 그러한 원환운동을 통하여서만 닭이라고 하는 피조물의 영속성이 유지되기 때문이다. 나무에서 열매가, 열매에서 씨가, 씨에서 다시 나무가 생겨나는 것도 그러한 주기과정이 있어야만 그 나무의 존재가 영속되기 때문이며 또 역사가 주기성 또는 동시성을 띠게 되는 것도 그렇게 하여서만이 역사발전이 종말 없이 무궁히 계속되겠기 때문이다.

그런데 여기서 밝혀둘 것은 발전의 원환운동은 변증법에서 말하는 것처럼 결코 부정의 부정에 의하는 것이 아니라 여러 단계의 수수작용에 의하여 된다는 것과 한 단계에서 다른 단계로 옮아가는 것은 전술한 계란의 예에서 본 바와 같이 조화로운 긍정적인 이행이며 결코 부정적인 투쟁에 의한 것이 아니라는 것이다. 그리고 또 한 가지 명백히 해둘 것은 타락한 인류사회의 발전은 창조본연의 원환운동이 아니라 타락 전 상태를 회복하기 위한 복귀운동이라는 것이다. 따라서 오늘날까지의 인류역사는 본연의 발전사가 아니라 타락한 사회를 본연의 사회로 돌려놓기 위한 복귀섭리역사였던 것이다.

이상으로 변증법적 유물론에 대한 비판과 원리에 의한 그 대안을 끝마침에 있어서 비판과 대안의 이해를 돕기 위하여 유물론 및 변증법과 이에 대응하는 원리(수수법적 유일론)의 요점을 대조하여 보기로 한다.

변증법적 유물론	수수법적 유일론
1. 유물론에 있어서는 물질이 우주의 근원이며 정신은 물질의 소산이다. 제1원인 같은 것은 있을 수 없다.	1. 우주의 궁극적인 근원은 제1원인으로서 '에너지적 요소'와 심적요소를 그 속성으로 한 절대적 통일체이다(유일론). 그리고 정신은 물질의 소산이 아니며 양자는 근원적으로 볼 때 선후가 없다.
2. 정신은 물질에 의존하며 따라서 정신은 물질을 떠나서 독립적으로 존재할 수 없으나 물질은 정신을 떠나서 객관적 독립적으로 존재한다.	2. 나타난 정신과 물질은 각각 별개의 존재이나 서로 분리되어 있지 않으며 도리어 밀접하게 결합되어 있다. 그러나 사후에는 정신(영인체)과 물질은 분리된다.
3. 신과 영계는 존재하지 않으며 물질계만이 실재한다. 따라서 사후의 세계는 있을 수 없다.	3. 신과 영계를 인정하며 따라서 사후의 세계를 긍정한다. 그리고 물질계는 영적세계의 반영으로 본다.
4. 철학의 당파성을 주장한다. 즉 한 시대의 한 계급(지배계급 또는 피지배계급)의 이익에 봉사한 것으로 본다.	4. 철학은 반드시 당파성을 띤 것은 결코 아니며 결과적으로 한 계급의 이익이 되는 일은 있으나 철학 그 자체는 진리를 다루는 순수학문이어야 한다고 본다.
5. 철학의 당파성을 이유로 이론	5. 이론과 실천은 각 개인의 자유

과 실천을 대중에게 강요한다. 예컨대 무신론을 강요하며 신앙과 교회를 탄압한다.

6. 물질과 정신의 개념을 사회에 적용함에 있어서 생산관계를 물질에, 그리고 관념형태를 정신에 해당시키고 있다.

7. 공산주의 유물론은 인간을 고등동물로 보기 때문에 혁명과업 또는 당의 명령에 직접 간접으로 공헌한 자나 또는 이용가치가 있는 자에게만 편의상 인격 권리 자유 등이 허용된다.

8. 변증법에 있어서 사물의 발전은 반드시 그 내부의 대립물(모순)의 통일과 투쟁에 의하여 이루어진다(모순의 법칙).

9. 사물의 발전에 있어서 양적변화가 가중되어서 일정 단계에 이르면 파국적 비약적인 사태의

에 맡겨야 한다. 자기의 이론과 실천을 설득이 아닌 압력과 협박으로써 강요하는 것은 인간권리의 침해다.

6. 물질과 정신을 사회에 적용함에 있어서는 각각 경제재(유형재)와 의지(욕망)에 국한시켜야 한다. 생산관계에도 물질과 정신의 두 측면이 있으며 관념형태에도 그러한 두 측면이 있다.

7. 인간의 본심은 신으로부터 온 것이기 때문에 존귀하고 존엄하다. 인격 권리 자유가 존중되어야 하는 이유는 이 존엄성에 근거한 것이기 때문이다.

8. 수수법에 있어서는 사물의 발전은 반드시 그 내부에 있는 원리의 자율성과 상대물(주체와 대상)의 조화로운 수수작용에 의하여 이루어진다(상응의 법칙).

9. 사물의 발전에 있어서 성상은 물질적 조건(구조와 형태), 즉 형상을 터로 하고서 표현된다.

발생과 함께 질적변화가 일어난다. 따라서 양적변화가 먼저이고 질적변화가 그 나중이다(양적변화의 질적변화로의 전화의 법칙).	이것이 질(質)이다. 그러므로 구조와 형태와 질의 발전은 동시적이다(성상 형상의 발전의 법칙).
10. 발전에 있어서 사물은 반드시 그 내부에 부정적 요소(대립물)를 지니는 동시에 그 대립물로 전화한다. 이렇게 하여서 생성된 신개체는 다시 부정되어 더 새로운 개체가 된다(부정의 부정의 법칙).	10. 발전에 있어서 사물은 반드시 그 내부에 상대물(주체와 대상)을 지니고 있으며 두 요소는 공동목적하에 상호긍정 속에서 조화로운 수수작용에 의하여 새로운 개체를 낳는다(긍정적 성장의 법칙).

# 제4장
유물사관 및 그 비판과 대안

 유물사관(唯物史觀)은 역사를 이해하고 사회문제를 해결하는 데에 유물변증법(唯物辨證法)을 적용한 것이다. 이미 전장(前章)에서 본 바와 같이 변증법적 유물론에 의하면 물질은 정신보다 먼저 있으며 정신은 물질의 소산에 불과하다는 것, 그리고 사물의 발전은 모순(대립물의 통일과 투쟁)에 의하여 이루어진다는 것이었다. 그리고 그 발전은 평탄한 연속적인 것이 아니라 연속의 중단, 상태의 비약이 나타나는 질적변화라는 것이다. 이러한 그들의 철학적인 원칙을 역사발전과 사회현상에 적용한 것이 곧 유물사관 또는 사적 유물론(史的唯物論)이었던 것이다. 그리하여 사물의 발전이 대립물의 투쟁에 의하는 것처럼 인류역사는 계급과 계급의 투쟁에 의하여 발전해 왔다는 것과 정신이 물질의 소산인 것처럼 정치 법률 종교 철학 예술 등의 이데올로기 형태는 물질적 생산관계의 토대 위에 세워진 상부구조라는 것, 그리고 연속의 중단과 비약에 의하여 질적변화가 오는 것처럼 프롤레타리아의 계급투쟁의 질적변화인 혁명에 의하여 낡은 사회질서는 붕괴되고 새로운 사회인 사회주의사회가 도래한다는 것이 마르크스의 역사관이었던 것이다.

마르크스가 유물사관을 수립하게 된 동기는 앞에서도 말한 바와 같이 종래의 관념론적인 역사관(특히 독일의 관념론)을 타파하지 않고서는 프롤레타리아의 혁명을 승리로 이끌 수 없다는 것을 절감하게 된 데 있었던 것이다. 즉 유물사관은 변증법적 유물론과 마찬가지로 일체의 관념론적 사고방식을 분쇄하기 위한 무자비한 이론적 무기로서 출발하였다. 관념론은 역사를 변화와 발전의 면에서 보지 아니하고 언제나 정체와 불변의 면에서 이해했기 때문에 어느 시대에 있어서나 그것은 늘 지배계급의 착취와 억압을 은폐 또는 정당화함으로써 지배계급을 옹호하는 데 구실하여 왔다는 것이다. 예를 들면 고대의 대철학자 아리스토텔레스는 당시의 노예제도를 하늘이 명한 영원한 것이라고 하면서 그것을 찬양하였고 중세의 철학자 토마스 아퀴나스는 교황을 정점으로 하는 봉건사회를 천의(天意)에 합당한 것이라고 옹호하였으며 근대의 기계론자들은 자본주의를 변호하였던 것이다. 그들 간에는 이러한 반동적인 관념론을 분쇄하기 위하여 만들어낸 것이 유물사관이었다.

   유물사관의 내용을 요약하면 대략 다음과 같다.

   첫째는 사회발전의 합법칙성(合法則性)에 관한 것이다. 즉 사회는 객관적 법칙에 따라서 발전하며 그 법칙은 과학적으로 발견할 수 있다는 것이며,

   둘째는 생산관계에 관한 것으로 인간은 사회생활에 있어서 반드시 생산관계를 맺으며 이 생산관계는 인간의지로부터 독립되어 있고 또 생산력의 일정 단계에 조응한다.

   셋째는 토대와 상부구조에 관한 것으로 생산관계는 사회의 토대를 이루고 법률, 정치, 철학, 종교 등에 의한 견해와 기관은 이 토대 위에 세워지는 상부구조로서 이 상부구조는 모두 토대에 조응한다는

것이다. 그리고 토대와 상부구조를 '존재와 의식'으로 표현하며 "인간 의식이 그들의 사회적 존재를 결정하는 것이 아니라 사회적 존재가 그들의 의식을 결정한다."(마르크스 경제학비판 서언)는 것이다.

넷째는 생산력의 발전에 관한 것으로서 사회발전은 생산력의 발전에 기인하며 생산력의 발전에 대하여 생산관계가 질곡(桎梏)으로 화하게 되면 혁명이 일어난다는 것이다.

다섯째는 국가와 혁명에 관한 것으로서 국가는 지배계급의 권력기관이며 프롤레타리아의 계급투쟁이 승리하기 위해서는 국가권력을 탈취하지 않으면 안 된다는 것이다.

여섯째는 사회발전과 생산관계의 제 형태에 관한 것으로서 사회는 생산양식의 변천에 따라서 몇 개의 상이한 형태를 취해 왔는데 이것을 한마디로 말하면 사회는 무계급사회에서 계급사회로, 그리고 계급사회에서 다시 무계급사회로 발전한다는 것이다.

이상의 골자를 항목별로 먼저 설명하고 그다음에 통일사관에 입각하여 유물사관의 골자에 대한 비판과 극복을 시도하려고 한다.

제1절 사회발전의 합법칙성

1. 발전의 합법칙성이란

변증법적 유물론에 의하면 자연은 항상 변화하고 발전하는 과정에 있으며 이 변화와 발전은 언제나 일정한 객관적 법칙을 따르고 있고 또 그 법칙은 과학적 방법으로써 발견할 수 있다는 것이다. 예를 들면 물체운동은 운동법칙, 습성법칙, 중력법칙 등을 따르고 빛의 흐름은 굴절, 반사, 간섭 등의 제 법칙을 따르고 유체(流體)는 유관(流管)에서는 연속의 법칙을 따르고 기체는 압력을 받을 때는 보일·샤를의 법칙을 따른다. 그리고 이 모든 법칙은 과학적 방법에 의하여 발견된 것이다. 또 변증법에 의하면 이러한 자연의 제 법칙 외에 또 자연현상이 필연적으로 따라야 할 또 하나의 법칙이 있으니 그것이 인과법칙이다. 그러므로 자연법칙을 설명하는 데 있어서 마르크스는 신이나 초자연력의 간섭을 인정하지 않는다. 그와 마찬가지로 역사적, 사회적 제 문제를 다룸에 있어서도 이 같은 비물질적인 신비력의 간섭을 부인하고 자연의 발전과 마찬가지로 사회발전도 객관적 물질적 법칙(예를 들면 경제적 발전법칙)에 따라서 되며 그 법칙도 과학적으로 발견할 수 있다는 것이 유물사관의 견해이다.

그런데 자연법칙, 예컨대 중력의 법칙이나 굴절의 법칙은 인간 의식이나 의지로부터 독립하여서 작용하고 있다. 인간이 그것을 원하거나 원치 않거나 간에 그것은 변함없이 작용하고 있다. 그와 마찬가지로 사회발전에 있어서의 제 법칙도 인간의 의식이나 의지로부터 독립되어 있다. 따라서 거기에는 반드시 결과를 일으키는 원인이 있고 원인에 뒤따르는 결과가 있다. 즉 인과법칙이 작용하고 있다. 그리고 이 인과법칙이 물질적인 원인과 결과만을 인정하는 물질적인 인과법칙임은 물론이다. 관념론적 견해처럼 초자연력의 간섭을 인정한다면 이러한 인과법칙이 무시되며 따라서 역사발전의 합법칙성을 인정할 수 없게 된다는 것이다.

2. 합법칙성이 의미하는 것

그러면 사회발전이 객관적 법칙을 따른다는 것은 구체적으로 무엇을 의미하는가?

첫째로 그것은 사회 내의 모든 사건과 현상은 반드시 어떠한 물질적인 원인이 되는 사회적 조건이 갖추어졌을 때에만 발생한다는 것을 의미한다. 예컨대 로마제국에서의 기독교 전수는 그 근본원인이 기독교도들의 신앙력이나 전도열에 있는 것이 아니라 그 당시의 로마 사회의 여러 가지 혼란된 물질적·사회적 조건에 있었던 것이다. 또 근대의 서구의 자유주의 사상의 발생도 인간의 심령적인 각성에 그 원인이 있는 것이 아니라 인간의 각성을 불러일으켰던 사회적 제 조건이 그 원인이었다고 보는 것이다.

둘째로 그것은 일단 생겨난 사회적 사건은 마치 자연현상이 인간의 의지를 떠나서 독자적으로 발전하듯이 사회적 사건도 인간의 희망이나 의향과는 관계없이 독립적으로 어떠한 결과를 낳는다는 것을 의미한다. 예를 들면 르네상스시대의 나침반의 발명이나 산업혁명을 일으킨 증기기관 방적기의 발명 등은 모두 그것들을 발명한 당시의 인간들의 예상이나 의향과는 전연 다른 결과를 가져왔다. 나침반의 발명자는 그것으로 신대륙이 발견되리라고는 상상도 못 하였으며 증기기관의 발명자는 그것이 산업혁명의 요소가 되리라고는 꿈도 꾸지 못하였다.

셋째로 그것은 역사적 제 사건의 양상이 유사할 때는 유사한 인과관계가 작용한다는 것을 의미한다. 역사적 대사건은 시대와 환경이 다를지라도 동일한 인과관계가 작용하고 있음을 발견할 때가 많은 것이다. 예컨대 일찍이 봉건사회를 타도하기 위한 자유시민의 혁명운동과 오늘날에 있어서 자본주의사회를 무너뜨리기 위한 노동자들의 혁명운동은 서로 시기와 환경은 다르지만 거기에는 동일한 인과관계가 작용하고 있으니, 즉 기존 사회체제가 생산력 발전에 대하여 질곡으로 화하였다는 것과 그 혁명운동의 결과가 새로운 경제체제를 성립시켰다는 점에 있어서는 양자가 유사하다는 것이다.

3. 자연의 발전과 사회발전의 차이

자연과 사회는 다 같이 객관적 법칙에 의하여 발전하고 있기는 하지만 양자 간에는 근본적인 차이가 있다. 사회의 발전은 인간의 의식활동의 결과인 것이어서 자연현상과는 그 양상이 전연 다르다. 인간이 어떤 견해, 관념, 목적, 구상 등의 의식을 가지고 활동하지 않는다면 사회는 발전될 수 없는 것이다. 의식활동의 근본동기가 물질적 조건에 있거나 정신적 조건에 있거나 간에 사회 발전의 직접적인 원인은 인간의 의식활동인 것이다.

엥겔스는 "자연에 있어서는 거기서 상호작용하는 것은 전혀 의식이 없는 맹목적 작용력이지만 사회의 역사에 있어서는 거기서 행동하는 자가 완전히 의식을 갖추고 사고 또는 감정을 가지고 행동하며 일정한 목표를 가지고 노력하는 인간뿐이다. 거기서는 의식적인 기도와 목표 없이는 아무것도 발생하지 않는다."('포이엘바하론' 岩波文庫 67면)고 하였다. 그런데 앞에서 사회발전은 객관적(물질적) 법칙을 따른다고 하였다. 그리고 사회발전의 직접적인 동기는 인간의 의식활동이었으니 결국 인간의 의식활동이 객관적 법칙을 따르지 않으면 안 된다.

그런데 인간의 의식활동이란 곧 주관적 활동이다. 그렇다면 사회발전에 있어서 그 주관적 활동이 어찌하여 객관적 법칙을 따르게 되는가? 이에 대하여 엥겔스는 "인간은 여러 가지 목적을 의욕하였지만 어느 것도 의욕한 대로 이루어진 일이 없다."(포이엘바하론 68면)고 하였다. 즉 인간의 주관대로는 되지 않았다는 뜻이다. 실제적으로 일어나는 결과는 의욕에 의하지 않았던 것, 즉 목적과 합치되지 않는 것이었다고 하였다. 예를 들면 봉건제도를 타도한 혁명을 보면 이에 참가한 노동자, 농민, 신흥 부르주아지들의 의도나 주관은 일체의 차별, 억압, 착취를 제거하고 자유와 평등을 찾자는 것이었다. 그러나 실제로 나타난 혁명의 결과는 이와는 달리 자본주의 제도였던 것이다.

4. 의식활동을 제약하는 인자

이와 같이 인간의 주관적 의식활동은 자신도 알지 못하는 사이에 보이지 않는 어떤 원인(객관적 법칙)을 따르며 어떠한 원인에 의하여 제약을 받고 있다. 그러면 그 제약인자는 무엇인가? 마르크스는 이것을 물질적 조건, 다시 말하면 환경과 물질적 이해관계, 즉 생산관계, 계급관계라고 보았다. 인간은 자기 마음대로 목적과 의도로써 활동하고 있지만 실제에 있어서는 이러한 물질적 사정에 구애(拘碍)되어 당초에 의도하였던 바와는 다른 방향으로 나아가게 된다는 것이다. 인간의 의식활동이 이같이 경제적 조건의 제약을 받게 되기 때문에 사회활동의 주동체는 물론 인간이라 할지라도 사회생활의 발전은 필연적으로 경제적 발전법칙, 즉 객관적 법칙을 따를 수밖에 없게 된다는 것이다.

그러면 인간의 의식활동을 제약하는 경제적 발전법칙은 과연 어떤 것인가? 그것은 생산력과 생산관계의 발전에 관한 일련의 법칙으로서 사회발전은 생산력의 발전에 기인한다는 것, 인간은 사회생활에 있어서 누구나 생산관계를 맺게 된다는 것, 그리고 그 생산관계는 생산력의 발전에 조응한다는 것, 만일 생산관계가 생산력의 발전에 대하여 질곡으로 화하면 혁명이 일어나서 새로운 생산관계가 성립된다는 것 등이다.

 이러한 법칙 때문에 인간의 의식활동은 제약을 받게 된다는 것이다. 예를 들면 봉건사회에서는 복종과 봉사의 정신이 숭상을 받았으나 생산력이 발전하여 자본주의사회가 되니 개인주의 사상이 판을 치게 되었다. 봉건적 사고방식을 가지고 있는 사람도 자본주의사회에서 살아가기 위해서는 그 사고방식을 누르거나 버리고 자유주의적 사고방식을 따르지 않을 수 없게 된다. 그리고 또 인간은 좋든 싫든 사회생활을 하기 위해서는 생산관계를 맺어야 하며 따라서 계급사회에서는 지배계급과 피지배계급 중의 어느 하나에 속하지 않을 수 없게 된다. 그러므로 인간은 직접 간접으로 계급투쟁에 말려들게 되며 따라서 의식은 그 때문에 제약을 받게 된다. 그가 만일 자본가 편이라면 싫더라도 자본주의사회를 옹호하는 방향으로 의식활동을 돌릴 수밖에 없으며 그가 만일 노동자 편이라면 어차피 노동자의 계급투쟁을 지지하는 방향으로 의식활동을 전개해야 한다는 것이다. 이러한 것이 인간의 주관적 의식활동이 경제적 제 법칙의 제약을 받는 예인 것이다. 마르크스는 관념론자들처럼 형이상학적인 방법을 쓰지 않고 자연과학적인 방법에 의하여 역사적 현실적 제 조건을 관찰·분석·연구함으로써 이러한 발전법칙을 발견하였던 것이다.

제2절 생산관계

1. 생산과 교환

 인간의 사회활동에 있어서 가장 기본적인 것은 생존을 위한 활동이다. 이것 없이는 인간은 다른 어떠한 활동도 불가능하다. 생존을 위한 활동은 인간생활에 있어서 불가결의 조건이다. 그런데 생존활동에 있어서 가장 중요한 것은 물질소비이다. 즉 식량 의복 주택 등의 생활자료를 소비하지 않고는 생존을 유지할 수가 없다. 엥겔스는 "인간은 정치 과학 예술 종교 등을 연구할 수 있기 전에 먼저 먹고 마시고 거주하고 의복을 입고 하지 않으면 안 된다."('마르크스의 장송에 제하여' 일역 선집 제17권 2면)는 단순한 사실 속에서 사회발전의 법칙의 열쇠를 찾았다고 하였다.

그런데 물질소비를 위해서는 먼저 물질획득이 선행되지 않으면 안 된다. 생활자료는 저절로 생기는 것이 아니기 때문이다. 그러면 이러한 생활자료를 어떻게 얻을 것인가? 그것은 생산과 교환을 통해서이다. 인간은 공동으로 생활에 필요한 것을 생산하고 그 생산한 것을 교환함으로써 그것을 얻게 된다. 그러므로 생산과 교환은 모든 사회생활의 기초가 되는 것이다. 엥겔스는 말하기를 생산과 교환이 일체의 사회제도의 기초이다. 역사에 나타난 어느 사회에 있어서도 무엇이 어떻게 생산되느냐, 또 생산물이 어떻게 교환되느냐에 의하여 생산물의 분배와 제 계급의 사회적 편성이 결정된다(엥겔스 '공상적 및 과학적 사회주의' 1892년 영역판 서론. 일역 백양사판 堺利彦 역 '공상에서 과학으로')고 하였다.

2. 생산양식과 생산관계

인간이 생활수단(생활자료)을 생산하여서 그것을 교환하는 방식을 생산양식이라고 한다. 그러므로 모든 사회는 일정한 양식이 그 기초가 되고 있으며 이 생산양식이 전체의 사회적 활동이나 기관의 성격을 궁극적으로 결정한다. 그리고 생산은 언제나 사회적인 것이다. 인간은 개인으로서는 자기의 생활자료 전부를 생산할 수는 없다. 사회의 성원 전체가 분야별 노동에 의하여 그 사회에 필요한 자료를 생산해서 각자에 필요한 물자를 상호교환함으로써 생활을 영위하는 것이다.

생산과 교환이 이처럼 사회적인 것이기 때문에 생산을 중심하고 인간은 서로 관계를 맺지 않을 수 없게 된다. 또 생산수단을 중심하고도 인간은 서로 관계를 맺게 된다. 이와 같이 생산과 생산수단을 중심삼고 맺어진 인간의 상호관계를 생산관계라고 부른다. 그리하여 사회적 생산에는 반드시 생산관계가 성립한다. 그런데 이 생산관계와 생산력은 생산양식을 결정한다. 즉 생산력과 생산관계의 발달 정도에 따라서 물건의 생산과 교환의 방법(생산양식)이 달라진다. 이런 관계를 요약하여서 "생산양식은 생산관계와 생산력의 통일체이다."라고 한다. 생산력이란 인간의 노동력(기술력)과 생산용구(노동도구)를 말한다. 생산활동을 위해서는 인간은 경험 기술 등의 노동력과 도구, 기계, 건물 등이 필요하다. 이것을 합쳐서 생산력이라고 한다. 이 생산력은 시대가 발달함에 따라서 발전한다.

3. 소유관계

그런데 생산관계에는 반드시 소유관계가 따른다. 왜냐하면 생산을 수행함에 있어서는 생산수단과 생산물에 대한 소유관계가 결정되지 않으면 생산이 불가능하게 되기 때문이다. 생산수단이나 생산물이 누구의 것이냐 하는 것이 법적으로 확정되어 있지 않으면 교환이 행해질 수 없고 따라서 생산도 행할 수 없게 된다. 그러므로 생산관계가 성립되기 위해서는 먼저 생산수단이나 생산물은 어떤 개인이나 집단의 재산이 되지 않으면 안 된다.

4. 생산력과 생산관계

생산력은 끊임없이 발전한다. 이에 따라서 생산관계도 변화한다. 즉 생산관계는 생산력의 발전에 조응하면서 변화한다. 즉 생산용구와 생산기술이 발달하면 이에 조응하면서 생산관계도 변화한다. 마르크스는 "사회적 제 관계는 생산력과 밀접히 결부되어 있다. 인간은 새로운 생산력을 획득함으로써 그 생산양식을 변화시킨다. 그리고 또 생산양식, 즉 그들의 생활자료를 얻는 방법을 변경함으로써 그들은 일체의 사회관계를 변화시킨다."('철학의 빈곤' 국민문고 151면)고 하였다. 즉 예를 들면 생산력이 가내수공업이나 농경업의 단계에 머물러 있을 때는 봉건제적 생산양식(농사를 지어서 생활자료를 얻는 방식)과 봉건사회라는 생산관계(지주와 농노와의 인간관계)가 성립되었으나 생산력이 더 발전하여 대기계공업단계에 이르자 자본제적 생산양식(상품생산양식과 시장판매로써 생활자료를 얻는 방식)과 자본주의사회라는 생산관계(자본가와 노동자와의 인간관계)가 성립되었다. 이와 같이 생산력이 발전함에 따라서 생산관계도 발전한다. 스탈린도 "생산력의 여하에 따라서 생산관계의 여하도 결정되지 않으면 안 된다."('변증법적 유물론과 유물사관' 국민문고 126면)라고 하였다.

5. 생산력 및 생산관계의 발전과 인간의 의지

그런데 생산력과 생산관계의 발전은 인간의 의지와 계획에 상관없이 독자적으로 된다는 것이다(마치 자연의 법칙과 현상이 인간의 의지와는 무관계하게 전개되듯이). 즉 새로운 생산력이나 생산관계의 발생은 어느 누구의 의식적인 계획이나 의도의 결과로써 되는 것이 아니라는 것이다. 스탈린은 "새로운 생산력과 이에 조응하는 생산관계의 발생은……인간의 예정한 의식적인 활동의 결과로서가 아니라 자연발생적으로, 무의식으로 인간의 의지와는 독립적으로 생기는 것이다."('변증법적 유물론과 유물사관' 국민문고 45면)라고 하였다.

예를 들면 매뉴팩처(공장제 수공업)가 처음 시작되었을 때에 사업주는 새로운 생산력을 발전시킬 계획을 가지고 이것을 시작하였던 것이 아니다. 그는 목전의 이익을 위해서 매뉴팩처를 경영하면서 임금노동자를 한 사람 두 사람 고용하여 사업을 계속하다 보니 어느새 사업체가 커지고 생산력이 발전되어서 드디어 자본주의적 생산관계가 성립되었던 것이다. 사업을 시작한 사람은 이러한 결과를 전연 예상하지 못하였다. 즉 생산력이나 생산관계의 발전은 인간의 의지로부터 독립되어 자연발생적으로 된 것이었다. 그러나 이 같은 자연발생적 발전은 사회주의혁명이 일어남으로써 종결되고 그다음부터는 생산력이나 생산관계는 인간의 의식적인 결의와 계획에 의하여 변화되며 발달하는 것이다.

제3절 토대와 상부구조와의 관계

1. 토대(하부구조)와 상부구조

사회에는 언제나 토대(하부구조)와 상부구조가 있다.

토대(하부구조)는 경제적 제 관계, 즉 생산관계를 말함이요 상부구조는 그 토대 위에 세워진 건축물과 같은 여러 가지 견해와 기관을 말한다. 여기에서의 견해란 문자 그대로의 견해이니 즉 사상, 의견, 주장 등을 의미하며(예컨대 정치적 견해, 법률적 견해, 종교적 견해, 철학적 견해 등) 기관은 이 견해를 실천에 옮기는 장소를 말한다(예컨대 행정기관, 사법기관, 입법기관, 교육기관, 교통기관, 산업기관, 학술기관 등). 이 견해와 기관이 모두 상부구조라는 것이다. 사회생활의 제 분야, 즉 정치, 경제, 법률, 예술, 종교, 철학, 과학 등의 각 분야는 그 어느 하나도 인간생활에 없어서는 안 될 중요한 것임은 두말할 것도 없다.

그러나 그중에서 특히 중요하고 더 기본적인 것은 경제이다. 그러므로 유물사관은 경제관계, 즉 생산관계를 사회생활의 토대로 보고 그 외의 것은 모두 관념형태로서 이 토대 위에 세워진 상부구조라고 본다. 그러므로 인간은 의식주의 향상을 위해서 물질을 생산·교환하는 생활을 기초로 하고 그 터 위에 각종의 견해나 기관을 세우고 있는 것이다.

스탈린은 "토대란 주어진 발전단계에 있어서의 사회의 경제법칙이다. 상부구조란 사회의 정치적 법률적 종교적 예술적 철학적인 견해와 이에 조응하는 정치적 법률적 및 기타의 기관이다."('변증법적 유물론과 유물사관' 국민문고 142면)라고 하였다. 그리고 또 그는 다음과 같이 말하였다. "상부구조는 어떤 경제적 토대가 살아서 일하는 한 시대의 산물이다. 그러므로 상부구조는 오래 살아 있지 못하며 그 경제적 토대의 근절과 함께 근절되고 소멸한다"('언어학에 있어서의 마르크스주의에 대하여' 국민문고 145면).

2. 상부구조의 조응

상부구조도 물론 발전한다. 그러나 독자적으로가 아니라 토대의 발전에 따라서 이에 조응하면서 발전한다. 즉 생산관계가 발전하게 되면 그에 조응해서 그 토대 위에 특유한 여러 가지의 견해와 기관이 필연적으로 생기게 된다. 다시 말하면 상이한 토대에는 상이한 개념, 견해, 기관이 조응한다. 예를 들면 로마는 노예제도를 유지·강화하기 위하여 왕정을 폐지하고 원로원 귀족회 서민회 호민관 등의 제 기관으로써 공화제를 실시하였으나 노예반란 등 사회적 혼란이 심해지자 중앙집권적인 독재를 실시하고 전제적 기관을 발전시켰다. 그 후 로마제국이 무너지고 봉건제가 이에 대치되자 통치의 형태는 또 달라졌다. 국왕 제후 기사 등의 봉건적 주종관계는 봉건사회를 유지하는 지배적 형태이며 이 형태를 유지 강화하기 위한 제 기관이 또한 설치되었던 것이다. 그리고 자본주의사회는 또 자체의 체제를 유지하기 위하여 민주공화제, 의회제도, 입헌군주제 등을 수립하여 정치적, 경제적, 사회적 각종 기관을 발전시켜 왔다.

이상은 토대인 생산관계의 발전에 따라서 이에 조응하여 기관이 변천해온 일례인 것이다. 견해 관념의 변천도 마찬가지이다. 그리하여 토대가 달라짐에 따라 상부구조도 이에 조응하여 달라진다는 것이다. 스탈린은 "모든 토대는 거기에 조응한 특유한 상부구조를 가지고 있다. 봉건제도의 조직의 토대는 자신의 상부구조, 즉 자신의 정치적, 법률적 기타의 견해와 이에 조응한 기관을 가지고 있으며 자본주의의 토대는 자신의 상부구조를, 사회주의는 또 그 자신의 상부구조를 가지고 있다."('변증법적 유물론과 사적 유물론' 국민문고 43면)라고 하였다.

3. 생산력은 토대가 아니다

그런데 한 가지 유의해 둘 것은 상부구조가 세워지는 토대(하부구조)는 생산관계뿐이지 결코 생산력은 아니라는 것이다. 스탈린은 말하기를 "상부구조는 인간의 생산활동과 직접적으로는 결부되지 않는다. 그것은 간접으로 경제구조를 통해서 생산에 결부되는데 불과하다."('언어학에 있어서 마르크스주의에 대하여' 국민문고 147~148면)라고 하였다. 예컨대 자본주의사회하에서 동력기계가 발달하였다. 그러나 이 생산력의 발달이 그대로 자본주의사회의 전형적인 견해나 기관의 기초는 되지 못한다. 자본주의의 생산관계만이 그 기초가 된다. 만일 자본주의적인 생산관계가 폐지되고 사회주의적인 생산관계가 수립된다 하더라도 동력기계는 그대로 남게 된다(이것은 마르크스의 이론과는 다르다. 마르크스이론에 따르면 자본주의의 다음 단계의 생산력은 자본주의의 생산력보다 한층 더 발달한 것이 아니면 안 된다. 따라서 스탈린의 이 주장은 마르크스이론의 부정이라 아니할 수 없다). 그러나 관념이나 기관에는 변화가 일어나서 이 새로운 생산관계에 조응하는 새로운 견해와 기관이 생겨나는 것이다.

4. 사회적 존재와 인간의식

토대와 상부구조와의 관계는 철학에 있어서의 물질과 정신 또는 존재와 의식(思惟)과의 관계와 같다. 그러므로 마르크스는 '생산관계(토대)와 견해 기관(상부구조)'을 '존재와 의식'이라는 철학적 개념으로써 설명하기도 하였다. 그는 '경제학비판'의 서언에서 "인간의식이 그들의 사회적 존재를 결정하는 것이 아니라 사회적 존재가 그들의 의식을 결정한다."(岩波文庫版 13면)라고 하였다. 여기에서의 의식이란 견해와 기관을 뜻하는 것이며 사회적 존재란 생산관계를 말한다. 그러므로 사회적 존재가 인간의식을 결정한다는 말은 생산관계(토대)가 견해, 기관, 즉 상부구조를 결정한다는 말과 꼭 같은 것이다. 그만큼 마르크스에 있어서는 토대와 상부구조의 문제는 철학적 문제와 직결되는 것이다. 그러므로 여기서 이 '존재와 의식'의 문제를 좀 더 구체적으로 소개해 보기로 한다.

존재와 의식에 관한 관념론적 견해

앞에서 언급한 바와 같이 유물사관은 생산력의 발전과 생산관계의 변화는 인간의 의식으로부터 독립되어서 이루어진다는 것을 주장한다. 그러나 이와 반대로 관념론은 사회발전의 결정적인 요인이 사회의 견해(관념)나 기관이라고 주장한다.

관념론에 의하면 인간은 먼저 어떠한 견해를 발전시키고 그다음에 그 견해에 조응하는 기관을 세우고 이것을 기초로 해서 경제생활을 영위한다는 것이다. 예를 들면 일찍이 인간이 봉건적 예속관계를 타도한 것은 "인간은 평등이며 따라서 평등한 권리를 가져야 한다."는 관념이 먼저 있었기 때문이요, 또 사회주의가 러시아나 중국에 세워진 것은 자본가들의 착취와 억압을 제거하려면 생산수단을 사회화해야 한다는 관념형태(공산주의 사상)가 먼저 확립되어 있었기 때문이라는 것이다. 이러한 견해는 "물질보다 정신이 먼저이다. 따라서 물질은 정신의 지배를 받는다."라는 관념론적 철학에 기인함은 물론이다. 인간이 생활하려면 먼저 마음에 계획을 세우고 다음에 육신을 움직여서 생활을 영위한다. 사회발전에 있어서도 이와 같이 먼저 견해나 관념형태가 확립한 뒤에 이 견해에 따라서 기관을 세워서 경제적 조건을 개선해 간다는 것이 관념론적 사고방식이다.

존재와 의식에 관한 유물사관적 견해

이러한 관념론적 견해를 유물사관은 단호히 거부한다. 유물사관에 의하면 봉건사회가 타도된 것은 평등사상이 원인이 된 때문이 아니라 그러한 평등사상을 일으킨 사회적 조건이 원인이 된 때문이라고 한다. 오랫동안 합리적이요 편리하였던 봉건사회의 예속관계가 발전하는 경제적 조건과 합치하지 못하였으므로 신흥 상인이나 농민들은 부자유와 불평등을 느끼게 되어 이에 따라서 자유 평등의 관념이 생기게 되었던 것이다. 사회주의사회의 도래도 공산주의 이론 그 자체가 궁극의 원인이 아니라 공산주의 이론이 생겨나지 않을 수 없었던 자본주의 내부의 경제적 사회적 조건이 더 근본 되는 원인이었다. 즉 공산주의 이론은 자본주의 내부의 모순 대립 투쟁이 관념상에 반영된 것에 불과한 것이었다.[18]

이러한 관계는 비단 경제적 분야뿐 아니라 종교 철학 법률 예술 등의 분야에도 적용된다. 종교의 예를 들면 중세의 종말기의 프로테스탄트 대 구교와의 종교전쟁도 그것이 경제적 조건과는 관계없는 순전한 관념상의 싸움인 것처럼 보이지만 그것 역시 생산관계에 기조를 두고 있는 것이다. 새로운 신앙의 출현도 새로운 사상의 출현과 마찬

---

18) 이러한 주장은 그럴듯하지만 사실이 아니다. 사회적 경제적 조건은 견해(사상)를 규정하는 원인이 아니라 단순한 동기에 불과하며 진정한 원인은 보다 잘 살려고 하는 인간의 생래적(生來的) 욕망인 것이다. 이 욕망이 주체적 원인이 되고 사회적 조건이 대상적인 보조적 원인(동기)이 되어서 구체적인 견해가 형성되는 것이다. 상세한 것은 '비판과 그 대안'에서 말할 것이다.

가지로 새로운 생산관계를 새로운 계급관계의 성립의 결과라고 보는 것이다. 그리하여 봉건제도를 유지하려는 세력과 이것을 타도하려는 세력(신흥 부르주아지)과의 충돌이 종교면에 반영된 것이 종교전쟁이었다는 것이다.[19]

그리하여 인간의 관념 사유 세계관이 먼저 변화하고 그 후에 이에 따라서 물질적 조건이 변화하는 것이 아니라 물질적 조건이 먼저 변화하고 이에 따라서 그 후에 인간의 사유가 변한다는 것이다. 마르크스와 엥겔스는 '공산당선언'에서 "인간의 생활관계, 그들의 사회관계가 그들의 사회적 존재가 변함과 함께 인간의 관념, 견해, 개념 즉 인간의 의식도 변화한다는 것을 이해하는데 우리는 깊은 통찰이 필요할 것인가?"(岩波文庫 66면)라고 하였다. 그리하여 만약 관념론적 견해, 즉 이데올로기 형태가 사회 발전을 결정하는 요소라고 하는 견해를 시인한다면 사회현상을 과학적으로 인식할 수 없게 되어서 사회과학의 가능성 그 자체가 부정되어 버린다는 것이다.[20]

---

19) 이것도 사실이 아니다. 참되게 살려는 인간의 기본욕망이 바른 신앙을 가지려는 현실적 욕망을 낳았으며 이 현실적 욕망의 방향이 신교와 구교에 있어서 서로 반대되었던 것이다. 이 정반대의 욕망(의지)이 사회적 경제적 조건을 기반으로 하고 충돌한 것이 바로 종교전쟁의 시작이었다. 어디까지나 욕망이 주체적 원인이고 사회적 조건은 대상적 보조원인에 불과하다. 뒤의 비판에서 상세히 말할 것임.

20) 이것도 거짓말이다. 사회과학은 사회법칙의 학(學)이다. 그런데 사회법칙은 물리적 법칙이 아니라 심리적 및 섭리적 법칙인 것이다(후술). 인간의 욕망과 신의 섭리가 일정한 법칙에 따라서 역사를 꾸며 왔다. 물질적 조건은 이러한 법칙에 의한 역사발전을 돕는 보조수단에 불과하다. 역사발전에 있어서 보조수단도 중요하지만 욕망과 섭리의 법칙은 더욱 중요하다. 물질의 법칙은 자연계에만 작용할 뿐 역사발전에는 결코 작용할 수가 없다. 역사는 인간과 신이 꾸며 왔기 때문이다.

5. 사회발전의 특수성과 의식의 능동성

그러나 이미 본 바와 같이 "사회의 발전은 자연과 달라서 거기에는 활동하는 자는 완전히 의식이 부여되고 사고 또는 정열을 지니고 행동하는 인간"(엥겔스 '포이엘바하론' 岩波文庫 67면)인 것이다. 그러므로 사회의 견해나 기관은 비록 그 토대는 생산관계라 할지라도 직접적으로는 인간의 사고와 의지의 산물, 즉 의식의 산물인 것이다. 따라서 견해나 기관의 발전은 인간의 의지와 무관계하게 독립적으로 될 수 없는 것이다. 다시 말하면 견해나 기관의 발전을 직접적으로 좌우하는 것은 물질적 조건이기보다 더욱 인간의 의식이나 관념인 것이다. 그러므로 계급투쟁도 결국 사상투쟁이기 때문에 그 투쟁의 형태와 규모를 규정하는 요인은 경제적 조건이기도 하지만 보다 더 의식인 것이다.

그러므로 엥겔스도 "경제상태가 토대이기는 하지만 상부구조의 여러 가지 요인도 역사적 투쟁의 경과에 그 작용을 미침으로써 그것이 투쟁의 형태를 결정할 때도 많은 것이다."('J 브록흐에의 편지' 일역 포이엘바하론 국민문고 87면)라고 하였다. 그뿐만 아니라 그는 또 다음과 같은 점을 상소하고 있다. 한 시대 한 국가가 취하는 정확한 형태는 그 국가의 경제적 제 조건만 가지고는 설명할 수 없다. 경제적 영향도 있으나 그 나라의 특유한 여러 요소 즉 국민성 전통, 그 지도자의 개성, 그리고 특히 그 나라의 과거의 역사를 들 수 있다는 것이다. 예를 들면 법개념이나 법전은 경제적 조건의 직접적 산물로서 생기는 것이 아니라 과거시대에 속하였던 기존의 법개념이나 법전을 새 시대에 맞도록 새로이 개장(改裝)한 것이라고 하였다(모리스 콘포스 '사적 유물론'에서 재인용). 이와 같이 경제적 토대는 견해나 기관의 형태의 기본적 요인일 뿐이고 그것의 직접적 요인은 어디까지나 의식 관념이었던 것이다.[21]

6. 의식의 피제약성

그럼에도 불구하고 견해와 기관의 궁극적 요인은 역시 경제적 조건인 것이다. 경제적 토대 없이는 어떠한 견해나 기관도 그 형태를 구체적으로 취할 수가 없는 것이다. 의식 그 자체가 생산관계의 발전에 계약되어 있기 때문이다. 마르크스와 엥겔스는 "인간은 그들의 표상(表象)이나 사상의 생산자이다. 그러나 인간은 그들의 생산력과 이에 조응하는 생산관계의 일정한 발전에 제약되어 있는 현실의 활동적인 인간이다."('도이치 이데올로기' 국민문고 1면)라고 하였다. 즉 인간이 아무리 임의로 사상이나 관념을 가졌다 하더라도 그 사상 관념의 내용은 생산관계를 기초로 한 그 시대와 그 환경을 벗어날 수 없는 것이다. 인간은 자신도 알지 못하는 사이에 시대와 환경의 제약을 받고 있다. 그리하여 '사회적 존재가 인간의 의식을 결정한다.'는 명제는 의연히 타당한 것이다.[22]

---

21) 엥겔스의 이 이론은 자가당착이다. 토대의 산물인 상부구조(의식)가 한 시대 한 국가의 정확한 형태를 규정한다는 것은 상부구조가 새로운 토대를 결정할 수 있다는 말이니 이것은 정신이 물질을 낳을 수 있다는 것과 같은 뜻이기 때문이다. 그는 무의식 중에 유물론의 파탄을 자인하고 있다.

22) 앞에서는 경제적 조건만 가지고는 한 국가의 정확한 형태를 규정할 수 없으며 인간의 의식이 국가 형태(새로운 생산관계)를 결정할 수 있다고 해놓고 여기서는 그 의식이 생산관계의 지배를 받기 때문에 임의의 계획(예컨대 새 국가 형태의 규정)을 달성할 수 없다고 하니 그들은 반대되는 두 가지 말을 한 입으로 하고 있는 것이다. 이런 것이 공산주의 이론의 속임수임을 알아야 할 것이다.

7. 상부구조의 역할

끝으로 강조하여 둘 것은 상부구조의 역할이다. 이에 관하여 스탈린은 다음과 같이 말하였다. "상부구조는 생겨나면 최대의 능동적인 힘이 되어서 자기의 토대가 형성되고 견고히 되도록 능동적으로 협력한다……상부구조가 토대에 의하여 생겨난다는 것은 토대에 봉사하기 위해서이며, 토대의 형성 강화를 능동적으로 돕기 위해서이며, 수명이 다한 낡은 토대를 그의 낡은 상부구조와 함께 근절하기 위하여 능동적으로 싸우기 위해서이다."('언어학에 있어서의 마르크스주의에 대하여' 국민문고 143면)라고 하였다. 인간이 일정한 생산관계를 맺지 않고서는 문화생활을 영위하기 어려운 것처럼 생산관계도 또한 적당한 견해나 기관 없이는 그 자신을 유지 강화하기는 어려운 것이다. 즉 일정한 생산관계를 유지·강화·발전시키려면 우선 정치적 및 법률적 견해와 기관으로 되는 상부구조가 필요하다.

예를 들면 로마의 노예 제국(노예제적 생산관계)을 강화시키기 위해서는 군주제 공화제 중앙집권제 등의 제도(법률)가 필요하였고, 봉건제적 생산관계를 유지 강화시키기 위해서는 국왕 제후 기사 등의 주종관계와 장원제도가 필요하였고, 자본주의 체제를 유지하기 위해서는 민주공화제 의회제도 입헌군주제 등의 제도(법률형태=상부구조)가 필요하였던 것이다. 생산관계의 유지에 필요한 상부구조는 정치적 법률적 견해뿐 아니라 종교 철학 문학 예술 등도 그에 못지않게 필요하다. 철학을 예로 들면 고대 그리스의 노예제도를 유지하는 데 아리스토텔레스의 노예의 숙명설이 필요하였고, 로마의 노예제를 무너뜨리고 봉건제를 수립하는 데는 어거스틴의 신국론 사상이 필요하였고, 중세의 봉건제를 유지하기 위해서는 토마스 아퀴나스의 히에라르키 사상이 필요하였고, 자본주의사회를 이룩하기 위해서는 기계론적 유물론에 입각한 개인주의적 자유주의 사상이 필요하였던 것이다. 이와 같이 모든 상부구조는 일단 토대에 의하여 생겨나면 그 전 기능을 다하여서 토대의 유지·발전에 기여한다는 것이다.[23]

제4절 생산력의 발전

1. 생산력의 발전이란

생산력이란 생산용구(노동도구)와 인간의 노동의 능력을 말한다. 역사의 진전과 함께 생산용구와 노동력은 항상 변하여 왔다. 생산용구는 처음의 원시적인 유치하고 조잡한 석기로부터 오늘날의 정교한 기계에 이르기까지 역사와 더불어 발전해 왔고, 노동력 또한 이와 함께 향상되어 온 것이다. 노동력이란 노동에 있어서의 기술과 숙련을 말하는 것으로서 생산용구의 개량 발전과 더불어 경험의 집적(集積)에 의하여 이러한 노동력은 점차로 발전해 왔던 것이다. 이와 같이 생산력은 역사의 발전과 더불어 변화하며 발전해 왔다.

---

23) 스탈린에 있어서는 상부구조는 자신이 세워진 토대에 대하여는 크게 봉사하지만 새로운 생산관계의 출현을 위해서는 자신의 토대와 함께 근절되지 않으면 안 된다(전술). 그러나 엥겔스에 있어서는 상부구조(의식)는 때로는 새로운 국가형태(새로운 생산관계)를 결정할 수 있다. 같은 공산주의자이면서 이론이 다르니 그들의 유물사관이론은 처음부터 금이 가고 있는 것이다.

2. 생산력 발전의 원인과 동기

그러면 생산력 발전의 원인은 무엇이며 또 그 동기는 무엇인가? 생산력이 어떻게, 그리고 왜 발전하였는가? 이에 관하여 마르크스는 명확한 해답을 하지 않고 있다. 그는 "생산력은 자기 스스로 발전한다."고 하였는데 이러한 발전이 구체적으로 어떠한 발전인지 해명하고 있지 않다. 모든 발전은 반드시 변증법적이라는 것이 마르크스의 주장인데 생산력의 발전에 관해서 변증법적인 설명이 없다는 것은 심히 의아스러운 일이다. 이시첸코는 "생산력 발전의 원인은 이들 노동과정의 내적 특성 속에서 구해야 한다.……일단 생산력이 발생하자마자 그것은 내적 변증법에 의하여 발전된다. 생산력 발전의 힘이 되는 것은 내용과 형식으로서의 생산력과 생산관계와의 변증법적 교호작용(交互作用)이다. 생산력은 항상 일정한 사회형식(……일정한 계급내용을 가진) 속에서 작용하고, 생산관계의 어떤 형식 속에서 작용한다."('철학사전' 白孝元 역 개척사관)고 변증법적 해명을 시도하였는데 과연 타당한 설명인지 의심스럽다.

다음은 생산력 발전의 동기(이유)에 대해서 알아보자. 이에 관해서도 구체적인 설명을 찾아볼 수 없다. 그러므로 그것을 암시하는 구절을 몇 개 인용하여서 추리해 보기로 한다. 마르크스에 의하면 생산활동은 자연에 대한 투쟁으로부터 시작된다. 즉 자연을 지배하는 일을 하는 데서부터 생산활동이 시작된다. 마르크스는 "인간은 자연질료 그 자체에 하나의 자연력으로서 대응한다. 그는 자연질료를 그 자신의 생활을 위해서 쓸 수 있는 형태로 취득하기 위하여 자기 자신에 속해 있는 자연력인 팔, 다리, 머리, 손을 운동시킨다. 그는 이 운동으로써 그의 외부의 자연에 대해 일하면서 이것을 변화시킴으로써 동시에 그 자신의 자연을 변화시킨다."('자본론' 靑木書店 제1부 상 329~330면)고 하였다. 이 말은 인간이 생활자료를 얻기 위해서 자연에 대하여 일하게 되는 바 이 일(생산활동)을 통하여 자기의 노동력(그 자신의 자연)도 발전한다는 뜻이다.

그러면 인간은 왜 생산하면서 생산력을 발전시키는가? 마르크스는 "인간은 발전에 따라서 욕망이 확대되기 때문에 이 자연적 필연의 영역이 확대한다. 그러나 동시에 이 욕망을 충족시키는 생산력도 확대한다. 이 영역 내에서의 자유는……최소의 힘을 사용하여서 그들의 인간성에 가장 적합한 조건하에서 이 자료교환을 행한다.……이것은 항상 필연의 영역이며 이 필연의 영역을 기초로 하고 진정한 자유의 영역을 획득하기 위해서는 노동의 단축이 노동의 근본조건"('자본론' 동상 제3부 1155~1156면)이라고도 하였다. 이것은 욕망을 충족시키기 위해서 생산력이 발전하며, 될 수 있는 대로 편하게 노동하고 또 노동시간을 짧게 하는 욕망이 노동의 근본조건이라는 뜻이다. 따라서 이것은 인간이 노동함에 있어서 시간을 단축하고 노동을 편하게 하려는 욕망을 채우기 위하여 부단히 노력해 왔으며 그 때문에 생산력이 발전해 왔음을 의미한다. 즉 노동의 간편화와 노동일을 단축하려는 노력이 생산력 발전의 동기라는 뜻이다.

1958년 모스크바판 '마르크스주의 철학의 기초'에도 "생산력의 발전을 고무하는 원인의 하나는 자기의 노동을 경감하고 생산용구를 개선함으로 생산수단의 증가를 꾀하려는 사람들의 노력이다."라고 쓰여 있다. 여기에 노력 또한 두말할 것도 없이 인간의 욕망에 의한 노력이다. 스탈린은 "사회주의에서는 생산의 목적은 이윤이 아니라 인간의 그 욕망이다. 사람들이 생산하는 것은 생산을 위해서가 아니라 자기들의 욕망을 채우기 위해서이다."('소련에 있어서의 사회주의의 경제적 제 문제' 국민문고 90~92면)라고 하였다.

그러나 생산의 목적이 욕망을 채우기 위해서임은 비단 사회주의 사회에서 뿐만이 아니다. 마르크스는 자본주의적 생산의 목적은 잉여가치를 얻기 위한 것이라 하였지만 그 잉여가치를 얻는 목적도 결국 자본가의 욕망을 채우기 위한 것이니 소수의 욕망을 채우기 위해서냐 다수의 욕망을 채우기 위해서냐의 차이가 있을 뿐 욕망 그 자체를 채우기 위한 생산이라는 점에서는 같다 할 것이다. 생산이 이같이 욕망을 채우기 위한 것이라면 원시사회에 있어서 시초에 인간이 다른 동물과 달리 생산력을 발전시키게 된 동기도 욕망을 충족시키기 위해서임은 재언할 필요가 없다.

스탈린이 "인간은 욕망을 만족시키기 위해서 상이한 방법으로 자연과 싸웠다."라고 한 것도 그런 의미로 이해해야 할 것이다. 즉 인간은 자기들의 생존을 위한 여러 욕망을 채우기 위하여 생산활동을 하였으며 생산력을 발전시켰던 것이다. 결국 생산력이 발전하게 되는 동기는 노동을 단축하고 노동을 간편화함으로써 생존을 보다 더 행복되게 하려는 '인간의 욕망'에 있다는 것이 그들의 생각이다.

3. 생산력과 생산관계의 모순

앞에서도 말한 바와 같이 생산관계는 생산력에 조응하면서 생산력의 발전과 더불어 발전한다. 그러나 생산관계의 발전은 평탄하고 원만한 점진적인 발전이 아니라 그것은 점차성이 중단되고 비약이 나타나는 그러한 발전이다. 그 이유는 생산력은 부단히 전진하는 경향이 있으나 생산관계는 일단 성립되면 그대로 고정하려는 경향이 있기 때문이라는 것이다. 생산력은 일정한 생산관계 내에서만 발전한다. 생산관계는 그 고정하려는 경향성 때문에 어느 단계에 가서는 생산력의 발전을 저해하게 된다. 즉 생산력 발전에 대하여 질곡으로 화하여 버린다.[24]

그리하여 그때까지 생산력 발전을 도와 오던 경제구조, 소유형태, 사회형태 등은 그 발전을 가로막는 보수적 요소로 화하여져서 여기에 불가피적으로 기존의 생산관계를 무너뜨리는 사회혁명이 일어난다. 그 결과는 낡은 생산관계는 무너지고 새로운 생산관계가 나타난다.

이와 같이 생산관계의 발전은 연속과 비약이 교차되는 단계적 발전인 것이다. 이러한 유물사관이론은 자연에 있어서의 변증법적 발전이론을 역사에 적용한 것이었다. 변증법적 발전이란 대립물의 통일과 투쟁에 의한 발전을 말한다. 즉 어떤 사물이든지 그 내부에는 반드시 정(正)과 반(反) 또는 긍정과 부정의 두 개의 모순되는 요소가 있어서 이것이 통일과 투쟁을 계속해 나아가다가 어느 시기가 되면 질적변화가 일어나서 정도 아니요 반도 아닌 새로운 합으로 결말지어진다는 것이다. 이것을 역사에 적용한 것이 생산관계의 질곡화의 이론이었다.

즉 낡은 생산관계는 정이요, 생산력은 반이요, 계급투쟁(혁명)은 정과 반의 투쟁이요, 새로운 생산관계는 합이라는 것이다. 예를 들면 매뉴팩처 시대에 있어서 사업주들은 임금노동자들을 필요로 하였다. 그러나 봉건제도하에서는 봉건적 예속관계 때문에 노동력을 구한다는 것은 용이한 일이 아니었다. 그러므로 당시에는 매뉴팩처에 대한 생산력 발전은 곤란하였다. 당초에 봉건적 생산관계가 성립되었을 때

---

24) 질곡(桎梏)이란 손발을 묶는 형틀을 말하며 따라서 질곡으로 화한다는 말은 생산력이 발전하지 못하게 막혀 버림을 뜻하는 것이다.

에는 생산력의 발전은 크게 촉진되었던 것이나 나중에는 도리어 지장을 받아서 생산력이 더 발전하기 위해서는 부득이 봉건적 예속관계를 깨뜨리지 않으면 안 되게 되었다. 그리하여 기존 생산관계를 유지하려는 보수세력(지배계급)과 생산력의 발전을 꾀하려는 신흥세력(피지배계급)과의 투쟁이 벌어져서 드디어 낡은 생산관계는 무너지고 새로운 생산관계(자본주의적 생산관계)가 수립되어서 생산력은 한층 더 발전하게 된다. 그러나 자본주의사회도 불원하여 생산력의 발전에 대하여 질곡으로 화하여서 드디어 불가피적으로 붕괴되고 사회주의사회로 넘어가게 된다는 것이다.

제5절 국가와 혁명

1. 착취와 지배

원시공동사회에서는 착취와 지배가 없었다. 그때에는 사람들은 공동으로 자연과 싸우고 공동으로 생활하였다. 그러나 생산력의 발전에 따라서 분업이 생겼고 그와 동시에 '네 것' '내 것'의 소유의식이 생겼다. 그때부터 인간이 인간을 지배하고 착취하는 사회가 나타났다. 이것이 계급사회이다. 이 계급사회가 오늘날까지 계속되어 왔다. 노예사회, 봉건사회, 자본주의사회 등이 그것이다. 계급사회에서는 소수자가 다수자를 착취하고 지배한다. 소수자는 착취와 지배에 의하여 대중에게 기생하면서 생활을 유지한다. 그러나 다수자들은 소수자들의 착취와 지배를 감수하지 않는다. 도리어 그들은 착취와 지배에 반항한다. 이 반항은 끊임없이 계속된다. 지배계급은 그때마다 이 반항을 탄압하고 분쇄하여 왔다.

2. 지배의 방법

그러면 소수자들은 어떻게 대중을 지배하여 왔는가? 그것은 대중을 억압하기 위한 특수조직을 만들어 가지고 그것을 마음대로 운용함으로써 그들의 지배를 유지해 왔다. 그 조직체가 바로 국가인 것이다. 즉 계급지배의 권력기관, 권력조직이 바로 국가이다. 레닌은 "국가는 계급지배의 기관, 즉 한 계급에 의한 다른 계급의 억압의 기관이다."('국가와 혁명' 岩波文庫 18면)라고 하였다. 국가에는 여러 형태가 있다. 전제국가 군사적 독재국가 또는 민주주의국가 등이 그것이다. 그런데 그 형태의 차이 여하를 불구하고 국가의 본질은 소수자가 다수자를 착취하고 탄압하기 위한 권력조직이라는 것이다. 지배자들은 이 조직을 유지하기 위해서 군대, 경찰, 형무소 등의 강제수단을 보유하고 있으며 피지배계급의 어떠한 반항이나 반란도 이 강제수단으로써 무자비하게 분쇄해 버린다는 것이다.

3. 지배계급과 국가

생산관계의 일정 단계에 이르러 한 계급이 지배적 지위를 차지하게 되면 그들은 바로 국가권력을 장악하게 된다. 노예제사회에서는 노예소유자가, 봉건제사회에서는 봉건영주가 그리고 자본주의사회에서는 자본가가 각각 국가권력을 장악하여 그들의 지배적 지위를 유지 보존하여 왔던 것이다. 그런데 노동자계급이 지배계급이 되면 자본주의사회에서와는 반대로 다수자가 소수자를 지배하게 된다. 이것은 소수자를 두고 착취하려는 것이 아니라 낡은 착취세력의 잔재를 일소하여 모든 착취를 폐지함과 동시에 일체의 계급대립을 철폐하기 위해서인 것이다. 계급대립과 착취가 최종적으로 소멸될 때 권력기관으로서의 국가도 또한 자동적으로 사멸한다는 것이다.

4. 지배계급과 혁명

지배계급이 한번 국가권력을 장악하면 절대로 그것을 내놓지 않는다. 이것은 역사가 증명하고 있다. 만일 그들이 잘못하여서 그 권력을 빼앗기면 다시 그것을 탈취하기 위해서 발광적인 싸움을 전개한다. 계급사회에서는 권력은 한 번도 평화적으로 타계급에 넘어간 일은 없다. 그것은 이미 사회의 발전에 장애물이 되어 버린 생산관계임에도 불구하고 그 생산관계를 유지하여야만 자신의 지배적 지위가 보전되고 착취생활이 유지되기 때문인 것이다. 그러므로 사회발전의 주체세력인 피지배계급은 부득이 지배계급에 대한 투쟁을 전개하여 그 권력을 탈취하지 않을 수 없게 된다. 그렇기 때문에 마르크스의 말과 같이 "모든 계급투쟁은 정치투쟁"(공산당선언)이 안 될 수 없다.

이것이 곧 사회혁명이다. 사회혁명이란 한 계급에서 다른 계급으로 국가권력이 옮겨 가는 것을 뜻한다. 권력의 문제야말로 혁명의 근본문제라고 레닌은 말하였다. 그러므로 혁명이란 새로운 생산관계를 수립하는 것을 이익으로 하는 계급이 현존하는 생산관계를 무너뜨리고 지배계급을 타도하여 그들의 권력을 탈취하는 것을 의미한다는 것이다.

제6절 사회발전과 생산관계의 여러 형태

1. 생산관계의 발전의 복귀성

생산력의 발전에 따라 생산관계는 금일에 이르기까지 여러 가지 형태로 발전하여 왔다. 그리고 원시공산사회를 제외하고는 생산관계는 언제나 계급사회를 형성하면서 내려왔다. 그리고 일정형태의 생산관계가 어느 단계에 이르면 반드시 생산력의 발전을 저해하게 되어서 여기에 계급투쟁, 즉 혁명이 일어나서 새로운 형태의 생산관계가 출현하여 왔다. 계급투쟁은 언제나 생산관계를 발전시키는 동기가 되어 왔다. 그리하여 인류역사는 계급투쟁의 역사였다(마르크스 '공산당선언' 38면).

그러나 생산관계의 발전은 언제나 계급사회의 형태만을 취하는 것이 아니다. 도리어 계급사회의 발전은 무계급사회인 공산주의사회를 지향하고 있는 것이다. 무계급사회인 원시공산사회에서 출발한 계급사회는 발전을 거듭하면서 또다시 무계급사회인 공산주의사회에 도달한다. 그리하여 자본주의사회는 역사에 있어서의 최종의 적대사회인 것이다. 그러므로 불가피적으로 자본주의적 생산관계도 깨어지고 공산주의사회의 과도적 단계인 사회주의사회로 넘어가지 않을 수가 없다는 것이다.

2. 생산관계의 여러 형태

원시공산사회 이후의 생산관계의 발전은 오늘날까지 3형태의 계급사회를 거쳐 왔으며 사회주의를 거쳐(일부는 이미 사회주의사회에 진입하고 있음) 공산주의사회로 복귀한다는 것인데 다음에 이들의 각 형태에 대하여 간단한 설명을 하려고 한다.

① **원시공산제사회** – 이 사회는 생산수단이 공유되어서 계급도 착취도 없는 사회였다. 여기에는 '네 것' '내 것'이 없었다. 그들의 의식은 소박하게나마 공산주의적이었다.[25]

그러나 인지의 발달과 함께 인간이 금속을 사용하는 등 생산용구가 출현하면서 목축 농업 수공업 등 분업이 시작되게 되었고 이에 따라서 사적 소유의 경향이 나타났다. 이때에는 이미 공동의 소유는 생산력 발전에 지장이 되었다. 이때부터 사유재산제가 성립되어서 노예를 사유하고 착취하는 노예제도가 출현하게 되었다.

② **노예제사회** – 이 사회에서는 노예소유자 계급이 생산수단과 노예를 독점하고 있었다. 노예는 그 당시의 생산자였다. 노예는 다수이고 노예소유자는 소수였다. 그리스나 로마시대가 바로 이 같은 노예제의 시대였다. 그리스나 로마의 문화는 이 같은 노예에 대한 착취와 지배의 터 위에 세워졌던 것이다. 이와 같이 찬란한 문화를 꽃피게 하였던 노예제도는 나중에는 생산력의 발전에 지장이 되어서 각지에서 노예반란 등 사회혼란이 벌어져서 드디어 붕괴되고 봉건제노가 이에 대치하게 되었다.

③ **봉건제사회** – 이 사회에서는 농노가 토지에 얽매여서 영주에게

---

25) 원시공산제에 관한 주장은 대부분이 가설이며 현대의 과학적 조사의 결과 잘못이라는 것이 밝혀지고 있다(일본 愛知縣警備研究會 편 '공산주의의 사상과 운동' 立花書房 62면).

부역과 공납을 바치는 사회제도다. 노예소유자가 몰락하고 노예가 해방됨으로써 생겨난 사회제도로서 중세의 서구사회가 대체로 이에 해당한다. 여기에는 생산수단(토지)의 소유자인 영주가 지배자이고 생산자는 농노였다. 봉건제하에서 생산력은 현저히 발달하였다. 철(鐵)의 정련(精鍊) 및 가공의 기술이 개선되고 철제의 농구와 직기(織機)가 보급되고 농업과 수공업의 발달에 이어서 매뉴팩처도 출현하였다.

그러나 봉건적 소유관계와 예속관계는 나중에 가서는 생산력의 발전을 가로막게 되었다. 봉건제하에서는 매뉴팩처의 계속적인 발전이 불가능하기 때문이었다. 노동력의 급원(給源)이 막히고 산업발전이 제한당하고 있었던 것이다. 이러한 저해(沮害)와 제한의 철폐는 농노를 해방시킴으로써만 가능하였다. 그리하여 봉건적 생산관계에 반기를 든 혁명이 각지에서 일어나서 봉건사회도 드디어 무너지고 말았다.

④ **자본주의사회** – 농노를 토지와 영주에게서 해방시켜 자유의 노동자가 되게 함으로써 자본주의사회는 생산력의 발전을 크게 촉진시켰다. 매뉴팩처는 변하여 대공장제공업이 되었고 드디어는 눈부신 대기계공업으로 발전하였다. 그러나 여기에서도 다른 계급사회에서와 마찬가지로 소수의 자본가가 생산수단을 독점하고 생산자인 대다수의 인민은 임금노동자가 되지 않을 수 없게 되었다. 생산은 사회적이 되었음에도 불구하고 이윤은 개인에게 점유된 것이 자본주의 경제체제이다. 자본주의적 생산관계는 이 같은 근본적 모순을 내포하고 있기 때문에 생산력의 발전은 어느 단계에 가서 불가피적으로 구애를 받게 된다. 이것은 혁명도 필연적이요, 자본주의사회의 붕괴도 필연적임을 의미한다. 그리하여 다음 단계인 사회주의사회로 넘어가지 않을 수 없게 된다는 것이다.

⑤ **사회주의사회** – 사회주의사회는 자본주의사회에서 공산주의사회에 이르는 과도적 단계이다. 프롤레타리아의 혁명에 의하여 자본주의적 경제체제가 무너진 뒤에 세워지는 경제체제이다. 여기에서 생산의 사회화는 물론이고 생산수단까지 사회화하기 때문에 생산력은 아무 장애도 없이 자유로이 또 충분히 발전한다. 자본가는 수탈당하여 일체의 착취는 소멸되고 사회적 생산물은 모두 생산자에 의하여 처분된다. 노동의 생산성은 급속히 높아져서 사회적 부는 나날이 증대한다. 사회적 생산은 계획화되고 인민은 노동에 의하여 지급을 받는다. 그러나 이 단계에는 아직도 국내에는 적성요소, 국외에는 적성국가들이 남아있기 때문에 국방력과 경찰력이 강화되지 않으면 안된다.

사회주의의 건설에 있어서도 계급투쟁은 계속된다. 그러나 이 투쟁은 계급사회에서의 그것과는 양상이 다르다. 그것은 이미 타도된 착취계급의 잔재세력을 완전히 절멸하는 투쟁이며 과거의 착취의 일체의 영향과 그 유물을 일소하는 투쟁이다. 사회주의체제는 사회적 생산의 증대, 합의에 의하는 전면적인 생산의 계획화, 노동의 단축과 기술교육의 실시, 물질적 생활수준의 향상 등의 과정을 거쳐서 드디어는 공산주의 체제로 이행한다는 것이다.

⑥ **공산주의사회** – 공산주의사회가 되면서 생산수단의 이용과 사회적 생산물의 처리는 완전한 사회적 통제하에 놓이게 된다. 사회적 분업으로 인하여 그 능력의 전면적 발전이 막혀 있었던 인간은 완전한 자유의 몸이 되고 금전 때문에 생활자료의 획득에 제한을 받아오던 인간은 무엇이든지 필요에 따라서 지급을 받게 된다.

노동은 의무에 의해서가 아니라 기쁨에 의해서 행해진다. 오랫동안 사회 발전의 동인이 되었던 적대적인 투쟁은 완전히 자취를 감추고 이제부터는 계급투쟁과 같은 폭력이 아니라 비판과 자기비판과 합의라는 새로운 수단이 발전의 원동력이 된다. 인간이 자기 자신의 생산수단과 생산물에 의하여 지배되어 오던 상태를 흔적도 없이 씻어버린다. 그다음부터는 인간은 사회조직의 완전한 지배자가 되고 드디어는 자연의 주인이 된다. 즉 인간은 과학을 가지고 자연을 완전히 지배한다. 자연은 오랫동안 인간을 위협하여 왔으나 공산주의사회에서는 자연의 여러 가지 힘은 완전히 인간의 제어를 받는다. 인간은 자연을 이해하고 제어할 뿐 아니라 드디어 자연을 개조한다.

엥겔스는 다음과 같이 말하였다. "생산수단이 사회화함과 동시에 상품생산과 생산자에 대하는 생산물의 지배가 제거된다. 사회적 생산의 내부의 무정부성은 계획적 의식적 조직에 의하여 대치된다. 개인의 생존경쟁은 없어진다. 그리하여 비로소 인간은……동물적 생존조건에서 참으로 인간적인 생존조건에 들어간다. 이때까지 인간을 지배해 오던 외위(外圍:외적조건……저자)는 이제야 인간의 지배하에 놓이게 되고 인간은 비로소 자연에 대한 진정한 주인이 된다. 이때부터 비로소 인간은 그들의 역사를……자기가 만든다.……이때부터 비로소 사회적 제 원인은……인간의 욕망하는 그대로의 결과를 이룰 것이다. 이것은 필연의 왕국에서 자유의 왕국에의 인류의 비약이다"('공상에서 과학으로' 68~69면). 그리하여 "인간의 전사(前史)는 끝나고 인간의 역사가 시작된다."(마르크스)는 것이다.

이상으로 유물사관의 줄거리의 설명을 끝냈다. 다음에는 유물사관을 비판할 차례이지만 그에 앞서서 통일원리(統一原理)에 입각한 역사관, 즉 통일사관을 먼저 설명하려고 한다. 그것은 유물사관의 비판과 극복을 이해하기 쉽도록 하기 위해서이다.

제7절 통일사관 개요

　제2장 제3장 '마르크스주의의 성립'에서 말한 바와 같이 마르크스 사상 전체는 그의 폭력혁명을 합리화시키기 위한 것이었지만 특히 유물사관은 소위 부르주아 학자들의 관념론적인 역사관을 타파하기 위하여 세워졌던 것이다. 관념론은 언제나 지배계급을 옹호하여 왔다는 것이며 특히 프롤레타리아의 해방운동을 가로막는 증오스러운 사고방식이었다는 것이다. 마르크스는 이 반동적인 역사관을 분쇄하지 않고는 무산대중(無産大衆)의 해방은 불가능하다고 믿었다. 그리하여 그가 구축한 새로운 역사관이 유물사관이었던 것이다.

　그러나 백 년 전에는 확실히 진보적이었던 그의 사관은 오늘에 이르러서는 도리어 역사의 발전을 가로막는 장애물이 되고 말았다. 오늘날 유물사관적 사고방식은 세계 도처에서 분쟁과 혼란을 일으키면서 인류의 평화를 위협 또는 파괴하고 있으며 인민대중의 진정한 해방을 가로막고 있는 것이다. 그리하여 인류의 영원한 자유와 평화를 위하여 유물사관은 이제 폐기되지 않으면 안 될 역사적인 시점에 당도했으며 여기에 새로운 역사관의 출현이 절실히 요구되고 있다.

　이러한 시점에서 하나의 새로운 역사관으로 출현한 것이 새로운 섭리사관인 통일사관이다. 이것이 과연 오늘의 인류가 요구하는 진정한 새 역사관인지 아닌지는 장차 시간이 판정지을 것이지만 여하간 이 새로운 역사관이 현재 국내외의 적지 않은 인사들의 지지를 받으면서 급속히 전파되고 있는 사실은 주목할 일이 아닐 수 없다. 본절에서는 다만 통일사관의 윤곽과 역사에 적용된 공식적인 원칙(법칙)을 약술하고자 한다.

1. 통일사관이란

통일사관과 유물사관

통일사관이란 간단히 말하면 인류역사를 신의 구원섭리와 인간의 책임분담에 의해서 꾸며져 나온 것으로 보는 역사관을 말한다. 공산주의 유물사관과는 여러 가지 점에서 대조를 이루고 있다. 그러면 다음에 그 예를 들어가면서 통일사관을 설명하기로 한다.

유물사관은 역사를 무계급사회에서 계급사회를 거쳐 다시 무계급사회로 향하는 사회의 발전과정이라고 본다. 통일사관은 그것을 인간타락으로 빚어진 죄악의 세계를 다시 죄악이 없는 창조본연의 세계로 돌려놓으려는 복귀역사로 본다. 그리고 유물사관은 사회발전을 주로 경제발전의 면에서 이해한다. 즉 생산력 발전에 따라서 생산관계(경제구조)가 변천해 왔으며 이에 따라서 상부구조인 정치 법률 종교 예술 등도 발달해 왔다고 본다. 따라서 생산력 발전이 역사발전의 원동력이며 세계역사는 민족적 지역적 조건에 관계없이 동일형의 발전형태를 취해 왔다고 보고 있다. 그러나 통일사관은 역사를 인간의 의지(욕망)와 하나님의 섭리의 면에서 이해한다. 그리고 섭리는 종교 경제 정치의 3면에서 행해져 왔으며 그중에서 경제적인 발달에 관해서는 그것이 생산력의 발전에 기인한다는 유물사관적 견해를 시인한다. 그러나 유물사관은 그 생산력 발전의 동인(動因)이 무엇인가를 결정적으로 밝히지 못하고 있으나 통일사관은 그 동인이 인간의 기본욕망과 신의 섭리라고 주장한다(본장 제8절 1 '생산력과 생산관계이론에 대한 비판과 대안' 참조).

또 통일사관은 세계역사를 동일형으로 보지 않고 선민사(중심사)

와 비선민사(주변사)로 구별하여서 이해한다. 천의(天意)에 합당한 섭리적 제 조건을 갖춘 민족을 먼저 찾아 세워놓고 그 민족 위에 메시아(구세주)를 강림시킴으로써 전체 비선민까지를 구원하여 창조본연의 이상세계로 복귀하려는 것이 하나님의 섭리이기 때문에 메시아 강림(또는 재강림) 때까지의 역사는 원칙상 선민사와 비선민사로 나누어지게 된다. 메시아의 초림 때까지(즉 구약시대)에 있어서는 이스라엘 민족사가 선민사가 되고 그 이후 메시아 재강림 때까지(즉 신약시대)에 있어서는 기독교사가 선민사가 된다. 그런데 메시아 초림 이후의 기독교사는 대체로 서양을 중심하고 엮어져 왔기 때문에 이 시대에 있어서의 선민사는 거의 서양사와 맞먹게 된다. 그 외의 역사는 메시아 재림시까지는 비선민사로 다루어지게 된다.

또 유물사관은 사회발전에는 인간의지로부터 독립된 객관적 법칙이 작용했다고 주장한다. 즉 생산력과 생산관계, 토대와 상부구조, 인간의식과 사회적 존재, 계급투쟁과 사회발전 등에 관련되는 일련의 법칙을 제시하고 있으며 그 법칙은 모두 사회적 물질적인 것이라고 주장한다(본장 제1절 '사회발전의 합법칙성' 참조).

통일사관도 역사발전에 있어서 인간의지로부터 독립된 법칙이 작용하고 있음을 인정한다. 그러나 유물사관이 주장하는 사회적 경제적 법칙은 인간의지로부터 독립된 것이 아니라 도리어 그것에 의존된 것이라고 본다. 그리고 인간의지로부터 완전히 독립된 법칙은 신의 섭리의 법칙(일련의 창조의 법칙과 복귀의 법칙)이라고 주장한다.

다음 유물사관은 또 인류역사를 계급 대 계급의 투쟁의 역사라고 한다. 그러나 통일사관은 이것을 선과 악의 투쟁의 역사로 보고 있다. 투쟁이란 반드시 계급간에만 벌어지는 것은 아니다. 오히려 역사상에는 계급투쟁이 아닌 여러 가지 유형의 투쟁이 벌어져 왔고 그러한 것은 오늘날의 인류사회 가운데도 여전히 전개되고 있다. 즉 개인간의 투쟁, 민족간의 투쟁, 국가간의 투쟁, 종교간의 투쟁, 사상간의 투쟁 이 그것들이다.

그런데 이 중에서 역사적 성격을 띤 것은 대개 그 쌍방중 한 편은 다른 한 편에 비하여 보다 더 선편(죄악을 없이하려는 신의 편)에 가까웠고 다른 한 편은 보다 더 악편(죄악을 멸하려는 신의 섭리를 가로막는 사탄편)에 가까웠던 것이다. 이러한 투쟁이 계속되는 동안 때로는 전진하고 때로는 후퇴하는 등 굴곡이 있기는 하였으나 전체적으로 보면 보다 더 선편을 향하여 부단히 전진해 왔으며 또 앞으로도 전진할 것이다. 그리하여 완전히 선한 창조본연의 세계에 도달했을 때 일체의 투쟁과 함께 복귀섭리는 끝나고 새 역사가 출발하게 된다.

유물사관은 또 사회발전을 원시공산사회, 노예사회, 봉건사회, 자본주의사회, 사회주의사회, 공산주의사회의 제 단계로 구분하고 모든 역사는 전형적이건 비전형적이건 간에 대체로 이와 같은 공식적인 단계의 과정을 밟는다고 주장한다(따라서 그들의 사관은 결정론이다).

통일사관은 인류역사는 섭리적 인물들이 스스로의 책임분담을 다하지 못하였기 때문에 복귀섭리가 연장되어 온 것으로 본다. 그리고 그 섭리의 연장은 동시성으로 되어졌다고 본다. 그런데 이 동시성에 의한 연장은 다른 섭리의 제 법칙과 마찬가지로 선민사에 한해서만 전형적으로 나타났으며 비선민사에 있어서는 반드시 그런 것은 아니었다. 그리하여 인류역사 약 6천년은 선민사에 있어서는 2천년씩의 동시성시대가 두 번 반복된 것으로 본다. 처음 2천년간은 복귀기대섭리시대(復歸基臺攝理時代)라고 하여서 복귀섭리의 기대가 되는 개인과 가정을 찾아서 세우는 시기이며, 다음의 2천년간은 복귀섭리시대(復歸攝理時代)라고 하여서 선민을 찾아 세워 메시아를 맞을 준비를 갖추게 하는 기간이며, 나중의 2천년은 복귀섭리연장시대(復歸攝理延長時代)라고 하는데, 이스라엘 백성이 책임분담을 다하지 못함으로써 예수께서 재림을 약속하고 십자가에 돌아가셨기 때문에 그의 재림까지 섭리가 연장되는 기간이다.

그런데 통일사관에 입각한 경제사관은 중세시대까지는 인지의 발달이 미약하였기 때문에 선민사와 비선민사 사이에 큰 차이를 인정하지 않는다. 그러나 메시아 재강림을 맞이하기 6세기 전부터 환경복귀를 위한 과학이 발달하였으며 특히 메시아 재강림준비시대인 16세기부터 20세기까지의 4세기간은 서양에 있어서 과학이 급격히 발달하여 경제사회의 비약적인 발전을 가져왔으며 동양사회의 정체성(停滯性)에 대하여 대조를 이루고 있다. 이것은 예수 이후부터의 선민사가 대체로 서양사를 중심하고 전개되어 나왔기 때문인 것이다. 마르크스의 유물사관 이론이 대체로 서양에 있어서만 어느 정도 부합되는 것도 그 때문이라고 보는 것이 옳을 것이다.

정치형태의 발전단계

다음엔 정치형태의 발전단계에 관하여 말하고자 한다. 섭리에 있어서의 정치의 의의는 종교와 경제를 통일하여 메시아를 영접하기 위한 기대를 현실적으로 조성하는 데 있다. 메시아를 위한 기대는 원래는 복귀섭리의 가정적 단계에서 조성되어야 할 것이었지만 아브라함을 위시한 여러 섭리적 중심인물들이 각각 분담된 책임을 다하지 못하였기 때문에 애급고역시대, 사사시대, 통일왕국시대, 남북조분립시대, 바빌론 포로시대로 계속 연장되었으며 다음의 메시아 강림준비시대를 거쳐서야 메시아를 맞이할 수 있었던 것이다. 그리하여 아브라함부터 예수까지의 2천년간의 이스라엘 민족의 정치 형태는 씨족사회-봉건사회(사사시대)-군주사회-민주주의형(型)의 사회의 4단계를 거쳐 왔던 것이다.

새로운 선민사

만일 예수께서 돌아가시지 않고 살아서 실체로써 구원섭리를 완수하였다면 이스라엘 민족뿐 아니라 그 당시의 로마제국의 전 판도가 모두 복귀되어서 죄악의 세계는 소멸되고 창조이상의 세계가 그때에 벌써 실현되었을 것이다. 그러나 그가 십자가에 달림으로 말미암아 결국 영적인 복귀의 길만 열려지게 되었던 것이다. 그러므로 예수 이후의 이스라엘의 자격은 유대 백성에게서 기독성도들로 옮겨졌다. 다시 말하면 이스라엘 민족은 그들의 책임분담을 다하지 못함으로써 선민자격을 상실하고 그 후부터는 예수를 따르는 기독성도들이 그 대신 이스라엘(선민)이 된 것이다(단 예수가 십자가형을 당하셨기 때문에 그들은 영적 이스라엘이 되었던 것이다).

그러므로 예수 이후의 역사는 기독교를 중심한 역사가 선민사가 된다. 그런데 세계사에 있어서 기독교 중심의 역사는 주로 서양사였다. 그러므로 서양사가 대체로 선민사가 된다. 그리고 섭리역사가 연장될 때에는 동시성으로서 연장되기 때문에 예수 이후의 기독교는 예수 때까지의 2천년 복귀섭리시대(구약시대)를 동시성으로 반복해 내려온 역사인 것이다. 그리하여 복귀섭리시대의 애급고역시대는 로마제국 박해시대로, 사사시대는 교구장제 기독교회시대로, 통일왕국시대는 기독왕국시대로, 남북왕조분립시대는 동서왕조분립시대로, 또 바빌론 포로시대는 교황포로시대로, 그리고 선지자 말라기 이후의 메시아 강림준비시대는 마르틴 루터 종교개혁 이후의 메시아 재강림준비시대로 각각 동시성으로 반복 전개되었던 것이다. 그리고 정치사로 보면 구약시대의 씨족사회에 해당하는 초대교회제사회(로마시대), 구약시대의 사사시대와 같은 봉건사회(중세시대), 구약시대의 군주사회에 해당하는 전제군주사회 그리고 민주주의형의 사회에 해당하는 민주주의사회가 각각 형성 발전되었다. 이와 같이 예수 이후의 서양사는 표면상으로는 신의 섭리와 무관한 것 같으나 사실에 있어서는 기독교사와 불가분의 관계하에 발전하여 왔으며 따라서 서양사는 바로 선민사라고 해도 과언이 아니다.

비선민사와 문화

이상은 선민사에 대한 통일사관이다. 그러면 비선민에 대한 사관은 어떠한가? 비선민에 대해서도 신은 복귀섭리를 계속해 왔던 것이다. 신의 섭리가 미치지 않은 곳이 있을 수 없다. 그러나 신은 법도의 신이므로 복귀섭리도 부득이 일정한 법칙과 순서를 따르지 않을 수 없었던 것이다. 그리하여 죄악세계 분립의 법칙에 따라서 선민을 택해 세워 놓고 그들을 중심으로 섭리의 제 법칙에 입각한 공식적인 섭리를 해오는 한편 비선민에 대해서도 비록 공식적 전형적은 아닐지라도 역시 복귀섭리를 계속해 왔다. 따라서 비선민세계에 있어서 우발적인 사건처럼 보이는 국가의 흥망성쇠와 사회의 제 현상에는 항상 섭리의 법칙, 특히 낭감법칙, 분립의 법칙 등이 작용하여 왔던 것이나. 그리고 비선민에 대해서도 신은 성현과 도주 등을 보내어서 종교를 세워 왔다. 이것은 죄악세계의 인간들의 심령을 교화시켜서 항상 선과 참의 세계를 지향하도록 양심의 도리를 세워 놓기 위함이다. 그리하여 그 양심기대가 잘 조성되었을 때 선민에 메시아를 출현케 하여서 전 인류를 구원코자 함이 신의 구원섭리의 목표였던 것이다.

여기서 한 가지 첨부할 것은 복귀섭리와 문화의 관계에 관한 통일사관이다. 인간의 타락이 없었다면 세계의 문화도 단일문화였을 것인데 타락으로 인하여 언어의 혼잡과 더불어 문화도 잡다하게 나누어지게 되었던 것이다. 신의 섭리는 타락 전의 무죄악의 세계를 복귀하려는 것이기 때문에 문화도 하나의 문화권을 지향하여 왔다. 그리하여 역사의 종말시기에 이르러서는 분립의 법칙에 의하여 선민적 문화(중심문화)와 비선민적 문화(주변문화)가 나타나게 되며 이 두 문화가 하나로 통일 또는 통합되어서 완전한 통일문화가 형성되게 된다. 이것이 문화사에 대한 통일사관적 견해이다.

이상이 통일사관의 개요이다. 그러면 다음에 신의 복귀섭리에 적용되었던 섭리의 제 법칙의 중요한 것을 소개하려고 한다. 그런데 통일사관은 인류역사를 복귀섭리역사인 동시에 재창조역사로도 보고 있다. 그러므로 복귀섭리에는 창조의 법칙과 복귀의 법칙이 함께 작용하여 왔다. 이에 먼저 창조의 법칙을 소개하고 다음에 복귀의 법칙을 소개하기로 한다.

2. 창조의 제 법칙

창조의 법칙이란 우주 창조에 있어서 적용되었던 창조의 원칙을 말하는 것으로서 여기에서는 그중 중요한 것 몇 개를 들어서 그것이 역사발전에 어떻게 작용되어 왔는가를 간단히 예시하려고 한다.

① 상대성의 법칙

창조의 법칙에 있어서 가장 중요한 것의 하나가 상대성의 법칙이다. 이것은 우주의 모든 사물이 모두 상대적으로 창조되었다는 사실을 말하는 것이다. 사물은 어떠한 것이든지 단독으로는 존재할 수 없으며 반드시 타자와 상대적인 관계를 맺고서만 존재하도록 창조되어 있다. 예를 들면 인간에 있어서의 남성과 여성, 동물에 있어서의 웅(雄)과 자(雌), 식물에 있어서의 수술과 암술, 분자에 있어서의 양이온과 음이온, 원자에 있어서의 양자(핵)와 전자 등이 그것이며 또 개인에 있어서의 영인체와 육체 혹은 마음과 몸(육체), 자연계에 있어서의 육지와 바다, 산과 평지, 하늘과 땅, 낮과 밤, 태양과 지구, 국가 사회 가정에 있어서의 정부와 백성, 스승과 제자, 부모와 자식, 남편과 아내 등이 모두 그러하다. 그 예는 이외에도 무수히 많다.

　이상의 각 예에 있어서 전자는 주체요 후자는 대상이다. 이러한 상대적인 관계는 피조물의 존재뿐만 아니라 각 개체의 위치와 양상도 또한 상대적이다. 즉 상하, 전후, 좌우, 억양, 강약, 고저, 장단, 대소, 광협 등이 그것이다. 이렇듯 피조물은 모두 상대적인 존재이고 피조세계는 상대적인 세계이다. 즉 일체의 사물은 서로 주체와 대상의 상대적 관계를 맺고서만 존재할 수 있도록 창조되어 있는 것이다. 이러한 창조의 법칙을 상대성의 법칙이라고 한다. 이것은 창조가 닮기의 창조였기 때문이다. 즉 신의 상대적인 속성인 이성성상(성상과 형상 및 음성과 양성)을 닮은 것으로서 만물을 창조하였기 때문에 만물은 모두 상대적 관계를 맺고 있는 것이다.

　② 수수의 법칙(수수법)

　한 개체가 다른 개체와 더불어 주체와 대상의 입장에서 만유원력에 의하여 상대기준을 조성하게 되면 이 양자간에는 무엇인가를 주고받는 현상이 벌어진다. 이 현상을 수수작용이라고 한다. 이 수수작용에 의하여 주체와 대상은 불가분리의 일체적인 관계를 이루게 되는 바 이 상태를 상대기대라고 한다. 이 상대기대를 이룬 상태하에서만 그 개체들은 생존을 유지하게 된다. 따라서 상대기대는 각 개체에 대하여는 존재기대가 되는 것이다. 주체와 대상이 원활한 수수작용에 의하여 상대기대를 조성하면 일체이상을 이루기 때문에 그것은 이성성상의 중화체로서의 신의 모습을 닮게 되어서 여기에 생존(존재), 번식(생성 발견 등), 작용(운동 변화 등) 등의 현상이 벌어진다. 자연계에 벌어지고 있는 생성, 운동, 발전, 변화, 소멸 등의 제 현상은 모두 무수한 개체 상호간의 수수작용에 기인하는 것이다. 이것이 수수의 법칙이다.[26]

　이제 만물의 수수작용의 예를 들어보기로 한다. 태양과 지구의 수수작용에 의하여 지구의 공전과 자전의 현상이 벌어지고 지구상의 생물의 번식이 이루어지며 부부의 수수작용에 의하여 가정이 유지되고 자녀가 출생하며, 인체에 있어서는 동맥과 정맥의 수수작용, 교감신경과 부교감신경의 수수작용 등에 의하여 그 생리기능이 유지된다. 또 식물에 있어서는 도관과 사관의 수수작용에 의하여 그의 기능이 유지되고 분자에 있어서는 양이온과 음이온의 수수작용에 의하여 화학반응이 일어나며 원자에 있어서는 양자(핵)와 전자의 수수작용에 의하여 원자의 운동이 벌어진다.

　그리고 정부와 백성의 수수작용이 원만하면 산업이 진흥되고 국가가 융성해지며 학교에 있어서 사제지간에 수수작용이 잘 되면 학교가 발전하고 교육의 이상이 실현되며 기업체에 있어서 경영자와 종업원 사이에 수수작용이 잘 되면 그 기업체가 번영하여 공동의 복지

---

26) 그런데 만물은 모두 공동의 궁극적 근원에서 나왔다고 보기 때문에 주체와 대상이 수수작용에 의하여 합성화 또는 번식을 이루는 과정은 4위치(원인 주체 대상 번식체)와 3단계(정=원인, 분=주체, 분=대상, 합=번식)를 형성한다. 이러한 시간적 과정에 특히 유의하면 수수작용은 정분합작용이라 불린다.

를 초래하게 된다. 뿐만 아니라 동물과 식물은 탄산가스와 산소를 주고받음으로써 서로의 생명을 유지하며 꽃과 벌 또한 수수작용을 통해서 상호공존과 각각의 번식을 꾀하고 있는 것이니 이러한 수수작용의 예는 일일이 헤아릴 수 없을 정도이다.

이 법칙이 역사적 발전에 작용되어서 한 시대 또는 한 사회(민족국가)에 있어서 중심인물과 사회적 물질적 조건과의 상대적인 관계가 성립되는 동시에 사회적인 수수작용이 벌어져서 역사가 발전되어 왔던 것이다. 이때 중심인물의 의지(욕망)가 주체적 요인이 되고 사회적 물질적 조건을 대표하는 일반대중이 대상적 요인이 되어서 이 두 요인의 수수작용에 의하여 사회의 발전이 이루어져 왔던 것이다(수수작용이 잘 안 될 때에는 이해관계가 상반되는 세력이 형성되어서 상극작용[후술]에 의한 투쟁이 벌어지곤 하였다).

상극의 현상

그런데 여기서 한 가지 첨가할 것은, 자연계에는 이상과 같은 상호조화를 이루는 수수작용뿐 아니라 상호배척 또는 상충하는 현상도 때로는 나타난다는 것이다. 예를 들면 양전기와 양전기(또는 음전기와 음전기)는 서로 배척하며 물과 불은 서로 상충한다. 이러한 상극현상은 일견 수수작용의 법칙과 배치되는 것 같은 인상을 주지만 사실은 그것은 주체와 대상과의 수수관계를 더욱 강화하기 위한 부대현상인 것이다. 다시 말하면 양전기와 양전기(즉 주체와 주체)가 서로 배척함으로써 양전기와 음전기(주체와 대상)의 수수작용이 더욱 강화되는 것이며 또 물과 불 사이의 상충현상 같은 것이 있음으로써 다른 주체와 대상 사이의 상대기대를 더욱 단단히 하고 그 수수작용을 더욱 촉진시킬 수 있는 동시에 만물의 질서를 자연스럽게 유지할 수 있게 되는 것이다. 물이나 불의 창조목적은 각각 다르지만 그것들이 모두 만물과 인간에 있어 없어서는 안 될 필요물이라는 점에서는 마찬가지이다. 그러나 그 어느 것도 그 양이 과할 때는 인간이나 만물은 도리어 해를 받게 된다. 이때에 이러한 물이나 물에 의한 피해는 그의 상극성을 활용함으로써 면할 수 있거나 최소범위에서 멈추게 할 수 있는 것이다.

즉 예를 들면 물이 과하면 불(열)로써 물을 건조시키며 열(火)이 과하여 만물이 타게 될 경우에는 물을 부음으로써 그 열을 식게 한다. 이렇게 함으로써 만물의 수수작용이 올바른 궤도를 유지할 수 있게 된다. 이러한 상척(相斥) 또는 상극의 자연현상은 그것이 결코 수수작용의 법칙에 위배되는 현상이 아니라 도리어 그것을 더욱 완전하게 하는 부수현상 또는 보조현상임을 알아야 할 것이다. 더욱이 만물의 주관주인 인간이 이러한 상척과 상극의 현상을 잘 이용함으로써 그 생활에 큰 이득을 가져올 수 있음은 재언할 필요조차 없는 것이다. 그리하여 자연계에는 서로 상응하는 수수작용과 함께 이 작용을 돕는 상극현상이 벌어지고 있다. 이것을 '상극의 법칙'이라고 부른다 (그런데 이 상극의 법칙이 역사에 작용하게 되면 선편의 주체와 악편의 주체와의 투쟁으로 나타나서 도리어 발전이 저해되고 다만 역사의 방향만이 새로운 방향으로 전환된다).

③ 중심의 주관의 법칙

만물은 어느 것이나 중심을 갖고 있다. 예를 들면 원자의 중심은 양자(핵)요 세포의 중심은 핵, 가정의 중심은 부모, 태양계의 중심은 태양, 우주의 중심은 인간이다. 그런데 이 중심은 동시에 주체인 것이다. 원자에 있어서 중심인 양자는 전자의 주체요, 세포의 중심인 핵은 그 대상인 세포질의 주체요, 가정의 중심인 부모는 그 대상인 자식의 주체이며 태양은 지구 등 행성의 주체이다. 그리고 피조세계의 중심인 인간은 그 대상인 피조만물의 주체인 것이다. 이와 같이 중심은 곧 주체인 바 주체는 대상을 주관하도록 창조되어 있는 것이다. 즉 중심에 소속된 대상은 그 중심의 주관을 받게 되어 있다. 대상이 주체를 중심하고 도는 것도 곧 주체의 주관을 받는 것을 의미한다. 이것이 중심의 주관의 법칙인 것이다.

우주의 중심인 인간은 타락하지 않았다면 전 우주를 주관하였을 것인데 타락으로 인하여 만물을 주관할 수 없게 되었다. 따라서 복귀섭리는 일찍이 타락으로 잃어버린 만물에 대한 인간의 주관권을 완전히 회복하여 주려는 것이다. 따라서 복귀섭리에 의하여 창조본연의 세계가 복귀되면 인간은 우주만물에 대한 완전한 주관권을 행사할 것이다. 마르크스는 공산주의사회에 이르게 되면 인간은 비로소 자연에 대한 지배자가 되어서 자연을 완전히 지배하고 드디어 그것을 개조한다고 하였으나 인간이 왜 결국에 가서 자연에 대한 지배자가 되는가를 그는 밝히지 못하였다. 그리고 그의 유물사관은 특정한 인물의 역할을 과소평가하였지만 통일사관은 그러한 비범한 인물의 역할을 중요시하고 있다. 왜냐하면 그러한 인물 중에는 중심의 주관의 법칙에 따라서 세워진 섭리적 중심인물이 많기 때문인 것이다. 이러한 인물이 주체가 되고 일반대중이 대상이 되어서 서로 수수관계를 맺고 사회를 발전시켰던 것이다.

마르크스도 사회발전에 있어서 비범한 인물의 역할을 무시하지 않았다. 그는 역사적 사건의 방향이 그 당시의 지도자의 지도력 여하에 따라서 좌우되는 것을 인정하고 있다. 그러나 역사발전의 기본방향은 그러한 개인의 역량여하에 따르는 것이 아니라 계급운동(계급투쟁)에 의하여 결정되는 것이며, 특정인물은 한 계급의 지도자 또는 대표자로서만 역할을 다할 뿐이라고 하면서 특수인물의 결정적 역할을 부인하고 있다. 그러니 그것은 올바른 견해라고 볼 수 없다.

신은 창조에 있어서 환경을 짓고 나중에 인간을 지었는 바 재창조인 복귀섭리에 있어서도 역사발전의 일정 단계에 있어서 사회환경을 조성해 놓고는 반드시 그 환경을 수습할 주체인 주관적 중심을 세워서 섭리하시는 것이다. 그런데 주체와 대상의 상대성법칙에 의하여 중심인물이 없는 환경이 있을 수 없고 환경이 갖추어지지 않는 중심인물이 또한 있을 수 없다. 그리고 그 중심인물은 사회적 조건의 파생물이 아니라 인간의 욕망과 신의 섭리에 의하여 세워졌거나 허락된 섭리적 인물인 것이다. 그러므로 역사발전의 일정한 단계에 있어서 사회적 물질적 조건이 갖추어지면 중심의 주관의 법칙에 의해서 그 사회환경을 수습하고 영도할 중심인물이 반드시 세워지는 것이다.

④ 6수기간의 법칙

인간이 창조되기까지 6수기간이 걸렸다. 즉 신이 인간 아담을 창조하기 위하여 6수기간을 그 앞에 두었던 것이다. 그러므로 인간의 재창조인 복귀섭리도 6수기간을 걸어놓고 하여온 것이니, 즉 제2아담인 메시아 강림을 위하여 6수기간을 앞에 두고 복귀섭리는 새로운 단계에 접어들게 되었던 것이며 제3아담인 재림주의 강림도 그것을 6수기간 앞에 두고 섭리가 본격화되게 된다.

이의 실례를 들면 다음과 같다. 제2아담(예수) 강림 6세기 전에 이스라엘 민족은 바빌로니아에 포로로 잡혀가서 고난을 당한다. 동시에 환경복귀를 위하여 그리스 문명이 발달되고 동양에는 유교 불교가 나타나서 인간복귀의 터(양심의 터)가 비선민세계에 조성되고 넓어지게 된다. 그리하여 환경복귀와 인간복귀의 터전이 닦아졌기 때문에 메시아가 강림하게 되었던 것이다. 마찬가지로 제3아담(재림주) 때에도 그 강림 6세기 전에 교황이 포로로 잡혀 갔고, 그것을 계기로 기독교는 스스로 반성하기 시작하였다. 한편 환경복귀를 위하여 문예부흥이 일어났고, 인간복귀의 터전을 조성하기 위하여 종교개혁운동이 또한 태동하였던 것이다.

⑤ 3단계 완성(발전)의 법칙

모든 피조물은 일시에 완성물로서 창조된 것이 아니었다. 만물은 점진적인 성장과정을 거쳐서 완성하도록 창조된 것이다. 이러한 성장은 무엇이나 3단계의 과정 즉 소생·장성·완성의 과정을 거치도록 되어 있는 것이다. 이것이 3단계 완성의 법칙이다. 재창조인 복귀섭리에도 이 창조법칙이 적용된 것은 물론이다. 예수까지의 섭리의 기록인 성서에는 아담가정과 노아가정에 있어서의 3자녀, 아브라함의 3제물, 야곱의 3차 고역, 모세의 3차의 40년 기간, 예수의 3차의 사탄 시험과 3제자 등 3수섭리의 예는 무수히 있지만 예수 이후의 섭리에도 3수섭리는 계속되었다. 그 대표적인 예를 들면 르네상스와 종교개혁운동이다.

주지하는 바와 같이 르네상스는 인본주의 사상운동이요, 종교개혁운동은 신본주의 사상운동이다. 그런데 이 두 사상운동이 3단계의 발전을 거듭하여 왔던 것이니 인본주의 사상운동의 제1단계는 상술한 르네상스이며 그 제2단계는 계몽사상운동이며 제3단계는 유물사관사상인 공산주의운동이다. 다음 신본주의 사상운동의 제1단계는 마르틴 루터와 칼빈 등에 의한 종교개혁이요, 제2단계는 17~18세기에 일어났던 새로운 종교개혁운동이다. 즉 독일의 스패너를 중심한 경건주의운동, 영국의 웨슬러 형제를 중심한 메소지스트 교파, 조지 폭스의 퀘이커 교파, 스웨덴의 스웨덴보르그의 심령운동, 미국의 에드워즈 중심의 신광명파운동(新光明派運動) 및 독일을 중심으로 일어났던 당시의 관념철학 등은 모두 제2단계의 신본주의운동이며 이의 3단계의 운동은 아직 전개되고 있지 않다. 그러나 불원하여 그 운동도 세계적으로 벌어질 것이며 또 벌어져야 할 것이다(인본주의운동은 본래 가인형의 사상운동으로서 헬라 사상의 복고운동이요, 신본주의운동은 아벨형의 사조로서 히브리 사상의 흐름을 잇고 있다). 그리고 앞으로 일어날 제2단계의 신본주의운동, 즉 새로운 종교개혁에 의하여 가인형의 사상은 아벨형의 사상에 흡수되어서 모든 종교와 사상은 완전히 하나로 통일되게 된다.

세계대전도 3수섭리의 좋은 예인 것이다. 세계대전은 신편의 세력과 사탄편의 세력과의 전쟁이며 인류죄악역사를 종결짓기 위해서 불가피적으로 일어나는 전쟁이다. 여기에도 3단계 과정이 있는 것이니 제1차 제2차 제3차의 세계대전이 그것이다. 인류는 제1차와 제2차는 경험하였으나 제3차는 아직 지나지 않았다. 그런데 대전은 반드시 세계적 규모의 열전을 의미하는 것은 아니다. 요는 가인편 즉 악편 세력이 아벨편 즉 선편 세력 앞에 굴복만 하면 되는 것이기 때문에 3차전은 열전일 수도 있지만 냉전일 수도 있으며 국지전일 수도 있는 것이다.

⑥ 책임분담의 법칙

만물은 성장·발전함에 있어서 원리 자체의 자율성과 주관성에 의하여 성장하도록 창조되었으나 인간의 성장에는 자율성 외에 인간 자신의 자발적 창의적인 노력, 즉 책임분담이 요구된다. 즉 신의 책임분담과 인간의 책임분담이 합하여만 인간이 완성된다. 이것이 책임분담의 법칙이다. 그런데 인간의 책임분담은 인간의 성장에 뿐만 아니라 복귀섭리에도 요구됨은 재언할 필요가 없다. 즉 신의 책임분담과 인간의 책임분담이 합함으로써 복귀섭리는 완성되는 것이다. 따라서 인간이 분담된 책임을 다지 못할 경우 복귀섭리는 연장될 수밖에 없다. 오늘날까지 죄악역사가 종결되지 아니하고 연장되어 온 것은 실로 이 때문이다. 신의 책임분담으로 섭리적인 때와 장소가 결정되면 여기서 섭리적인 중심인물이 등장하여서 그때그때의 환경조건을 주체적으로 수습하여 나아간다. 그러나 역사상 대부분의 선편의 중심인물들은 그 책임분담을 옳게 다하지 못하였던 것이다.

이상이 복귀섭리에 적용된 주요한 창조원칙들이다.

3. 복귀의 제 법칙

이미 말한 바와 같이 인류역사는 섭리적으로 보아서 재창조역사이기 때문에 창조의 제 법칙이 작용하여 왔던 것이지만 이외에 다른 법칙도 이 역사발전을 규제하여 왔던 것이다. 그것이 복귀의 법칙이다. 이 법칙은 창조의 법칙과 달라서 다만 타락한 인간을 복귀하는 데에만 적용되어 온 법칙인 것이다.

① 탕감의 법칙

인간의 타락이란 본연의 위치와 상태를 상실한 것을 말한다. 그리고 복귀는 이 잃어버린 본래의 위치와 상태를 상실하는 데는 일정한 동기와 이유와 경로가 있었던 것이니 그 본연의 입장을 복귀함에도 일정한 이유가 될 만한 조건과 경로가 있지 않으면 안 된다. 이와 같이 본연의 위치와 상태를 회복하기 위해서 어떠한 조건을 세우는 것을 탕감(蕩減)이라 하고 그 조건을 탕감조건이라 하며 이 조건을 세우면서 나아가는 경로를 탕감노정이라 한다. 그리고 이렇게 탕감조건을 세움으로써 잃어버린 본연의 입장을 회복하는 것을 탕감복귀라고 한다.

인간 타락은 첫째로 성장과정에 있어서의 필수조건인 신의 계명에 대한 신앙을 갖지 못하였으며 둘째로 사탄의 유혹에 굴복한 것이다. 그리하여 인간은 영육 양면에서 타락하였다. 그러므로 타락한 일반 인간이 세워야 할 탕감조건은 첫째로 제물(즉 신의 말씀의 대신물)을 드리면서 영적으로 믿음의 기대(신앙의 터전)를 조성하고, 둘째로 생활적(육신)으로 선지자나 성현들의 말씀에 순응함으로써 실체기대를 세우는 것이다. 이러한 탕감조건을 세우게 되면 여기에 메시아를 맞이하는 터전이 준비되는 것이다.

그런데 일반대중은 죄악세계의 인간들이기 때문에 선편의 지도자(선지자, 성현들)들의 가르침에 자발적으로는 순종하지 않으며, 뿐만 아니라 도리어 그 지도자들을 박해하는 것이 통례이므로 그들을 깨우치기 위해서는 부득이 선의 싸움을 벌이지 않을 수 없는 것이다.

그리하여 신은 분립의 법칙(후술)에 의하여 죄악세계에서 선편 인물을 갈라 세워서 죄악의 세력(일반대중을 악편으로 이끄는 사탄세력)과 대결케 하는 섭리를 벌여왔던 것이다. 여기에 의인이나 선민 앞에는 불가피적으로 수난의 노정이 가로놓이게 된다. 오늘날까지 수많은 성자와 의인들이 고난과 박해와 희생을 당하여 온 것은 모두 그 길이 이러한 탕감복귀의 길이었기 때문이다. 의인들의 이러한 고난이 제물적인 탕감조건이 되어서 결과적으로 죄악세계의 대중을 신편으로 이끌어 올 수 있게 되는 것이다. 신은 죄악세계를 구원함에 있어서 이러한 섭리를 계속 거듭하여 왔던 것이다.

이스라엘 백성의 불신으로 말미암아 예수는 무참히도 십자가형을 당하였지만 그것이 탕감조건이 되어서 오늘에 이르는 동안 많은 인류가 기독교를 믿게 되었던 것이다. 그리고 또 로마제국에서의 기독교신도들의 무참한 박해도 이것이 탕감조건이 되어서 로마제국도 기독교 앞에 굴복하지 않을 수 없었다. 또 기독교가 우세하였던 한민족이 40년간 일본의 박해를 받았기 때문에 그 민족적 수난을 탕감조건으로 한 신의 섭리에 의하여 한민족은 해방될 수 있었던 것이다. 이러한 탕감법칙을 모르고서는 역사를 옳게 이해할 수는 없는 것이다.

② 4수복귀의 제 법칙

이미 말한 수수작용은 이것을 개시로부터 종말에 이르는 과정을 다룰 때는 정분합작용(正分合作用)이라고 하는데 만물은 공동 원인으로부터 생겨났다고 보기 때문에 주체와 대상의 수수작용에 의하여 합성체 또는 번식체가 생기는 과정은 4위치와 3단계를 갖게 된다. 모든 개체가 존재하거나 성장하기 위해서는 반드시 이 4위치의 하나를 차지해야 한다. 그리하여 이 4위치는 사물이 합성, 번식해 가는데 필요한 터전(기대)일 뿐만 아니라 만물이 존재하기 위해서 필요한 기대이기도 하다. 이러한 기대를 4위기대(四位基台)라고 한다.

4위기내 중에서 가상 중요한 섯은 가성석 4위기대이며, 이것이 4위기대의 기본이며 창조의 이상이기도 한 것이다. 이 가정적 4위기대는 신을 중심한 부모와 자녀로써 이루어지는 윤리체제이며 신의 사랑을 중심한 인륜도덕이 세워지고 이행되는 생활의 기반이다. 부모의 사랑, 부부의 사랑, 자녀의 사랑은 모두 이 4위기대를 생활기반으로 하고서만 실현될 수 있는 것이며 그럼으로써 이상가정이 형성되는 동시에 이러한 가정들을 터로 하고 이상사회, 즉 천국이 실현된다.

그런데 인간의 타락으로 이 가정적 4위기대를 사탄이 빼앗아 갔다. 즉 사탄을 중심한 4위기대가 되고 말았다. 이로 말미암아 전 피조세계가 사탄의 주관권 내에 들어가고 만 것이다. 그러므로 신의 복귀섭리의 중심목적은 이 가정적 4위기대를 복귀하는 데 있는 것이다. 그런데 신의 섭리는 먼저 상징적 조건적인 노정을 거쳐 나오기 때문에(후술 '조건적 섭리의 법칙' 참조) 먼저 4수(40, 400 등)를 찾아 세우는 섭리를 하게 된다. 그런데 이러한 수는 기간으로써 찾아 세우게 되어 있어서 이 4수기간을 통일사관은 '사탄분립기간'이라고 부른다. 그리하여 역사상에는 40일, 40년, 400년 등의 4수기간이 많이 나타나게 된다.

한편 사탄은 이 4수를 하늘편에 빼앗기지 않으려고 역사한다. 그리하여 전 역사과정을 통하여 4수를 복귀하려는 신의 섭리와 이 섭리를 파괴하려는 사탄의 반섭리가 부단히 벌어져 왔던 것이다. 즉 하늘편이 4수를 찾아 놓으면 사탄은 다시 침입하여 이것을 깨뜨려 버리곤 하였다. 그리하여 신의 섭리역사에는 40, 400 등의 수가 기간으로서 이상할 정도로 많이 나타난다. 역사학자인 아놀드 토인비도 한 문화의 발전단계에 있어서 좌절기가 이상하게도 400년이 되는 예가 자주 있다고 하면서 역사발전에 이러한 기간이 있음을 시인하고 있다. 공산정권 수립(1919년) 이후 40년이 지나면서 소련과 중공 간에 이념분쟁이 일어나 공산권 내부에 균열이 생기게 된 것이라든지 을사조약(1905년) 후 40년(1945년) 만에 한민족이 해방된 것 등도 4수 복귀섭리의 실례가 될 것이다.

③ 분립의 법칙

창조주는 유일한 분이기 때문에 창조본연의 인간은 언제나 그 유일자와만 관련을 맺도록 되어 있었다. 그런데 타락으로 말미암아 인간은 신뿐 아니라 사탄과도 관련을 맺게 되어 결국 이중관계를 갖게 되었다. 이 때문에 신이 인간을 대하면 사탄도 인간을 대하게 되었던 것이다. 이러한 인간을 놓고는 섭리할 수 없기 때문에 신은 신 자신이 상대할 수 있는 인간과 사탄이 상대할 수 있는 인간을 분립하지 않을 수 없게 된다. 이렇게 하여서 분립하는 의미에서 출생된 인물이 가인과 아벨이었다. 가인은 사탄이 대할 수 있는 대상이요, 아벨은 신이 대할 수 있는 인물이었다. 그리하여 역사의 시발에 있어서 가인은 악의 출발자가 되고 아벨은 선의 출발자가 되었다.

그런데 가인이 아벨을 죽임으로써 역사는 죄악역사로서 출발하였기 때문에 복귀섭리를 전개하기 위해서는 신은 부득이 악의 세계에서 아벨편의 인물을 갈라 세워 놓고 그를 통하여서 구체적인 섭리활동을 시행하여 왔다. 이러한 섭리의 방식이 분립의 법칙이다. 그리하여 역사상에 나타났던 수많은 선지자, 의인, 도인, 성인들은 그러한 섭리에 의하여 세움 받은 아벨편의 주체적인 인물들이었다. 죄악세계의 인간들은 이러한 아벨적인 인물들의 가르침에 순종하였더라면 믿음의 기대와 실체기대가 조성된 터전 위에 메시아가 강림하여서 인류는 벌써 구원되었을 것이다.

여기서 한 가지 첨부할 것은 복귀섭리의 과정에 있어서 여러 범위의 아벨편 세력이 분립되어 왔다는 것이다. 구약시대에는 아벨편의 개인, 가정, 종족, 민족이 분립되었고(노아, 아브라함, 야곱 가정, 모세 중심한 이스라엘 12지파, 메시아 강림 전의 이스라엘 민족 등) 신약시대에는 아벨편의 국가와 세계가 분립되었다(중세사회에서의 기독교 국가와 오늘의 기독교를 중심한 자유주의 진영). 이러한 분립은 메시아 강림 또는 재강림 때까지 죄악세계의 사탄 세력을 약화시키는 동시에 믿음의 터를 넓히기 위한 것이다. 오늘의 공산진영과 자유진영은 각각 분립된 가인편과 아벨편의 진영인 것이다.

그런데 선진 자유주의국가들은 처음에는 모두 기독교국가(영국, 미국, 프랑스 등)였다. 이들 국가가 마르크스의 예언과 같은 프롤레타리아 혁명이 일어나지 않고 더욱 발전되어 온 것은 그것이 모두 분립의 법칙에 의하여 아벨편으로 세워진 국가들이기 때문이다. 그러나 오늘에 이르러서는 이러한 양극적 분립에서 다극적 분립으로 섭리가 변형되고 있음을 본다. 이것은 죄악세계를 지배하고 있는 악의 세력을 결정적으로 약화시키기 위한 섭리이며 메시아의 재림을 예고하는 섭리라고 보아야 할 것이다.

④ 조건적 섭리의 법칙

이미 탕감복귀의 법칙에서 말한 바와 같이 타락한 인간이 본래의 모습을 회복하기 위해서는 일정한 탕감조건을 세우지 않으면 안 된다. 다시 말하면 신은 타락한 인간을 즉시로 또 직접적으로 복귀시키는 것이 아니고 어떠한 상징적 조건을 세우게 하면서 점차적으로 뜻을 성사시켜 왔던 것이다. 아담이 타락했을 때 즉시 그를 구원하지 않고 가인 아벨을 분립한 뒤 그들의 헌제를 조건적으로 하여 그 터 위에 메시아를 보내려 하였던 것이며 노아 때에는 전 천주를 상징하는 방주를 조건물로 세우게 하는 섭리를 했으며 아브라함 때는 비둘기, 양, 소의 제물을 조건으로 하는 섭리를 하였다. 복귀섭리의 노정에서 조건적 섭리의 예는 이외에도 많다. 그런데 이러한 조건적 섭리를 위한 행사, 또는 사건을 진행시키는 데 있어서 반드시 섭리적 중심인물이 세움 받아서 이 일을 담당한다.

이러한 인물들이 책임분담을 다해서 그때그때의 조건적인 섭리를 천의에 합당하게 처리하면 그때마다 섭리는 다음 단계로 넘어가게 된다. 그러나 애석하게도 이러한 중심인물들은 그때그때의 사건처리에 있어서 짊어졌던 책임을 옳게 수행하지 못하였던 것이며 그 때문에 복귀섭리는 그때마다 연장되었던 것이다. 예를 들면 모세가 한 번 쳐야 할 반석을 두 번 쳤기 때문에 뜻은 연장되고 모세 자신은 가나안에 들어가지 못하고 말았다. 그런데 조건적 섭리는 어디까지나 그때그때의 시대적 섭리이지만, 그 섭리 중에는 메시아 강림 때의 내용을 예고하는 예시적 성격을 띤 것도 많았다.

예컨대 모세가 반석을 친 것 그 자체는 샘물을 내게 하려는 그때의 현실적 이유도 지녔지만 그것은 또한 멀리 예수의 강림에 치명적인 영향을 주었던 것이다. 즉 한 번 쳐야 할 것을 두 번 침으로써 제2 아담인 예수까지 칠 수 있다는 조건이 남아지게 되었다. 결국 예수가 강림했을 때 이스라엘 백성의 불신과 가룟 유다의 배신 등이 가능하여졌으며 십자가형이라는 통탄사가 자행되었던 것이다.

마르크스는 인류역사는 필연적으로 원시공산사회에서 노예사회, 봉건사회, 자본주의사회를 거쳐서 사회주의사회, 공산주의사회로 지향한다고 결정론적으로 말하고 있지만 예수가 십자가형을 당하지 않고 살아서 구세주의 사명을 완수하였다면 그 당시의 사회(마르크스의 이른바 노예사회)에서 일약 지상천국으로 진입하였을 것이다. 그러나 애통하게도 예수가 돌아가심으로 인하여 지상천국은 실현되지 못하였던 것이다. 이와 같이 조건적 섭리가 역사발전에 미친 영향이 크기 때문에 이러한 조건적 섭리의 내용을 앎으로써 역사발전을 옳게 이해하는 데 도움이 될 것은 물론이다.

⑤ 거짓과 참의 선후의 법칙

인류역사를 돌이켜 볼 때 여러 국가들이 흥했다가 망하곤 하였다. 그중에는 대 통일국가를 형성하여서 한때 평화와 더불어 찬란한 문화를 꽃피게 한 국가도 있었다. 로마제국, 애급왕국, 중국의 한과 당 등이 그 예라 할 것이다. 그리고 이러한 통일국가를 건설해낸 국왕 등 집권자는 모두 비범한 인물들이었다. 그러한 지도적 인물들의 초인적 역량이 아니고는 그러한 통일대업과 문화창설은 어려웠을 것이다. 그런데 이러한 사실들은 통일사관으로 볼 때 어떠한 의의가 있는가? 통일사관은 이것을 '거짓과 참의 선후의 법칙'으로서 이해한다. 이 법칙은 복귀에 있어서 참 것이 오기 전에 먼저 거짓 것들이 나타난다는 역사발전의 한 법칙인 것이다. 거짓 것이란 사탄적인 것, 가인적인 것, 악편의 것을 의미하며 반대로 참 것은 신편의 것, 아벨편 선편의 것을 의미한다.

복귀섭리의 궁극의 목표는 이 지상에 신을 중심한 창조이상의 대통일국가, 즉 전 세계가 하나로 통일된 국가를 실현하는 것이다. 이 국가는 신을 최고의 주권자로 하는 신의 나라요 지상천국이다. 이런 국가는 메시아가 강림하여서만 이루어진다. 그런데 사탄은 이러한 신의 섭리를 잘 알기 때문에 메시아의 강림(또는 재강림) 이전에 먼저 그러한 국가의 건설을 앞질러서 시도하여 본다. 가짜 메시아라고 할 수 있는 지도적 인물을 중심으로 세워놓고 통일국가를 이루어 보았던 것이다. 그러나 그러한 국가나 인물들은 모두 죄악세계의 국가요 인물이기 때문에 한때 흥하였다가는 결국 망하고 말았던 것이다. 이러한 거짓과 참의 선후의 법칙은 메시아 강림이 가까웠을 때는 특히 더 선명하게 나타난다. 로마제국이 바로 그 좋은 예이다. 로마제국은 메시아 탄생을 전후해서 광대한 판도를 확보하여 황제를 중심하여 평화와 번영의 대 로마의 통일제국을 건설하였던 것이다. 이것은 메시아가 강림하여서 영원한 사랑과 평화와 번영의 대 통일세계를 이룩할 것을 사탄이 먼저 모방하여서 실현하여 본 것이다.

이러한 예는 오늘날에도 있다. 스탈린을 중심했던 공산통일세계가 바로 그것이다. 이것은 재림기를 앞두고 사탄이 먼저 실현해 본 이상세계였다. 즉 거짓 이상세계인 것이다. 그리고 스탈린은 거짓 메시아형의 인물이었다. 그리하여 우리는 이 거짓과 참의 선후의 법칙에 의하여 메시아의 재림이 가까웠음을 느끼게 된다. 다극분립(多極分立)의 섭리로 넘어가고 있는 현 정세는 그 감(感)을 더욱 깊게 한다.

⑥ 종의 횡적 전개의 법칙

이것은 종적인 것을 끝날에 가서 횡적으로 전개한다는 것이다. 종이란 시간의 흐름을 말함이요, 횡이란 공간적 넓이를 말한다. 다시 말하면 종은 역사요 횡은 현실세계를 의미한다. 따라서 종의 횡적 전개란 역사상의 모든 섭리적 사건과 인물을 현대의 세계에 재현시켜 놓고 섭리한다는 말이다. 예컨대 아담가정의 헌제, 노아의 정성, 아브라함의 신앙, 야곱의 21년의 고역, 모세의 민족 인도의 노정 등 섭리역사상의 모든 인물과 사건들을 현대에 재현시켜 놓는다. 그러면 신은 왜 이런 섭리를 하는가? 그것은 역사상의 여러 시점에서 해결하지 못하였던 섭리적 사건들을 역사의 종말점에서 적절히 해결함으로써 복귀섭리 전체를 일시에 완결짓기 위해서인 것이다.

역사는 어떠한 민족, 국가의 역사라 할지라도 신의 섭리역사임에는 틀림없지만 그중에도 특히 섭리의 중심이 되는 민족사가 있었던 것이니 그것이 곧 이스라엘 역사였다. 이스라엘은 본래 유대민족을 의미하지만 섭리상 예수 이후의 이스라엘은 기독교신도들을 의미하게 된다(전술). 이스라엘 역사에 있어서 신은 여러 시대에 걸쳐서 여러 인물을 세워 놓고 많은 섭리적 사건을 벌여 놓았던 것이다. 그때마다 그 사건들이 천의에 맞게 수습된 일은 적었다. 인간들이 복귀섭리의 법칙을 지키지 않았기 때문이다. 그리하여 신은 이 모든 역사적인 것과 유사한 사건과 인물들을 종말시기에 세계적으로 재연시켜 놓고 그 실패하였던 사건들을 일시에 해결하려 하였던 것이니 이 방법이 종의 횡적 전개의 법칙인 것이다.

이와 같은 섭리의 방법은 예수 때에도 적용되었던 것이나 예수의 재림기에 있어서도 똑같이 적용되는 것이니, 즉 과거의 전체 섭리역사를 한 시대에 재연시켜 놓고 단번에 총탕감함으로써 복귀섭리를 완결지으려 한다. 그 때문에 역사의 종말기에는 예측할 수 없는 복잡한 사건들이 속출하여서 세계는 큰 혼란에 빠지게 된다. 사회발전에 대한 마르크스의 예언이 현대에 이를수록 적중되지 않는 것은 다른 이유도 있지만 현대가 바로 이 법칙이 점점 더 광범위하게 작용하고 있는 때문이기도 한 것이다.

⑦ 동시성 섭리의 법칙

이것은 신의 복귀섭리가 인간의 책임분담의 불이행으로 인하여 연장되게 될 때에는 그다음 시대에 이르러 과거시대의 것과 유사한 성격과 형(型)의 섭리가 반복되게 되는 것을 말한다. 마치 춘하추동의 4계절이 매년 같은 모양으로 반복되는 것처럼 신의 섭리도 연장될 때에는 그 시간, 인물, 사건 내용 등이 비슷한 모양으로 반복되어 나아간다.

예를 들면 아담부터 아브라함까지의 2,000년과 아브라함부터 예수까지의 2,000년과 예수 이후 금일까지의 2,000년은 기간으로 본 동시성일 뿐 아니라 그 섭리의 내용과 인물의 유사성에서 보아서도 동시성의 시대인 것이다. 예를 들면 노아의 방주와 모세의 석판 성막과 어거스틴의 신국론(神國論) 출현 등이 서로 그러하며, 아브라함 후 약 1,600년에 벌어진 말라기의 종교쇄신과 예수 후 약 1,600년에 있었던 마르틴 루터의 종교개혁이 또한 동시성의 섭리이다. 또 메시아 강림 약 6세기 전부터 시작된 그리스 문명과 메시아 재강림 약 6세기 전부터 시작된 문예부흥이 또한 동시성의 것이요, 유대 백성의 바빌론 포로생활과 로마 교황의 프랑스 유수(幽囚)생활도 동시성섭리이다.

인류역사가 이와 같이 동시성섭리의 역사이기 때문에 전 단계의 동시성섭리도 미루어 보아서 다음 단계의 동시성섭리의 내용을 예측할 수 있는 것이다. 즉 역사발전의 앞날을 어느 정도 전망할 수도 있는 것이다.

제8절 유물사관의 비판과 통일사관에 의한 대안

그러면 이제 본장의 목적인 유물사관의 비판과 극복을 다음에 시도하려고 한다. 이미 소개한 바와 같이 유물사관의 내용 중에서 중요한 것은 생산력과 생산관계, 토대와 상부구조, 국가와 혁명, 사회발전과 생산관계의 제 형태 등에 관한 이론이었다. 그러므로 여기서는 주로 이들에 대해서 검토해 보기로 한다.

1. 생산력과 생산관계 이론에 대한 비판과 대안

앞에서 말한 바와 같이 마르크스는 생산력 및 생산관계에 관해서 다음과 같은 몇 가지의 법칙을 세웠다. 즉 ①생산력은 부단히 발전한다. ②인간은 사회생활에 있어서 반드시 생산관계를 맺는다. ③생산관계는 생산력의 발전에 따라서 이에 조응하면서 발전한다. ④생산력의 발전은 인간의 의지로부터 독립되어서 이루어진다. ⑤생산관계는 일정 단계에 이르면 생산력의 발전에 대하여 질곡으로 화하며 이때 혁명이 일어난다는 등이다. 다음에 이것을 검토하여 본다.

① 생산력은 부단히 발전한다
생산력 발전의 원인

여기서는 생산력 발전의 원인과 동기에 대하여 검토하기로 한다. 마르크스는 생산력이란 생산용구(노동도구)와 노동력을 말하며 생산력의 발전은 물질적인 발전이라고 하였다. 그런데 변증법적 유물론에 의하면 사물의 발전은 그 사물에 내재하는 두 요소의 대립 투쟁에 의하여 된다는 것이다. 모순된 대립물의 투쟁이 없는 곳에 발전이 있을 수 없다는 것이 마르크스의 주장이다. 그러므로 생산력의 발전이 진정 물질적인 것이라고 한다면 생산력 자체 내에도 모순 대립 투쟁하는 두 물질적 요소가 있어야 할 것이다. 마르크스는 헤겔의 이념의 자기발전에 대해서 생산력의 자기발전을 대치시키고 있는데 이 자기발전이 바로 이러한 모순의 투쟁에 의하는 변증법적 발전일 것이다.

그러면 그 모순의 두 요소는 구체적으로 무엇인가? 생산용구(노동도구)와 노동력을 합해서 생산력이라 하였으나 이 양자가 바로 그러한 요소들인가? 만일 그렇다면 그것이 어떻게 대립하며 그 대립에 있어서 어느 것이 긍정이고 어느 것이 부정인가? 이상하게도 마르크스는 이러한 의문에 대해서 구체적인 해명을 남기지 않고 있다. 이시첸코가 말한 "생산력 발전의 원인은 이를 노동과정의 내적 특성의 속에서 구해야 한다.⋯⋯일단 생산력이 발생하면 그것은 내적 변증법에 의하여 발전된다. 생산력 발전의 원인이 되는 것은 내용과 형식으로서의 생산력과 생산관계와의 변증법적 교호작용(交互作用)이다. 생산력은 항상 일정한 사회형식⋯⋯(일정한 계급 내용을 가진)의 속에서 작용하고 생산관계의 어떤 형식 속에서 작용한다."('철학사전' 白孝元 역 개척사)고 한 것은 일견 이에 대한 변증법적인 해명인 것처럼 보인다.

그러나 이 설명은 생산력 발전의 원인에 대한 설명이 될 수 없다. 이시첸코의 설명은 요컨대 내용인 생산력과 형식인 생산관계와의 변증법적 상호작용, 즉 모순의 통일과 투쟁에 의하여 생산력이 발전한다는 것인데 이것은 바른 설명이라고 할 수 없다. 왜냐하면 생산력과 생산관계의 모순에 의하여 발전하는 것은 생산관계(생산양식)뿐이기 때문이다. 유물사관에 의하면 생산력은 부단히 발전하지만 생산관계는 그 고정하려는 경향성 때문에 일정 단계에 이르면 언제나 생산력 발전에 대하여 질곡으로 화하여서 이때에 혁명이 일어나 새로운 생산관계가 성립한다는 것이다. 그런데 생산력 발전은 독자적인 자기발전인 것이다. 생산력의 발전은 물론 생산관계와 불가분의 관계에 있지만 생산력 발전의 본질적 원인은 생산력 자체 내에 있어야만 그 발전이 변증법적 발전이 되는 것이다. 그리하여 생산력 발전의 원인에 관한 한 유물사관의 소론(所論)은 전연 잘못인 것이다.

생산력 발전의 동기

그러면 다음에 생산력 발전의 동기(이유)에 관하여 알아보자. 왜 시초에 생산력이 발전하기 시작하였는가? 생산력이 제자리에 머물러 있지 않고 발전하게 된 시초의 동기는 무엇인가? 이에 관해서도 이미 지적한 바와 같이 구체적인 해답이 없다. 그들은 인간이 생활자료를 얻기 위한 자연에 대한 반응 방식에 있어서 다른 동물과 다른 점은 인간이 생산용구를 사용한 데 있다고 한다. 엥겔스는 "인간이 동물로부터 구별되는 것은 의식 종교……에 의한 것이 아니라 인간 자신이 생산에 필요한 자료(생산용구……저자)를 생산하기 시작할 때 비로소 동물로부터 구별되는 것이다."('도이치 이데올로기' 국민문고 42~43면)라고 하였다. 그들에 의하면 다른 동물은 자연에 대하여 수동적으로 순응하지만 인간은 능동적으로 순응하는 바 이 능동적 순응의 과정은 생산용구를 사용하는 생산과정이다. 따라서 그들은 생산력이 발전하게 된 동기가 인간이 생산용구를 써서 물질을 생산하기 시작한 데 있다고 보고 있다.

그러나 이것은 타당한 견해라고는 볼 수 없다. 생산력 발전이란 요컨대 인간에 의한 발전이다. 인간이 생산력을 부단히 발전시켜 온 것이다. 그러므로 생산력 발전의 동기를 바르게 해명하려면 인간이 처음에 왜 생산용구를 쓰기 시작하였는가, 또 그때그때의 생산력에 만족하지 않고 왜 그것을 발전시키려 하였는가가 밝혀져야 한다. 이미 앞에서 밝힌 바와 같이(제4장 제4절 (2) '생산력 발전의 원인과 동기' 참조) 마르크스와 스탈린은 이에 관하여 생존을 위한 인간의 욕망이 생산력 발전의 근본 동기라는 것을 간접적으로 시사하고 있다. 즉 의식주의 생활을 향상시키려는 욕망과 노동을 될 수 있는 대로 편하게, 짧게 하려는 욕망에 의해서 인간은 부단히 생산력을 발전시켜 왔다는 것을 은연중 시인하고 있는 것이다. 그렇다. 확실히 생산력은 인간의 욕망이 그 동기가 되어서 발전해 왔다. 이 욕망이 없었던들 생산력은 발전하지 못하였을 것이다.

그렇다면 왜 마르크스는 솔직하게 그것을 공개적으로 밝히지 않았는가? 그것은 만일 그 사실을 하나의 원칙으로서 밝혀 놓으면 그는 생산력이 일정한 원인에 의해서뿐만 아니라 일정한 목적(욕망을 충족시키려는 목적)에 의해서도 발전해 왔다는 사실과 또 물질(생산력)이 정신(욕망)에 의해서 발전해 왔다는 사실을 시인하는 것이 되며, 따라서 그 자신의 철학(변증법적 유물론)을 스스로 부정하는 결과가 되기 때문인 것이다. 그의 변증법은 발전에 있어서의 목적을 부정하며 유물론은 물질이 정신을 지배한다고 주장하고 있다.

이와 같이 유물사관 이론의 가장 핵심이라고 할 수 있는 생산력 발전의 원인과 동기에 대한 해명이 이처럼 불분명하고 비변증법적이라는 것은 실로 자가당착이라 아니할 수 없는 것이다.

생산력 발전에 대한 대안

그러면 다음에 생산력 발전에 대한 대안으로 통일원리적 견해를 적어 보기로 한다. 원리에 의하면 신은 창조의 닮기의 법칙을 따라서 신 자신의 성상과 형상을 본떠서 인간을 만들었다. 따라서 인간은 신 자신의 창조력(창조성)까지도 닮았던 것이다. 다시 말하면 인간은 그 지음 받음에 있어서 신의 창조력을 부여받은 것이다. 이미 말한 바와 같이 인간의 생산력(노동력)은 이 창조력에 기인하는 것이었다. 그런데 신의 창조력은 단순한 맹목적인 힘이 아니라 목적의식적인 요소, 즉 지적인 요소를 지닌 힘이었다. 이것은 피조세계 자체가 여러 가지 사실로써 증명하고 있다.

즉 피조세계 전체가 힘에 의하여 지탱되고 있을 뿐 아니라 그것을 구성하고 있는 개체 개체가 모두 과학자의 두뇌도 따를 수 없는 수학적인 정확도와 지적(수리적)인 내용을 갖추고 있으며 더욱이 이들은 모두 목적을 지니고 있음을 본다. 신의 창조력에 물질적 에너지 외에 지적인 요소가 없다면 피조물이 어떻게 스스로 목적을 가질 수 있으며 각각의 법칙에 따라 움직일 수 있을 것인가? 이와 같이 신의 창조력은 형상적 및 성상적인 두 요소를 지니고 있는 것이다. 그러므로 신의 그것을 닮은 인간의 창조력도 형상적인 요소와 성상적인 요소를 지니고 있음은 두말할 것도 없다.

인간 창조력에 있어서의 형상적인 요소는 체력이요, 성상적인 요소는 정신력이다. 이 까닭으로 해서 창조력의 연장인 생산력(노동력)도 정신력과 체력의 이중요소의 복합물이었던 것이다. 이것은 창조의 상대성의 법칙으로 봐서 당연한 것이다. 이 점에 있어서는 기계도 마찬가지로 이중요소의 복합물이다. 왜냐하면 기계는 과학자들의 지식과 힘, 즉 그들의 창조력의 물체화에 불과하기 때문이다. 즉 기계는 창조력의 체화물(體化物)이었다. 그리고 노동의 이중성, 즉 유용노동과 추상적 노동과의 이중성도 생산력 창조력의 이중성에 기인하는 것이었다. 그리하여 생산력은 노동력이나 기계를 막론하고 모두 정신력과 체력(물리력)의 이중의 요소를 지니고 있는 것이다.

창조력의 발전

그런데 이제 여기서 생산력의 발전에 대해서 논하여 보자. 마르크스는 생산용구(기계)와 노동력(기술, 체험, 숙련)을 합쳐서 생산력이라고 불렀는데 위에서 말한 바와 같이 기계나 노동력은 모두 창조력의 작용형태에 불과하다. 그러므로 생산력의 발전은 바로 창조력의 발전을 의미하는 것이다. 그러면 창조력의 발전은 무엇을 뜻하는가? 창조력은 천부(天賦)의 것이다. 그 천부의 창조력이 발전한다는 말은 무슨 뜻인가? 신이 인간에게 준 창조력은 하나의 가능성으로서 준 것이다. 그리고 인간의 창조활동은 이 가능성으로서의 능력을 현실적으로 발휘함으로써 되는 것이다. 아무리 천부의 능력이 우수하다 하더라도 그것을 발휘할 줄 모른다면 그 능력은 없는 것이나 마찬가지인 것이다. 그리고 또 그것을 발휘함에 있어서도 그 방법 여하에 따라서 또는 그 개체의 체질 환경 등 제조건에 따라서 필연적으로 그 표현과 결과에 차이가 생기게 된다. 따라서 천부의 능력을 가장 충분히 발휘하여서 창조의 이상, 즉 지상천국을 이룩하도록 하기 위해서는 이 능력발휘의 방법과 조건을 부단히 개선·향상시키지 않으면 안 된다.

창조력의 발전이란 바로 이러한 것을 말하는 것이다. 즉 천부의 창조의 능력을 현실적으로 발휘하는 방법과 조건을 개선·발전시키는 것이 창조력의 발전이었던 것이다. 그러면 무엇으로써 그 방법과 조건을 개선해 나아갈 것인가? 그것은 물론 지식이다. 부단히 발달하는 지식(과학적 지식)으로써만이 인간이 지닌 천부의 창조성을 보다 충분히, 보다 고도로 발휘할 수 있는 것이니 이것이 곧 창조력의 발전이다. 그러므로 창조력의 발전은 그것이 지닌 두 요소 중에서 주로 성상적 요소인 정신력(지식)의 발전에 기인하는 것이며 형상적 요소인 물리력(체력)의 발전에 의하는 것은 아니다. 지식은 발달하지만 체력은 자동적으로는 발달하지 않는다. 인간의 물리력, 즉 체력은 예나 이제나 별 차가 없다. 그러므로 어디까지나 창조력의 발전은 지적인 발달, 즉 정신력의 발전에 기인한다. 여기에서 모든 발달은 결국 물질적인 발전에 기인한다는 마르크스의 주장이 적어도 우선 생산력의 발전에 관한 한 잘못이라는 것을 알 수 있을 것이다.

지식의 발전

그러면 다음에 지식은 왜 발전하는가를 알아보자. 지식이 발달하는 것은 인간에 욕망이 있기 때문이다. 보다 나은 의식주의 생활에 대한 욕망, 보다 나은 진선미에 대한 욕망이 있기 때문에 이 욕망을 충족시키기 위하여 지식을 발달시키면서 인간은 끊임없이 생산력, 즉 기술을 발전시켜 왔던 것이다. 생산력 발전의 근본 동인이 욕망이라는 것을 유물사관도 암암리에 시인하고 있음은 앞에서 말한 바와 같다.

그러나 욕망은 인간에게만 있는 것이 아니라 동물에게도 있다. 그런데 왜 동물에 있어서는 지식의 발달이나 생산력의 발전이 없는가? 여기에 대해서도 유물사관에서는 만족할 만한 해답을 찾아볼 수가 없다. 통일원리적으로 보면 인간과 동물은 가치적으로 그 격위가 다르기 때문에 욕망도 질적으로 다르다. 인간은 신을 위한 형상적인 실체대상이요 동물은 인간을 위한 상징적인 실체대상이다. 또 인간은 만물의 주관자로 지음 받았고 동물은 인간에게 주관을 받도록 지음 받았다. 그리고 인간은 이중적인 상대적 존재이나 동물은 단순한 존재이다. 인간은 육신과 영인체로 된 이중체인데 반하여 동물은 마음과 몸으로 된 단순체이다. 그리고 인간에게는 자유의사(이성)가 있고 동물에게는 본능만이 있다. 따라서 인간생활은 다양적 유동적 발전적이지만 동물의 그것은 항상 변화 없는 기계적인 반복일 뿐이다. 이와 같이 인간과 동물은 가치적으로 다른 바 그 이유는 인간과 만물에 대한 창조목적이 각각 다르기 때문이다.

가치는 창조목적을 실현하는 데 의의가 있다. 창조목적을 이루지 못한 피조물은 그만큼 무가치한 것이다. 마치 고장 난 시계는 그 시계의 존재목적을 이루지 못하였기 때문에 무가치한 것과 같다. 그런데 만물은 원리 자체의 자율성에 의하여 이 창조목적을 실현하고 있으나 인간은 자유의지에 의하여 창조목적을 달성하게 되어 있다. 다시 말하면 인간에게는 창조목적 실현의 욕망(의지)까지도 창조와 동시에 주어져 있는 것이다. 이 창조목적 실현의 욕망이 인간으로 하여금 지식을 발달시키고 있는 것이다. 만물은 피주관물이며 자유의지가 없기 때문에 그들의 욕망은 항상 반복적 또는 현상 유지적일 뿐이며 발전적이 되지 못한다. 이로써 지식 기술의 발달의 동인이 인간의 욕망임이 밝혀졌으리라 믿는다.

현실적 욕망

그런데 인간의 현실적 욕망은 다종다양하다. 즉 그들의 연령과 성별에 따라서 또는 직업 환경에 따라서 그들은 얼마든지 달리 움직인다. 그러나 만인이 공동으로 가지고 있는 기본적인 욕망이 있으니 그것이 곧 의식주 및 성에 대한 욕망과 진선미 및 사랑에 대한 욕망이다. 이 기본욕망이 바로 위에서 말한 창조목적 실현욕이며 한편 이것은 창조됨과 함께 부여받은 것이기도 하다. 즉 인간은 창조목적, 즉 전체목적과 개체목적을 달성할 수 있기 위해서 창조될 때부터 의식주 및 성(번식)에 대한 욕망과 가치에 대한 욕망을 지니게 되었던 것이다. 그리고 이외의 현실적 욕망은 이 기본욕망의 분화 변형 또는 연장 혼합된 것에 불과한 것이다.

예를 들면 직업을 가지려는 욕망은 의식주에 대한 욕망의 연장이요, 학문을 배우려는 욕망은 진에 대한 욕망의 연장이요, 오락에 대한 욕망은 미에 대한 욕망의 변형이며, 봉사와 자선사업을 하려는 욕망은 선에 대한 욕망이 구체화한 것이며, 권리욕은 의식주 대한 욕망과 가치적 욕망이 혼합 변형되어서 주관욕으로 나타난 것이다. 이와 같이 창조목적을 달성하기 위한 기본욕망은 연장 분화 구체화 변형 융합 등 여러 가지 과정을 거쳐서 무수한 현실적 욕망으로 나타난다.

기본욕망과 신의 섭리

　기본욕망 중에서 의식주 및 성에 대한 욕망은 육신에 기인하는 것으로서 형상적인 욕망이요, 진선미 및 사랑에 대한 욕망은 심령에 기인하는 것으로서 성상적인 욕망인 것이다. 전자는 평면적 욕망이요, 후자는 입체적 욕망이다. 형상적인 기본욕망에 의한 지식은 자연과학이요 성상적인 기본욕망에 의한 지식은 종교 도덕 예술 등이다. 그런데 지식을 발달시키는 요인은 인간의 이러한 욕망뿐이 아니다. 그 외에 또 하나의 요인이 있으니, 그것은 신의 섭리다. 즉 인간시조의 타락으로 말미암아 4위기대를 중심한 창조본연의 인간을 비롯한 전 피조세계가 비원리적인 세계로 변하였기 때문에 신은 이것을 다시 회복하기 위하여 복귀섭리를 해나온 것이다. 복귀섭리는 재창조다. 그러므로 복귀섭리는 우주창조 때와 같은 절차를 따라 이루어지게 된다. 그리고 창조는 환경과 인간의 창조였다. 마찬가지로 복귀에 있어서도 환경과 인간을 복귀하는 과정을 밟게 된다.

　그리고 또 창조는 말씀(진리, 지혜)으로 되었기 때문에 복귀섭리도 말씀, 즉 지식으로써 하게 되는 바, 신은 인간에게 지식을 주어가면서 섭리해 왔던 것이니 환경복귀를 위해서 주는 지식은 과학이요, 인간복귀를 위해서 주는 지식은 종교이다. 종교는 어떠한 종교거나 그 교조가 받은 계시에 의해서 창도된 것임은 알려져 있는 사실이지만 과학도 발명 발견이 영감, 즉 섬광적인 착상 혹은 기지에 의해서 된 경우가 많다. 이런 것도 일종의 계시로 볼 수 있는 것이다. 계시는 신의 말씀이다. 따라서 이러한 사실들은 모두 말씀으로써 하는 신의 복귀섭리의 단적인 증거라 할 수 있을 것이다.

　그런데 과학적 지식은 위에서 말한 것처럼 인간의 기본적 욕망에 의해서뿐 아니라 신의 섭리에 의해서도 발달했던 것이니 결국 생산력 발전은 인간의 욕망과 신의 섭리의 두 요소에 의해서 발달해 왔다는 결론이 된다. 즉 생산력 발달은 창조목적을 달성하려는 인간의 기본 욕망과 창조본연의 세계를 복귀하려는 신의 섭리의 두 요인에 의하여 되어져 왔던 것이다. 이렇게 해서 발전한 생산력은 주체와 대상의 수수작용에 의하여 상품을 생산하게 되는 것이다.

그런데 여기서 유의해야 할 것은 이 같은 정신적 요인은 그때그때의 사회적 물질적 조건을 터로 하지 않고는 현실적으로 작용할 수 없다는 것이다. 다시 말하면 생산력 발전은 정신적 요소(인간과 욕망과 신의 섭리)가 동인이 되고 물질적 조건이 그 터가 되어서 발전해 왔던 것이다(후술).

이상이 생산력 발전에 대한 통일사관의 견해인 바 이것은 유물사관의 또 하나의 법칙인 '생산력 발전은 인간의지로부터 독립되어서 행하여진다'(본절 본항 ④ 참조)는 비판에도 직접 관련되므로 그곳에서 각도를 달리하여 발명의 면에서 이 생산력 발전에 대하여 다시 논하기로 한다.

② 인간은 사회생활에 있어서 생산관계를 맺는다
생산관계만이 기본적인가

생산관계는 생산 및 생산수단을 중심한 인간관계라 함은 이미 밀한 바와 같다. 인간은 사회생활을 하는 데 있어서 이 같은 생산관계를 반드시 맺게 된다는 것이 마르크스의 주장이다. 그런데 마르크스는 인간이 생산관계를 맺게 되는 이유로서 생산의 사회화와 소유관계를 들고 있다. 인간이 생활자료를 얻기 위해서는 생산을 해야 하는 바 이 생산은 반드시 타인과 공동으로 하지 않으면 안 되며 또 생산에는 반드시 생산용구(노동도구)를 써야 하는 바 생산용구는 반드시 누구의 소유가 된다. 어떤 때는 공동소유가 되기도 하고(예, 원시사회) 어떤 때는 개인 또는 한 집단의 소유가 되기도 한다. 그렇기 때문에 인간은 생산을 중심하고 상호 관계를 맺게 될 뿐 아니라 생산용구의 소유문제를 중심하고 또 관계를 맺게 된다.

인간이 생활함에 있어서 반드시 생산관계를 맺는다는 말은 물론 타당한 말이다. 그러나 마르크스는 생산관계가 사회생활의 유일한 기본적인 인간관계라고 주장하고 있다. 생산관계는 물질을 중심한 인간관계다. 물질적인 인간관계만을 기본적인 것으로 보는 이러한 사회관은 결코 정당하다고 볼 수 없는 것이다. 왜냐하면 이러한 사회관으로는 인륜이나 도덕 같은 것은 전연 무시되기 쉬우며 따라서 부모 형제 자매 등 가족 간의 윤리관계가 물질적 조건에 의하여 파괴되기 쉽기 때문이다. 실제로 이러한 현상은 오늘날까지 공산주의사회에서 벌어져 왔던 것이다.

사회적 인간관계의 대안

그러면 이에 대한 통일원리적 견해는 어떠한가? 통일원리에 의하면 생산관계는 수수관계의 한 형태에 불과하다. 인간을 포함한 전 피조물은 수수작용의 법칙에 의하여 모두 주체와 대상의 입장에서 수수관계를 맺게 되어 있다. 광물 식물 동물 할 것 없이 그 개체 개체는 서로 수수작용을 하고 있는 것이다. 수수작용을 하지 않으면 개체의 생존이 불가능하기 때문이다. 다시 말하면 만물은 모두 수수관계를 맺도록 창조된 것이다. 그 이유는 피조세계는 직접적으로나 간접적으로나 닮기의 법칙에 따라서 신을 본으로 하여 지어졌기 때문이다. 그러므로 신에 있어서 이성성상(二性性相)이 항상 원만한 수수작용을 하고 있는 것처럼 피조만물도 어느 것이나 다른 개체와의 사이에 주체와 대상의 관계를 맺어 항상 수수작용을 하고 있는 것이다.

인간도 이것의 예외일 수는 없는 것이니 인간 상호간에 수수관계를 맺지 않으면 인간 자체의 생존이 불가능할 뿐 아니라 창조이상이 실현되지 않는다. 신의 창조이상은 4위기대(四位基台)를 중심한 천국을 건설하는 것이다. 이러한 천국은 정상적으로는 진선미 및 사랑의 생활인 동시에 형상적으로는 이상적인 의식주의 생활인 것이다. 천국생활에 이 같은 성상적 형상적 양면의 생활이 있게 된 것은 피조세계가 상대성의 법칙에 의해서 지음 받은 유형 무형의 이중세계요, 인간이 몸과 마음의 이중체이기 때문이다. 이와 같이 인간은 상대적 이중적인 존재이기 때문에 인간 상호간의 수수작용도 양면적인 것이 안 될 수 없는 것이다. 즉 성상적인 수수작용과 형상적인 수수작용이 그것이다. 성상적인 수수작용이란 심정적 인연, 즉 윤리를 중심한 수수작용이며 형상적인 수수작용은 물질적 생활, 즉 경제를 중심한 수수작용이다. 그리고 이 형상적인 경제적 수수관계가 곧 생산관계였던 것이다. 이 양면작용은 서로 밀접히 상호의존하고 있을 뿐 아니라 또 이 작용들도 각각 성상적 및 형상적인 양면을 갖게 되어 있는 것이다. 이런 것이 수수작용의 양면성이다. 즉 외적 형상적인 생산활동은 내적 성상적인 조화 협동 없이는 그 본래의 구실을 다할 수 없는 것이다.

이것은 윤리관계에 있어서도 마찬가지이다. 그런데 또 형상적 수수작용은 주로 육신을 중심한 수수작용이요 성상적 수수작용은 주로 심정을 중심한 수수작용이기도 하였던 것이다. 그리하여 통일원리로 볼 때 사회생활의 기본관계는 형상적 수수관계(생산관계)뿐이 아니고 성상적 수수관계(윤리관계)까지도 포함한 이중관계인 것이다. 이 점에 있어서 마르크스의 견해는 일방적이요 편견이었다. 그런데 인간은 타락으로 말미암아 그 심령이 영락되어 버렸기 때문에 성상적 수수관계는 원만한 본연의 모습을 잃어버리고 말았다. 그리하여 인간관계는 심정이 거세된 냉랭한 상태로 떨어지고 말았다. 다시 말하면 그것은 의식주 위주의 생리적 욕망만을 채우기 위한 생물학적인 인간관계가 되고 말았던 것이다. 이것이 타락사회의 수수관계이며 생산관계였던 것이니 마르크스가 파악한 생산관계는 바로 이러한 것이었다.

③ 생산관계는 생산력의 발전에 조응하면서 발전한다

생산관계는 경제적 구조를 의미하며 따라서 경제제도 사회제도를 의미한다. 여기에서 생산력의 발전에 따라서 생산관계가 발전한다는 말은 생산력의 발전과 함께 사회제도도 발전한다는 뜻이 되는 것은 두말할 필요도 없다. 그리하여 앞에서(제4장 제2절 ④ '생산력과 생산관계') 말한 바와 같이 생산력이 농경업이나 수공업단계에까지 발전했을 때는 생산관계는 봉건사회 형태를 취하였고 생산력이 더 발전하여 대기계공업단계에 이르자 생산관계도 발전하여 자본주의사회 형태를 취하게 되었다는 것이다.

이와 같이 과거의 시대의 추이로만 본다면 이 명제는 타당한 것같이 보인다. 그러나 마르크스의 이 주장을 도리어 반대로 입증하는 예도 있으니 그것은 공산주의사회와 자본주의사회와의 관계이다. 마르크스의 법칙에 따른다면 한 단계 더 발전한 사회형태는 그만큼 발전한 생산력을 그 기초로 하고 있어야 할 것인데 오늘날 자본주의사회보다 더 발전한 사회형태라고 하는 공산주의사회는 자본주의사회의 생산력보다 도리어 더 낙후되었거나 비슷한 생산력을 기초로 하고 있는 것이다. 이것은 생산관계가 생산력에 조응한다는 마르크스의 주장이 진실이 아님을 의미하는 것이다.

생산관계의 발전에 대한 대안

통일원리에 의하면 생산관계는 생산력과 관계가 없는 것은 아니나 결코 그것에 조응하는 것은 아니다. 생산관계는 생산력의 산물이 아니며 그것은 인간의 욕망(의지)과 신의 섭리의 산물인 것이 아니다. 그것은 마치 견해와 기관이 경제적 조건의 산물이 아니라 욕망(의지)과 섭리의 산물인 것(본절 2 '토대와 상부구조 이론에 관한 비판과 대안' 참조)과 같다. 그리하여 거의 동일한 단계의 생산력의 터 위에 민주사회와 공산사회라는 서로 다른 생산관계가 세워진 것은, 첫째는 주권자의 의지(욕망)가 한 편은 민주사회를 실현하고 한 편은 공산사회를 실현하였기 때문이요, 둘째는 신이 종말기에 처한 세계를 분립의 법칙에 따라서 선편과 악편으로 갈라놓은 섭리를 하였기 때문이다. 물론 의지와 섭리의 현실화는 현실적인 사회적 물질적 조건을 터로 하지 않고는 불가능한 것이다. 그리하여 공산주의는 마르크스의 말대로 자본주의의 다음의 단계로서 온 것이 아니라 생산력 발전에 조응함이 없이 자본주의와 대결하기 위하여 대체로 동일한 단계로서 온 것이다.

그런데 타락사회의 생산관계는 적대계급의 사회관계의 경우가 많았던 바 이것은 인간의 본연의 욕망이 타락으로 사탄의 욕망으로 화하여 작취욕 점유욕으로 변하였기 때문이나. 타락이 없있다면 인간은 내적으로는 조화로운 윤리관계를 맺고 외적으로는 호혜적 생산관계를 맺었을 것이다. 이것은 앞으로 창조이상세계가 복귀되면 수수관계는 잃어버렸던 그 본연의 양면성을 회복하게 되며 따라서 생산관계도 본연의 협조적 호혜적인 면모를 다시 갖추게 될 것임을 의미하는 것이다.

창조본연의 세계에 있어서는 생산수단을 포함하는 모든 재산은 신의 것이요 만인의 것인 동시에 나 자신의 것이기 때문에 거기에는 착취니 억압이니 하는 불의와 악은 있을 수 없다. 그 세계는 바로 공생공영공의주의사회(共生共榮共義主義社會)요, 세계대가족주의사회이며 천주사회이며 오랫동안 인류가 바라오던 이상세계인 것이다.

④ 생산력 발전은 인간의 의지로부터 독립되어서 행해진다
다시 생산력 발전의 원인에 대하여

이것을 비판하려면 생산력 발전의 원인과 의지와의 관계를 검토하면 될 것이다. 그런데 생산력 발전의 동인(動因)에 대하여는 이미 말한 바 있으므로(본절 본항 ① '생산력은 부단히 발전한다' 참조) 여기서 그것을 재론하는 것은 다소 중복되는 감이 있지만 본 법칙을 검토하기 위하여 다소 각도를 달리하여 실례를 들어가면서 그것을 좀 더 구체적으로 다루어 보기로 하겠다.

'생산력 발전이 인간의지로부터 독립되어 있다'라는 말은 물론 생산력 발전의 동기가 직접적으로는 인간의 의식(의지)에 있지만 인간의 의식은 언제나 생산관계 등 물질적 조건의 제약을 받기 때문에 생산력 발전 그 자체는 인간의 예상과는 다른 방향으로 흘러서 결국 인간의지와는 무관하다는 뜻이다. 스탈린은 "새로운 생산력과 이에 조응하는 생산관계의 발전은……인간이 예정한 의식적인 결과로서가 아니라 자연발생적으로 무의식적으로 인간의 의지와는 독립적으로 생기는 것이다."('변증법적 유물론과 유물사관' 국민문고 135면)라고 하였으며 엥겔스도 "인간은 여러 가지 일을 의욕하였지만 그 어느 것도 의욕한 대로 이루어진 일은 없으며 실제로 일어나는 결과는 전연 의욕되지 않았던 것이다."('포이엘바하론' 岩波文庫 68면)라고 하면서 마르크스의 이론을 뒷받침하고 있다. 예를 들면 나침반이나 증기기관

을 발명한 인간들은 항로개설이나 산업혁명이 올 줄은 상상도 못 하였으며 또 매뉴팩처의 사업주들은 자기의 사업을 항상 발전시키기에만 전력을 다하였을 뿐 매뉴팩처의 발전이 장차 자본주의 경제체제를 성립시키리라고는 예상하지 못하였다. 그것은 모두 생산력 발전이 인간의식과 독립되어 있기 때문이라는 것이다.

과연 이것이 사실일까? 여기서 좀 더 상세히 검토하여 보기로 한다. 나침반과 증기기관의 예를 살펴보자. 나침반이나 증기기관은 직접적으로 그 발명자의 지식의 산물인 것은 틀림없다. 물론 그 발명 당시의 사회적 물질적 조건을 떠나서는 이러한 발명이 이루어지지 않을 것도 사실이다. 증기기관을 본다면 서구대륙과 떨어져 있는 영국의 지리적 조건, 봉건사회가 무너지면서 자본주의가 형성되어가고 있던 당시의 경제적 제 조건, 해상권 지배에 의한 해외시장 개척, 원료공급지 획득 등의 여러 환경적 사회적 제 조건하에서 비로소 영국인 와트가 증기기관을 발명할 수가 있었던 것이나, 또 와트 그 자신이 자기의 발명이 장래 산업혁명이라는 거대한 사회적 물질적 조건의 변화를 가져올 줄 몰랐던 것도 사실이다. 그런 의미에서 증기기관은 직접적으로는 의식의 산물이기는 하지만 근본적으로는 경제적 사회적 조건의 산물이며 또 생산력으로서의 증기기관의 발명이 산업혁명에까지 이른 것은 발명자로서는 예상 못 하였던 일로서, 생산력의 발선이 인간의지(이 경우는 와트의 의지)로부터 독립되어서 이루어진다는 마르크스의 주장도 타당한 것처럼 보인다. 그러나 이것이 사실이 아님은 본절의 '생산력은 부단히 발전한다'의 제목하에서 창조력 발전의 설명에 의하여 이미 밝혀졌지만, 또 다음과 같이 발명의 제 요인을 분석 검토함으로써도 밝혀질 수 있는 것이다.

발명의 3요인

　발명에는 다음의 세 가지 요인이 작용하고 있음을 아무도 부인하지는 못하리라. 즉 첫째는 발명자의 발명의욕이다. 발명이란 쉬운 작업이 아니다. 강력하고 지속적인 발명의욕이 없는 한, 발명은 성공될 수 없을 것이다. 둘째는 경험과 과학적 지식이다. 필요한 지식의 습득 없이 발명을 한다는 것은 나무에서 물고기를 찾는 것이나 마찬가지이다. 셋째는 사회적 물질적 제 조건이다. 발명에 필요한 자본 재료 장소 사회환경과 시대적 경제적 배경 등이 갖추어져야 하는 것도 물론이다. 이 세 가지의 요인 중에서 어느 것이 보다 근본이며 주체적인가를 알아보자.

　첫째의 발명의욕은 다른 여러 의욕(식욕 권리욕 물질욕 등)과 마찬가지로 인간의 현실적 욕망이다. 이러한 현실적 욕망은 인간이 창조된 때부터 지니고 있는 기본적 욕망이 현실화한 것임은 이미 말하였다. 즉 보다 나은 의식주의 생활을 갈망하는 인간의 끊을 수 없는 기본적 욕망이 학구적인 면에서 현실적으로 구체화한 것이 이 발명의욕이었다. 그리고 기본적 욕망은 보편적 영구적이어서 동서고금을 막론하고 불변이며 현실적 욕망은 대개가 특수적 또는 일시적이다(본절 ⑵ '토대와 상부구조의 이론에 대한 비판과 대안' 참조). 그러나 현실적 욕망도 특수 분야에 있어서는 그 분야가 존속하는 한 영구적일 수 있는 것이니 과학 분야에 있어서의 발명욕이 바로 그런 것이다. 욕망의 강도의 차는 있더라도 과학 분야가 남아있는 한 시간적으로나 공간적으로나 그것(발명욕)은 불변이다. 즉 옛사람이나 현대인이나 동양인이거나 서양인이거나 정도의 차이는 있을지라도 어느 과학자에 있어서나 발명욕은 유리한 조건만 갖추어지면 언제든지 나타날 수 있는 것이다. 그렇기 때문에 인류문화를 위한 수많은 발명품이 고대에도 있었고 현대에도 있으며 동양에도 서양에도 있는 것이다.

그리고 지식은 그 내용이 동서고금에 있어서 항상 변하고 있지만 더 많은 것을 알고자 하는 지식욕은 역시 인간의 기본욕망에 기인함으로써 발명욕과 마찬가지로 불변이다(지식을 발달시킨 욕망에 대해서는 이미 본절 ②항에서 논하였으므로 여기에서는 생략한다). 발명의욕과 지식욕은 과학이 남아있는 한 불변이다.

그런데 사회적 물질적 조건은 가변인 것이다. 고금에 있어서 사회적 물질적 조건이 다르고 동서양에 있어서 또한 그러하다. 즉 시간과 장소에 따라서 일정치 않은 것이 사회적 물질적 조건인 것이다. 이것 때문에 실제로 발명된 물질은 각양각색이다.

이것으로써 발명의 세 요인 중에서 일부(발명욕과 지식)는 불변의 요소요 다른 하나는 변하는 요소임을 알 수 있게 된다. 그러면 이 불변요소와 가변요소 중에서 어느 것이 근본적이요 주체적인가? 그것은 물론 불변요소이다. 인간에게 발명의욕, 발명정신과 지식욕이 없는 한 그 외의 조건이 아무리 구비된다 해도 발명은 있을 수 없는 것이다. 그것은 마치 건축자재와 설계도가 아무리 갖추어져 있다 하더라도 목수 없이는 건물을 세울 수 없는 것과 같으며 화포(畵布)와 화구가 아무리 구비되었다 하더라도 화가 없이는 그림이 그려질 수 없는 것과 같다. 그것은 목수나 화가는 주체요 건축재와 설계도 및 화포와 화구는 대상이기 때문이다. 마찬가지로 발명에 있어서도 인간의 발명욕과 지식욕은 주체요 경제적 사회적 조건은 대상에 해당하는 것이다. 여기서 발명욕과 지식은 정신적 요소이며 사회적 조건은 물질 및 정신의 복합적 요소이다. 이로써 발명은 정신과 물질의 합력의 산물이며 결코 물질적 조건만의 산물은 아닌 것이다. 더욱이 여기에서 주체적 역할을 하는 것은 물질적 조건이 아니라 의식인 것이다. 그리고 사회적 물질적 조건은 의식의 주체적 활동에 동기와 자극을 제공하는 보조적 역할을 하는 것에 불과하다는 것을 알 수 있을 것이다.

이와 같이 생산력의 발전의 일정 단계를 표시하는 발명이 단순한 물질적 소산이 아니라 의식(욕망)과 물질적 조건의 합력(수수작용)의 소산이며 그 발명의 주체적 요인은 물질이 아니라 의식(욕망, 지식)이었으니 생산력 발전의 적어도 일정 단계만은 인간의지로부터 독립되어 있는 것이 아니라 도리어 의존하고 있다는 것을 우선 알 수 있는 것이다.

생산력 발전의 전 과정

그러면 다음에 생산력 발전의 전 과정이 과연 인간의지로부터 독립되어 있는가를 알아보기로 하자. 스탈린은 생산력의 발전이 인간의 예정한 의식적인 결과로서가 아니라 자연발생적으로, 무의식적으로 인간의 의지와는 독립적으로 생긴다고 하면서 바로 앞에서도 말한 바와 같이 나침반이나 증기기관의 발명자들은 항로개설이나 산업혁명이 올 줄은 전연 생각하지 못하였다는 것을 들고 있다. 즉 항로개설이나 산업혁명의 단계에까지 생산력이 발전한 것은 그보다 몇 십년 혹은 몇 백년 전의 발명가들은 상상 못 하였던 일이며 그 발명은 그들의 의지와는 독립적으로 자연발생적으로 되어졌다는 것이다.

그런데 나침반이나 증기기관의 발명자들이 항로개설이나 산업혁명을 예지(豫知)하지 못하였다는 사실이 생산력 발전이 인간의지와 무관하게 독립적으로 되어졌다는 주장의 근거는 될 수 없는 것이다. 왜냐하면 나침반이나 증기기관이 생산력 발전의 일정 단계를 표시하는 것처럼 항로개설(예를 들면 조판술 해도작성술)이나 산업혁명(각종 방직기 발명, 철도부설, 기관차 발명, 제철업 발달 등)도 생산력 발전의 일정 단계를 나타내는 것이며 따라서 나침반이나 증기기관이 인간의 발명의욕과 지식과 사회적 조건의 합력의 산물이었던 것처럼, 항로개설이나 산업혁명도 인간의 욕망과 사회적 조건의 합력의 산물로 보아서 틀림이 없겠기 때문이다. 다 아는 바와 같이 산업혁명은 각양각색의 발명의 집적에 의하여 된 것이었다. 와트의 증기기관 발명뿐 아니라 아크라이트의 방적기, 하그리부즈의 제니방적기, 존케이의 비사(飛梭)의 발명, 카트라이트의 동력직기, 스티븐슨의 기관차, 풀턴의 증기선의 발명, 코트의 강철제련법과 같은 생산법의 개선 등 수많은 과학자 기술자들의 지식과 기술이 모여진 것(집적)이 바로 산업혁명 그 자체인 것이다.

따라서 발명이 보다 나은 의식주의 생활을 갈구하는 인간의 기본 욕망과 지식에 기인하였던 것처럼 산업혁명도 인간의 욕망과 지식에 의하여 그 당시의 사회적 물질적 조건을 터로 하여서 이루어졌던 것이다. 다시 말하면 증기기관이 와트의 의식과 사회적 조건과의 합력의 산물이었던 것처럼 여러 발명의 집적인 산업혁명도 아크라이트, 스티븐슨, 풀턴 등 여러 과학자들의 의식과 그 당시의 사회적 조건과의 합력의 산물이었다. 그러므로 와트가 산업혁명을 예견하지 못하였다고 해서 산업혁명이 의식과 독립되어 일어났다는 말은 성립될 수 없는 것이다.

발전은 영속적인 것

그런데 생산력의 발전이란 요컨대 발명과 발전의 연속인 것이니 따라서 그것은 인간의 발명욕의 계승과 새로운 지식의 계속적인 누적, 그리고 새로운 사회적 물질적 조건의 끊임없는 변천을 뜻하는 것이다. 다시 말하면 인간의 현실적 욕망이 한두 개의 발명에 만족하지 아니하고 부단히 보다 더 새로운 발명 발견을 지향해 나왔으며 이에 따라서 과학자들의 연구에 의하여 지식은 계속 새로워져 왔던 것이니 이러한 욕망의 계속적인 향상과 이에 따르는 지식의 발달이 그때 그때의 사회적 물질적 조건을 터로 하고서 생산력의 발전으로 나타났던 것이었다.

그러므로 생산력의 발전의 전 과정도 발명의 경우와 마찬가지로 인간의지로부터 독립되어 있는 것이 아니라 도리어 인간의지(욕망, 지식)에 의존하고 있는 것이다. 발명가나 과학자 한 사람 한 사람이 생산력 발전의 앞날을 미리 예견하지 못하였다 할지라도 역사상의 여러 발명가와 과학자들의 전체를 총합한 의지(욕망)와 이에 기인한 지식이 생산력 발전의 주체적인 요인이 되었던 것이다.

이것으로써 생산력 발전이 인간의 의지로부터 독립되어 있다는 마르크스의 주장이 전적으로 잘못임을 알 수 있을 것이다. 그런데 생산력 발전에는 이 같은 인간의 욕망과 지식 외에 신의 섭리도 작용하였다는 것은 이미 말한 바와 같다. 그리하여 앞에서 말한 바와 같이 생산력 발전의 원동력은 인간의 기본욕망과 신의 섭리였으며 사회적 물질적 조건은 다만 그 터전에 불과하였던 것이다(본절 본항 ① '생산력은 부단히 발전한다' 참조). 그리고 신의 섭리는 일련의 법칙에 의한 섭리인 바, 이러한 신의 섭리야말로 이때까지의 역사에 있어서 참으로 인간의지로부터 독립되어 있었던 것이다.

⑤ 생산관계의 발전이 일정 단계에 이르면 생산력의 발전에
대하여 질곡(桎梏)으로 화한다. 이때에 혁명이 일어난다

마르크스에 의하면 생산력이나 생산관계의 발전은 경제적 물질적

발전이며 정신적 발전은 결코 아니다. 따라서 생산관계의 질곡화도 물질적 질곡화임은 두말할 필요도 없다(여기서 '질곡'이란 형구[刑具]를 말하는 것으로 장해물을 뜻한다). 그러나 통일사관에서 본다면 생산력의 발전은 주로 인간의 기본적 욕망에 의한 지식의 발전과 물질적 경제적 조건과의 합력에 의하여 이루어진 것이다.

그러면 생산관계의 질곡화는 어떠한 것인가? 물질적인 것인가, 정신적인 것인가? 실례를 들어서 이 관계를 구명하여 보기로 하자. 가령 프랑스 대혁명을 예로 들면 이 혁명은 봉건제도를 타도한 대표적인 시민혁명(부르주아혁명)이었다. 이 혁명의 주도세력은 상공업시민(신흥 부르주아)이었고 인구의 90퍼센트를 차지하는 농민대중이 이에 호응하였던 것이다. 상공업시민의 사회적 불만은 노동력 구득의 부자유, 상품생산과 유통의 제한 등이었고 농민대중의 요구는 토지영주권의 철폐, 곡물의 자유판매, 토지의 재분할 등이었다. 이러한 사회적 불만이 국민의회에 반영되어서 저 유명한 인권선언(자유와 평등의 권리선언)이 선포되고 이어서 대중의 폭동이 일어났다. 이 혁명의 결과 봉건적 사회제도는 폐지되고 상품의 생산과 유통이 자유롭게 되고 그로 인하여 상공업이 비약적으로 발전하게 되었고 농민의 토지 소유와 곡물의 매매 등이 자유로워졌다.

과연 생산관계의 질곡화는 물질적일까

그런데 이 혁명의 직접적 동기가 된 사회적 혼란(착취 억압 부정부패 등)은 봉건제적 생산관계가 상공업의 발전을 저해하게 된 데 기인함은 물론이며 이것이 곧 생산력 발전에 대한 생산관계의 질곡화라는 것이다. 그리하여 생산관계가 질곡화되면 혁명이 일어난다는 명제가 성립된다. 그런데 마르크스는 생산력과 생산관계와의 모순을 물질적인 것으로만 보았기 때문에 혁명의 원인을 오로지 물질적 조건에만 구하였던 것이다. 그러나 우리는 여기서 '경제적 모순'이나 '생산관계의 질곡화'라는 술어적 기교에 사로잡히지 말고 혁명의 원인을 실상 그대로 구명하여 보자.

마르크스는 이러한 혁명을 봉건적 생산관계가 생산력의 발전에 대하여 질곡화한 것이라고 표현하고 있지만 사실에 있어서는 구체적인 인간과 인간의 싸움이었다. 즉 봉건영주 및 승려들이 한 편이 되고 상공업시민 및 농민들이 다른 한 편이 되어서 일으킨 투쟁이었다. 물론 봉건영주나 승려들은 봉건적 생산관계를 고수하려고 하였고 상공업자 및 농민들은 생산력의 발전을 담당하였던 것이 사실이다. 그러나 거기에도 반드시 이유가 있지 않으면 안 된다. 왜 한 편은 생산관계를 유지하려 하였고 다른 한 편은 생산력 발전을 꾀하였던가? 그것은 그렇게 함으로써 그들의 욕망이 충족되기 때문이었다. 봉건영주들은 봉건적 생산관계를 유지함으로써 그들의 여러 욕망(권리욕 지배욕 소유욕 등)이 충족되는 것이었고 상공업자들은 상공업을 진흥시킴으로써 그들의 욕망(소유욕 이윤욕 등)이 충족되는 것이었다. 그런데 이러한 것은 의식주에 대한 욕망, 즉 기본적 욕망이 현실화한 것이었다. 즉 잘 먹고 잘 입고 편하게 생활하려는 욕망이 권리 지배 소유 이윤 등에 대한 현실적 욕망으로 변한 것이었다. 이 욕망이 양자 간에 상충되었기 때문에 혁명이 일어났던 것이다.

아무리 생산력이 발전했다 할지라도 인간에게 이 욕망이 없다면 혁명이 일어날 수가 없다. 모순은 욕망과 욕망의 모순이었고 질곡화는 한 욕망의 다른 욕망에 대한 질곡화였다. 물론 현실적 욕망은 물질적 조건 없이는 생기지 않는다. 토지 농노 조세 등이 없이는 봉건영주들의 제 욕망이 생길 수 없는 것이며 공장 기계 상품 노동자 없이는 상공업자들의 욕망이 또한 생길 수 없는 것이다. 그런 의미에서 현실적 욕망은 물질적 조건에 기인한 것처럼 보이기도 한다. 그러나 실제에 있어서는 물질적 조건은 결코 현실적 욕망의 본질적 원인이 될 수 없는 것이다. 현실적인 욕망은 인간이 날 때부터 가지고 있는 기본적 욕망에서 유래하였던 것이다. 이 기본욕망은 의식주의 생활을 보다 더 좋게 하려는 생래적인 욕망이며 '생육하고 번식하여 만물을 주관'함으로써 창조목적을 완성하려는 인간의 필연적 욕망인 것이다. 물질적 조건은 이 같은 인간의 기본욕망을 현실화시키는 동기요 터전에 불과하였던 것이다. 기본욕망이 이 물질적 조건을 터전으로 하여서 현실적으로 구체화한 것이 인간의 현실적 욕망이었다. 그러므로 생산관계의 질곡화와 혁명의 기본원인은 정신적(성상적)인 것과 물질적(형상적)인 것의 양자였으며 그중에서도 주체적인 원인은 정신이었고 물질적 조건은 그 대상적 원인이었던 것이다.

욕망과 욕망의 상충의 원인

그러면 봉건영주들의 욕망과 상공업자들의 욕망이 왜 상충하게 되었는가? 그것은 인간의 기본욕망이 악편으로 발전하였기 때문이다. 즉 타락으로 인하여 인간의 기본욕망은 사탄적인 현실적 욕망으로 화하여 버렸던 것이다. 창조본연의 세계에는 인간 개인이 배타적으로 점령하거나 탈취해야 할 물건이라고는 하나도 없다. 모두 신의 것이요 만민의 것이요 나의 것이다. 그러므로 타락이 없었다면 기본적 욕망은 신(선)편을 중심하고 서로 원만한 수수작용을 하게 되어 조금도 상충될 리도 없고 도리어 그것이 현실화하여서 공유욕이 되었거나 적어도 호혜적인 소유욕이 되었을 것이다. 왜냐하면 인간은 신을 공동소유하기 때문에 만물에 대한 배타적인 사유욕은 생겨날 수 없기 때문이다.

그러나 타락으로 인하여 사탄 중심으로 수수관계를 맺게 되어 인간과 인간의 원만한 수수의 회로가 끊어져서 욕망은 배타적인 사유욕 탈취욕이 되어 버렸다. 원래 사탄이 사탄 된 동기는 선의 질서 안에서 탈취를 자행한 데 있었던 것이다. 그러므로 배타적 독점적인 사유욕은 사탄적인 욕망인 것이다. 그러므로 타락 때부터 인간의 사유욕은 서로 상충하게 마련이었다. 봉건영주들의 욕망과 상공업자들의 욕망이 상충한 것은 그것이 사탄적인 사유욕이었기 때문이다.

신의 섭리

그런데 여기서 한 가지 간과해서는 안 될 사실은 신의 섭리가 인간의 현실적 욕망을 통해서 작용한다는 것이다. 앞에서 말한 바와 같이 신은 환경복귀를 위하여 생산력을 발전시켜 왔다. 이러한 신의 섭리는 대부분 인간의 욕망을 통해서 작용하는 것이다. 그러므로 인간의 현실적 욕망이 신의 섭리의 방향과 일치되면 신은 그러한 인간을 통해서 생산력을 발전시켜 왔다. 영주나 승려들이 신의 뜻을 깨닫고 생산력 발전에 기여하였다면 신은 혁명을 허락하지 않았을 것이다. 그들은 악의 욕망에 사로잡혀서 신의 섭리를 가로막았기 때문에 신은 상공업자의 욕망을 통해서 섭리할 수밖에 없게 되었으므로 그들의 혁명은 필연적인 것이 결코 아니며 인간이 천의에 합당하게만 노력하면 미연에 방지될 수 있는 것이다.

이상은 낡은 생산관계는 반드시 혁명에 의해서 붕괴되고 새로운 생산관계가 이에 대치된다는 마르크스의 유물사관의 실례라고 그들이 알고 있는 프랑스 혁명의 경우를 통일사관으로 설명한 것이다. 그러나 프랑스 혁명은 마르크스의 소위 계급혁명의 실례는 될 수 없다.

마르크스의 계급혁명론의 실례가 되려면 농민계급이 혁명의 주도세력이 되어야만 한다. 그런데 프랑스 혁명의 주도세력은 상공업자들이었다.[27]

2. '토대와 상부구조'이론에 대한 비판과 대안

본장 제3절에서 이미 말한 바와 같이 마르크스에 의하면 사회는 토대와 상부구조로 되어 있으며 토대는 생산관계이고 상부구조는 정치 법률 종교 예술 철학 등의 이데올로기에 의한 견해와 기관이었다. 그런데 여기서 중요한 것은 상부구조는 토대의 산물이라는 것과 상부구조의 발전은 토대의 발전에 조응한다는 것이다. 그리고 토대의 발전이 모순에 의한 투쟁에 의하여 되는 것처럼 관념과 기관의 발전도 모순에 의한 논쟁 투쟁에 의하여 되는 바 이러한 모순에 의한 투쟁은 모두 토대에서 일어나는 사회적 모순, 사회적 이해 충돌 등의 반영이라는 것이다. 그러므로 스탈린은 말하기를 "상부구조는 어떤 경제적 토대가 살아서 일하는 한 시대의 산물이다. 그러므로 상부구조는 오래 살아있지 못하며 그 경제적 토대의 근절과 함께 근절되고 소멸한다."('언어학에 있어서의 마르크스주의에 대하여' 국민문고 145면) 라고 하였다.

---

27) ……그들은 농민이 봉건사회의 혁명의 기본계급이긴 하지만 계급적 취약성 때문에 혁명의 주도권은 상공업자에게 양도되었다고 변명한다. 이것은 투쟁이 주체와 대상과의 사이에서가 아니라 주체와 주체와의 상극작용에서 벌어진다는 통일사관적 견해가 정당함을 방증하는 것이라 하겠다. 그리고 마르크스의 혁명필연론도 실에 있어서는 적중하지 않은 경우가 더 많았다. 예컨대 고대 로마 노예제도는 혁명(노예반란)에 의하여서가 아니고 동방으로부터 침입한 게르만 민족과 기독교의 전수에 의하여 무너졌던 것이다.

상부구조는 토대에 조응하지 않았다

그러면 다음에 이에 대한 비판을 시도하기로 한다. 먼저 상부구조가 토대의 산물이라는 점에 대하여 검토하여 보자. 상부구조가 토대의 산물이라는 말은 이상의 설명에서 여러 가지의 견해와 각종 기관은 모두 생산관계에 의해서 성립되고 한 생산관계의 근절과 함께 소멸되고 새로운 생산관계의 출현과 함께 새로운 견해와 기관이 신생하는 것을 의미하는 것을 알 수 있다. 즉 견해나 기관은 생산관계에 의존하고 있을 뿐이며 생산관계 이외의 어떠한 것에도 영향을 받고 있지 않다는 것을 의미한다. 그리하여 마르크스는 이러한 의미에서 그의 '토대와 상부구조'이론을 전개하고 있으며 위에 인용한 스탈린의 언급도 이와 같은 내용을 강조하고 있는 것이다.

물질의 소산이 정신이라고 보는 변증법적 유물론을 적용한 것이 유물사관이기 때문에 마르크스나 스탈린으로서는 상부구조가 토대의 산물이라는 결론을 이끌어 내지 않을 수 없다. 그러나 실제 역사의 발전은 이 이론과 일치하지 않는다. 그 예를 들어보자. 법률과 예술의 예를 들어 보면 노예제사회였던 로마시대의 법률(견해)이 자본주의시대에도 보존되어 있고 그리스 예술은 오늘날에도 높이 평가되고 있다. 더욱이 뚜렷한 것은 종교의 예로서 고대의 종교인 기독교 불교 유교는 오늘날까지 존속되어 오고 있다. 낡은 생산관계는 이미 사라진 지 오래인데 관념 견해는 사라지지 아니하고 계속되어 온 이 엄연한 사실을 무엇으로 설명할 것인가?

그러나 마르크스의 추종자들은 이에 대하여 다음과 같이 변명하고 있다. "낡은 시대의 견해라도 후대에 유익한 것은 보존되고 이용된다. 로마 법률이 부르주아법률 속에 보존되고 있는 것은 부르주아에게 이용된 것이요, 그리스 예술이 오늘날 높이 평가되고 있는 것은 그 예술이 모든 사회에 공통되는 보편면과 인간면을 표현하고 있기 때문"(모리스 콘포스 '사적 유물론' 이론사 164~165면)이라는 것이다. 또 엥겔스는 "견해나 기관은 일반적으로 경제적 조건의 산물이기는 하지만 어떤 시대에 어떤 국가가 취하는 정확한 형태는 그 시대와 그 나라의 경제적 조건만으로써 설명할 수는 없다."('포이엘바하론' 岩波文庫 74~78면)라고 하였으며 도리어 "그와 반대로 견해나 기관이 어떠한 시대에 취하는 형태는 그 나라의 독특한 여러 가지 요소에 의하여 좌우되는 것으로서 그 요소는 그 국민의 성격, 그 지도자의 개성, 특히 그 나라의 과거사를 들 수가 있는 것이다."(모리스 콘포스 '사적 유물론' 171~172면)라고 하였다.

이것은 견해나 기관이 생산관계의 발전에 따라서 발전하는 것은 원칙이지만 실제에 있어서는 반드시 그런 것은 아니라는 것이다. 이 얼마나 자기모순의 고백인가? 그리고 부르주아들이 로마 법률을 이용했다면 그들의 법률적 견해와 로마시대의 법률적 견해와의 사이에 공통점이 있었기 때문이요, 그리스의 예술이 모든 사회에 공통되는 가치를 지녔다면 그리스를 포함한 모든 시대의 사람들은 공통된 예술적 감정과 견해를 가졌기 때문이 아닌가? 생산관계는 전연 다른 것으로 변하였는데 왜 이 같은 법률적 예술적 견해상에는 변화가 없는가? 그리하여 그들은 이 같은 이론과 실제와의 모순을 해결하지 못하고 있는 것이다(최근 공산권 내에서 이데올로기 형태는 토대의 변화에 따라서 반드시 이에 조응하는 것은 아니라는 주장이 나타나고 있다고 한다. 이것은 역사의 엄연한 사실을 그들도 부득이 받아들인 것으로 볼 수 있으며 따라서 변증법적 유물론이 역사발전에 적응될 수 없음을 자인하는 것으로 보아야 할 것이다. 그리하여 물질에서 정신이 생겨났다는 그들의 유물론이 틀렸음을 그들도 솔직히 시인할 수밖에 없는 단계에 이른 것이다).

　다음은 상부구조의 모순투쟁은 토대에서 일어나는 모순과 투쟁의 반영이라고 하였는데 이것도 표현이 모호하다. 견해상의 논쟁의 동기가 경제상의 이해 상반에서 온다는 뜻이라면 일리가 있지만 만일 견해상의 내용까지가 정확히 경제투쟁의 반영이라고 하면 그것은 전연 그릇된 주장인 것이다. 자유진영 내의 선진국가는 생산관계는 거의 비슷한데 각국 내에서의 견해나 사상상의 논쟁의 내용은 나라에 따라서 모두 다른 것을 본다(이것은 경제상의 이해관계는 견해상의 논쟁의 동기는 될 수 있어도 논쟁의 내용을 결정할 수 없다는 하나의 실례이다. 따라서 견해의 내용을 결정하는 요인은 물질적 조건이 아닌 다른 것에서 찾아야 할 것이다).

통일사관에 의한 대안

　그러면 다음에 생산관계와 견해, 기관에 대한 통일사관으로서의 대안은 어떠한가? 견해나 기관은 결코 생산관계 등 물질적 조건만의 산물은 아니며 의지(욕망)와 물질적 조건과의 합력의 산물이며 보다 더 의지의 산물이다.

　견해나 기관은 물론 물질적 사회적 조건의 터가 없이는 생기기 어려우나 의지(욕망)가 없이는 더욱 생겨나기 어려운 것이다(그리고 일단 생겨난 기관은 다시 경제재와 인간의지의 두 요소의 상호작용에 의하여 유지된다). 이미 말한 바와 같이 인간의 행동의 이면에는 인간의 기본적 욕망과 신의 섭리가 항상 작용하고 있다. 그런데 인간의 행동을 지배하는 요소는 이외에 또 하나 있으니 그것은 사탄의 반대작용인 것이다. 이러한 요소들은 항상 인간의 현실적 욕망을 통해서 행동을 지배한다. 예를 들면 가룟 유다는 예수를 팔았는데 그가 여러

해 동안 예수를 따른 것은 신앙생활을 하려는 그의 현실적 욕망을 통해서 신의 섭리가 그의 행동을 지배한 때문이요 그가 나중에 예수를 판 것은 은 30량에 대한 물질적 욕망을 통해서 사탄의 반대작용이 그의 행동을 지배한 때문이다.

이와 같이 신의 섭리와 사탄의 반대작용은 인간의 욕망을 통해서 행동을 지배하는 바 인간의 욕망이 행동으로 구체화하는 것은 반드시 사회적 물질직 제 조건에 의하여 좌우된다. 따라서 사회적 물질적 조건이 달라지면 현실적 욕망도 달라진다. 예컨대 로마시대에는 노예를 소유하고 싶은 것이 현실적 욕망이며 오늘날에는 자본을 소유하고 싶은 것이 현실적 욕망인 것이며 농민의 욕망은 농사를 짓는 것이요 기업가의 욕망은 사업을 하는 것이다. 이와 같이 현실적 욕망은 사회적 환경적 조건에 따라서 변하고 있는 것이다.

그리하여 견해와 기관, 즉 상부구조는 인간의 욕망과 신의 섭리 등의 정신적 요소(성상적 요소)와 사회적 경제적 조건과 같은 객관적 조건(형상적 요소)의 두 요인의 합력의 산물이며 이 중에서 보다 더 중요한 요인은 정신적 요소(성상적 요소)인 것이다. 그리하여 상부구조는 오로지 생산관계만의 산물이라는 마르크스의 주장은 하나의 편견이었다. 따라서 '사회적 존재가 인간의 의식을 결정한다'는 명제도 역시 잘못된 견해라 아니할 수 없다. 왜냐하면 그것은 바로 상부구조가 생산관계(토대)의 산물이라는 말과 같은 의미이기 때문이다. 그리고 그는 생산관계를 물질적 조건으로만 보았지만 엄밀히 말해서 생산관계도 경제재(생산수단)와 욕망(소유욕)을 중심한 인간관계인 것이다. 따라서 견해 및 기관과 생산관계와의 관계는 이것을 상층부와 하층부와의 관계로 보려면 그것은 상부구조와 토대와의 관계로 볼 것이 아니라 지도층과 대중층과의 관계, 즉 주체와 대상과의 관계로 보아야 할 것이다.

보편성과 특수성

그런데 인간의 현실적 욕망은 사회나 환경에 따라서 변하고 있지만 그 배후에 숨어 있는 욕망, 즉 잘 먹고 잘 입고 참되고 선하게 살려는 기본적 욕망은 때와 장소 여하를 막론하고 변치 않는다. 이와 같이 현실적 욕망은 특수적 또는 일시적이지만 기본적 욕망은 영구적 보편적인 것이다. 그러나 인간 생활의 특수분야에 있어서는 그 분야가 존속하는 한 현실적 욕망도 영구적일 수가 있으니 예컨대 과학에 있어서의 발명욕이나 정치에 있어서의 권력욕 등이 그것이다. 따라서 인간의 일상의 욕망에는 일시적 또는 특수적인 면과 영구적 또는 보편적인 면의 양면이 있게 된다. 그러므로 욕망(의지)의 산물인 견해나 기관에도 일시적 또는 특수적인 면과 영구적인 또는 보편적인 면이 있다.

예컨대 법률에 있어서 인간의 사회생활을 규제한다는 것은 고금을 통하여 변치 않는 보편적인 면이요, 고대와 중세와 근대에 있어서 각각 법률의 내용 차이가 있는 것은 시대와 장소에 따라 달라지는 특수적인 면이다. 또 예술에 있어서 인간의 정적인 면을 표현한다는 점은 동서고금에 걸쳐 변함이 없는 보편면이요, 소재, 창작방법 등에 있어서 시대와 장소에 따라서 차이가 있는 것은 예술의 특수면인 것이다. 그리고 또 예를 들면 오늘의 국회를 보더라도 그것이 민주주의적 방식에 의한 입법의 기관이라는 점은 보다 더 영구적, 보편적인 면이며 구체적인 의사일정이나 의사진행의 내용이 국가나 시대에 따라서 다른 것은 국회의 일시적, 특수적인 면이다.

이러한 양면성은 다른 이데올로기 형태(종교 정치 철학 등)에 있어서도 마찬가지이다. 그런데 이 양면 중에서 일시적 특수적인 것은 시대와 장소를 따라서 변하는 부분이요 영구적 보편적인 것은 때와 장소를 불구하고 변하지 않는 면이다. 로마 법률이 부르주아 법률에 적용되고 보존된 것은 그중의 영구적 부분이었으며 그리스 예술이 오늘에 이르기까지 높이 평가되고 있는 것은 그것이 시대와 장소를 초월하는 보편성을 많이 지니고 있기 때문이다. 일시적 요소를 많이 지닌 견해와 기관은 생산관계의 근절과 함께 근절되지만 영구적 요소를 많이 지닌 견해와 기관은 생산관계의 변화에 관계없이 오래도록 지속된다. 종교는 대개 영구적 보편적 요소가 더 많기 때문에 널리 전파되고 오래도록 지속되어 왔던 것이다.

견해와 기관(機關)은 모순에 의해서 발전하는가

다음에는 견해나 기관도 모순 투쟁에 의하여 발전하며 그 발전은 토대, 즉 경제적 영역의 모순 투쟁의 반영이라는 주장을 통일사관으로 검토해 보자. 물질적 조건은 인간의 의식활동의 기초는 되지만 인간의 의식의 내용을 규정하지는 못한다. 양식은 인간에게 사고의 힘은 줄지라도 사고의 내용을 주지는 못한다. 똑같은 음식을 먹고도 어떤 사람은 애국할 생각을 하고 어떤 사람은 축재할 생각을 한다. 먹는 음식은 같더라도 인간의 사고 내용은 천차만별이나. 이와 같이 물질적 요소는 사고활동의 힘은 되지만 사고의 내용은 규정하지 못한다. 따라서 견해나 기관은 경제적 조건을 터로 하고는 있으나 그것의 반영은 결코 아닌 것이다.

예로서 견해의 투쟁인 종교개혁운동을 들어보자. 그것은 그 당시의 경제적·사회적 조건(십자군전쟁으로 인한 봉건세력의 몰락과 시민계급의 대두, 인문주의사상의 전파 등)을 터로 하고 일어난 것은 분명하지만 마르틴 루터가 발표한 95개 조항의 내용은 당시의 교권세력의 부패와 불의에 대한 공분심의 폭발이었으며 자유와 정의에 대한 기본적 욕망의 발로였지 그 당시의 생산관계의 반영은 아니었다. 이와 같이 견해와 기관은 경제적 조건(생산관계)을 터로 한 것이기는 하지만 결코 그것의 반영이나 모사는 아닌 것이다. 그것은 의식(욕망)의 반영이요 의식(욕망)의 모사였다. 따라서 견해상의 대립투쟁(논쟁)은 인간의식(현실적 욕망)의 대립의 반영이었고 견해 기관의 발전은 물질적 조건을 터로 한 의식(현실적 욕망)의 발전의 반영이었던 것이다.

경제재와 인간의 의지

이리하여서 마르크스가 물질과 정신의 관계를 사회현상에 적용함에 있어서 생산관계를 물질로, 관념형태를 정신으로 다룬 것은 전연 부당한 것이었다. 사회생활에 있어서 물질에 해당하는 것은 실에 있어서는 경제재 유형재요 정신에 해당하는 것은 인간의 의지 욕망 계획 등, 즉 인간의식인 것이다. 이것은 생산관계도 경제재(생산수단)와 소유욕을 중심한 인간관계이며 정치나 종교 등도 경제재(건물 기구 문서 등)와 의지(정책 신앙 등)가 복합되어서 영위되는 영역인 것으로 보아서 알 수 있는 것이다.

3. 국가와 혁명론에 대한 비판과 대안

엥겔스는 "국가는 오랜 옛적부터 있어온 것이 아니다. 국가가 없이도 지날 수 있었던 사회, 국가 권력 같은 것은 몽상도 하지 않았던 사회가 일찍이 있었다. 사회의 제 계급의 분열을 필연적으로 동반하는 경제발전의 일정 단계에 있어서 이 분열에 의하여 국가가 하나의 필연사가 되었다."('가족, 사유재산 및 국가의 기원' 岩波文庫 230면)라고 하였으며 또 그는 "국가는 계급대립을 억제해 둘 필요에서 생긴 것이기 때문에, 그리고 또 이들의 계급의 충돌에서 생긴 것이기 때문에 그것은 가장 세력 있는, 경제적으로 지배적인 계급의 국가인 것이 보통이다."(동상 227면), "문명사회를 총괄하는 것은 국가이다. 그것은 모든 전형적 시기에는 예외 없이 지배계급의 국가이다."라고 하였으며 레닌도 "국가란 계급지배의 기관이며 한 계급에 대한 다른 계급에 의한 억제기관이다."('국가와 혁명' 岩波文庫 18면)라고 하였다.

그리하여 본장 제5절('국가와 혁명')에서 말한 바와 같이 공산주의에 있어서는 국가란 사회 전체의 이익을 위해서 있는 것이 아니라 지배계급을 위해서 있으며 한 지배계급이 다른 계급을 착취하고 억압하기 위한 권력기관으로서 있는 것이다. 지배계급은 소수자이고 피지배계급은 다수자이므로 국가는 소수자가 다수자를 착취하고 억압하는 권력기관인 것이다. 그러므로 소수자는 국가를 지배하려 하고 다수자는 국가를 전복하여 다수자의 이익이 되는 새로운 사회를 건설하려고 한다. 그리하여 다수자는 지배계급에 항거하는 투쟁, 즉 계급투쟁을 벌이게 되는 바 그것은 불가피적으로 정치투쟁으로까지 발전하게 되며 따라서 국가에는 혁명이 필연적으로 일어난다는 것이다.

국가에 있어서의 최후의 혁명은 노동자계급이 권력을 장악하는 혁명이다. 이 혁명을 통하여 노동자 계급이 지배계급이 되었을 때 소수의 착취자는 없어지고 소수에 대한 다수자의 지배가 이루어진다. 노동자계급의 지배목적은 일체의 착취를 폐지하고 그렇게 함으로써 일체의 계급대립을 폐지하는 데 있다는 것이다. 그리하여 전 세계에 걸쳐서 인간에 대한 인간의 착취가 최종적으로 폐지될 때 국가라는 강제적 권력은 이미 불필요하게 되고 최후에는 "국가도 불가피적으로 사멸한다."(엥겔스 '가족, 사유재산 및 국가의 기원' 岩波文庫 230면)는 것이다.

이와 같이 그들은 국가의 기원을 계급의 분열에 두고 있으며 국가는 지배계급의 권력기관이며 그것은 최종의 혁명에 의하여 결국 사멸한다고 보고 있다. 그렇다면 원시시대에 있어서 계급이 분열되지 않았다면 국가 대신에 무엇이 성립되었을 것인가? 그리고 또 계급의 분열은 왜 생겼고 계급분열로써 왜 국가가 생겼으며, 지배계급은 왜 국가를 자기의 권력기관으로 삼았는가?

레닌은 "계급이라 불리는 것은 역사적으로 규정된 사회적 생산체제 내에서 차지하는 지위가 서로 다르며 생산수단에 대한 관계가……다르며……그들이 분배받지 않을 수 없는 사회적 부의 크기가 서로 다른 인간들의 집단을 말한다. 그래서 한 편은 생산수단을 사유하여 다른 한 편의 노동을 착취하고 다른 한 편은 생산수단을 사유하지 못하여 그것을 착취당하는 인간집단이다."('위대한 창의' 일역 2권 선집 제11분책 41면)라고 하였다. 그러나 그는 생산수단의 사유, 분배의 불평등과 노동의 착취가 왜 일어나는가를 해명하지 못하고 있다.

국가관의 대안

그러면 통일사관에 입각한 계급관 국가관은 어떠한가? 인간이 타락하지 않았으면 4위기대(四位基台) 중심한 윤리체제가 확립되어서 가족 부족 종족 민족 국가 세계로 그 범위가 확대되어 갔을 것이다. 그리고 창조의 중심의 주관의 법칙과 닮기의 법칙에 따라 인간은 어느 시대에 있어서나 하나의 중심(神)을 정점으로 하고 그 밑에 인류는 형제자매의 윤리적 관계를 맺은 터 위에 인체구조를 닮아서 상하

전후 좌우의 유기적인 질서의 조직을 세웠을 것이다. 그리고 이 최고의 중심은 신이어서 그는 인류의 군주이며 인류의 부모인 것이다. 그러므로 그 세계는 하나의 대가족 국가가 되었을 것이다. 거기에는 착취니 지배니 하는 악덕을 찾아볼 수 없으며 다만 창조본연의 수수관계에 의하여 자유(인간 본성의 자유)와 질서와 평화와 번영과 행복만이 항상 충만할 뿐이다.

그러나 타락으로 인하여 신을 잃음과 동시에 인류의 부모를 잃어버렸고 따라서 천륜을 중심한 윤리체제가 무너지고 수수관계도 본연의 모습을 잃고 사탄을 중심한 것이 되고 말았다. 이것이 원인이 되어서 없어야 할 착취계급이 생겨났고 없어야 할 억압적 권력기관(국가)이 생겨났던 것이다.

악의 욕망

그러면 타락한 사회에 적대계급과 억압기관(국가)이 생겨난 원인과 동기를 더 구체적으로 알아보자. 타락한 인간은 사탄과 하나가 되었기 때문에 기본욕망은 사탄을 중심으로 발전하였으며 따라서 인간의 현실적 욕망은 사탄(惡)의 욕망을 닮은 것이 되고 말았다. 이것이 곧 인간의 사심이다. 사탄의 욕망은 독점적 사유욕이어서 남의 것을 빼앗는 것이 그 본질이었다. 그러므로 인간은 악탈과 착취와 억압으로써 자신의 기본적 욕망을 채우려 하였던 것이다. 여기서 세력이 우세한 자가 착취하는 자가 되고 그렇지 못한 자는 착취당하는 자가 된 것이다(예컨대 노예사회의 노예와 그 소유자가 그것이다).

그런데 여기서 밝혀두어야 할 것은 현실적 욕망이 구체적으로 행동화하는 데는 이미 말한 바와 같이 반드시 물질적 조건이 갖추어져야 한다는 것이다. 즉 타인의 재산을 약탈·착취하는 문제가 현실적으로 제기될 만큼 경제적 조건이 갖추어져야 한다는 것이다. 소위 원시공산사회에서는(원시공산사회가 있었다는 것은 하나의 가설에 불과하며 입증된 것이 결코 아니다.) 그러한 문제가 생겨날 필요가 없었다고 볼 수 있기 때문에 비록 사탄적 욕망일지라도 그것이 착취의 방향으로 행동화하지 않았던 것으로 봄이 옳을 것이다. 그러나 생산이 분업화함에 따라서 사탄적 욕망인 착취욕이 표면화되면서 이러한 문제가 제기되었으며 따라서 사탄적 욕망(사심의 본질)이 행동으로 나타났던 것이다. 그리하여 사탄적 현실적 욕망이 적대계급 발생의 원인이 되었고 경제적 조건이 그 동기가 되었다.

이 같은 계급사회에서는 착취자의 욕망을 채우기 위해서는 피착취자의 욕망은 충족은커녕 도리어 무참히 짓밟혔을 것임은 두말할 필요도 없다. 그리하여 적대적 계급사회에서는 피착취자의 욕망(소망)은 남의 것을 빼앗으려는 것이 아니고 부득이 자기의 것을 잃지 않으려는 것, 또는 잃은 것을 찾으려는 것으로 나타날 수밖에 없게 된다. 따라서 그들의 욕망은 착취자의 그것에 비해서 보다 더 선의 편에 가까웠던 것이다. 그러므로 신은 대체로 그들의 욕망을 통하여 섭리하는 것이다. 그리하여 피착취자의 반항의식과 신의 섭리가 합세하여서 사회적 경제적 조건이 성숙된 터 위에 드디어 혁명을 일으키곤 하였던 것이다. 이것은 마르크스식 계급사회에서의 계급과 혁명에 대한 통일사관의 견해이다.

국가 성립의 요소

그러나 적대계급의 발생은 국가 성립의 유일한 동기는 못 된다. 왜냐하면 국가 성립에는 여러 가지 요소가 있기 때문이다. 보통 주권 백성 국토의 세 요소를 들고 있지만 그 외에 신의 섭리와 사탄의 반대작용도 국가의 성립에 중요한 요인이 되고 있는 것이다. 그리고 또 공산주의가 말하는 계급국가, 즉 두 계급이 생사를 걸어놓고 적대시하는 그러한 계급국가는 국가의 전부가 결코 아니며 또 국가의 기본형도 아니다. 이것은 계급의식이 민족의식이나 국가의식을 능가하지 못하는 것이 통례임을 보아서 알 수 있는 것이다.

오늘의 노동자계급이 신라인을 우리의 옛날 민족이라고 친근감을 가지고 말할 수는 있어도 신라시대의 피지배자 계급이었던 노비들을 우리의 옛날 계급이라고는 부르지 않는다. 또 1차대전 때 제2인터내셔널의 사회주의자들은 각기 상대방 나라의 노동자 계급을 지지하지 않고 도리어 자기 나라의 정부를 지지하였다. 그리고 최근에 와서는 공산주의는 이전의 소련 중심의 국제적 단결을 깨쳐 버리고 점차로 민족적 자주노선을 추구하는 경향을 보이고 있을 뿐 아니라 민족적인 적대 감정마저 갖는 경향이 나타나고 있다. 그 현저한 예가 소련과 중공의 관계이다. 이것은 모두 계급의식은 일시적이고 국가의식이나 민족의식은 보다 영속적이기 때문이다.

그리고 한 국가 내에는 지배계급과 피지배계급이 갈라져 있는 것이 보통이지만 그러나 그 관계는 반드시 적대관계만은 결코 아니며 또 대립이 있다 해도 그 대립이 반드시 계급적 대립만은 아닌 것이다. 그 외에 민족적 종교적 사상적인 대립관계도 있음을 부정할 수 없다. 또 국가들은 복귀섭리의 분립의 법칙에 의하여 하늘편과 사탄편으로 갈라지기도 하며 거짓과 참의 선후의 법칙에 의하여 하늘편 이상을 앞질러서 선행하여 나오는 사탄의 반대역사에 의하여 사탄편 이상국가가 나타나기도 하였다. 그리하여 국가의 성립에는 여러 가지 인자가 작용하였던 것이다.

주권과 국가

그러나 국가섭리에 있어서의 최후의 결정적 요소는 주권자와 국민의 현실적 의지(욕망)임을 잊어서는 안 된다. 특히 주권자(독재사회에서는 독재자, 군주사회에서는 군주가 주권자이며 민주사회에 있어서는 인민이 주권자이다.)의 의지(욕망)가 국가의 성립과 통치와 흥망에 크게 영향한다는 것은 두말할 필요도 없다.

주권자의 의지가 완전히 사탄편에 기울어지느냐, 보다 더 하늘편에 가까워지느냐 또는 하늘편 주권을 보다 더 닮느냐에 따라서 그 국가의 흥망성쇠가 좌우되는 것이다. 혁명의 발발(勃發) 여부도 여기에 좌우됨은 물론이다.

예를 들면 솔로몬 왕이 하늘편 주권을 본받아서 신의 뜻을 잘 받들었다면 그는 동방제국을 통일하여 메시아 이상을 실현할 터전을 조성할 수 있었을 것이다. 그가 타락함으로 인하여 혁명이 발발하여서 드디어 통일왕국은 남북왕조로 갈라지게 되었던 것이다. 그러나 현재의 모든 국가는 그 형태 여하를 막론하고 요컨대 모두 비원리적인 국가이므로 신의 섭리에 의하여 결국은 본연의 대통일국가인 영원무궁토록 변함이 없는 세계 국가로 복귀될 것이다. 이것이 신의 나라요 지상천국이요 공생공영공의주의국가이며 천주주의국가인 것이다.

4. 사회발전과 생산관계의 제 형태에 관한 통일사관의 견해-대안

유물사관에 의하면 경제구조(생산관계)는 원시공산제로부터 노예제 봉건제 자본주의제를 거쳐서 오늘에 이르렀으며 앞으로 사회주의 사회를 거쳐서 공산주의사회로 넘어간다는 것이다. 이것은 모두 생산력 발전에 따라서 순차적으로 나타난 경제적 제도이며 일련의 상승적 계열을 이루고 있다. 그러므로 한 단계는 반드시 앞의 단계보다 한층 발전한 경제수준을 보이고 있다는 것이다. 그리고 마르크스에 의하면 어떠한 생산관계거나 충분히 발전하지 않으면 결코 다음 단계로 넘어가지 않으며 따라서 자본주의도 충분히 발달하지 않고는 혁명이 일어나지 않는다는 것이다('경제학비판' 국민문고 15~16면).

마르크스식 제도의 순수형이 실제는 없었다

이것이 사실인가? 상기한 경제구조의 여러 형태는 세계 어디서든지 그 순수한 모습을 찾아볼 수가 없다. 예를 들면 그리스시대와 로마시대를 마르크스는 노예제도로 다루고 있지만 그것은 결코 순수한 노예제도가 아니었다. 거기에는 원시공산제의 유물도 있었고 많은 독립적인 자유주의자도 있었고 또 번영한 상인계급마저 공존하고 있었다. 봉건제도도 이와 마찬가지로 순수한 형이란 존재하지 않았다. 거기에는 노예제도도 공존하고 있었다. 그러므로 엥겔스는 봉건제도의 완전한 실례라는 것은 일찍이 존재한 일이 없었다(K. 슈밋트에의 편지 1885년 3월 12일—모리스 콘포스 '사적 유물론' 95면 참조)라고 하여 이 사실을 시인하고 있다.

그럼에도 불구하고 마르크스는 경제제도의 순수형을 기초로 하고 그의 유물사관 이론을 전개하고 있다. 따라서 마르크스의 사회발전에 관한 이론은 실제의 사회발전과는 부합되지 않는 점이 있음을 부정할 수가 없다. 그러나 그의 순수형이 서구사회의 경제발전에 있어서는 어느 정도 부합되는 면이 있으므로 마르크스의 제 사회 형태를 일단 시인하기로 하자.

그런데 한 생산관계가 충분히 발달한 후에야 혁명이 일어난다는 마르크스의 주장은 실제에 있어서 적중되지 않았다. 도리어 러시아 같은 후진국에서 혁명이 일어났으니 그 이유는 무엇인가? 레닌이나 스탈린은 여기서 답변하기를 혁명은 제국주의 사슬(鎖)의 제일 약한 하나의 고리(一環)를 트고 일어난다고 하였다. 이것은 그들의 이론적 모순을 은폐하려는 하나의 구차한 변명에 불과하다. 이것은 선진자본주의 국가에서는 혁명이 일어나기 어렵다는 자기고백 이외의 아무것도 아니다. 그들은 제일 약한 고리가 타 버리면 그 혁명의 불길은 다른 고리에도 연소되어 드디어 선진자본주의 사회에까지도 혁명이 발발하리라고 믿었던 모양이나 선진국가일수록 혁명은커녕 도리어 노동계급이 더욱 안정되고 번영하고 있는 것이 오늘날의 실정이다.

또 그들은 공산주의사회가 되면 사회발전의 원동력은 계급투쟁이 아니라 비판과 자기비판과 합의라고 하였는데 이것은 바로 민주주의적 방식을 의미하며 또 의미하지 않으면 안 될 것이다. 그런데 실제에 있어 그런 방식은 오늘의 자본주의사회에서 행해지고 있다. 민주주의적 다수결 원칙이 바로 그러한 예로 볼 수 있는 것이다. 그럼에도 불구하고 그것이 꼭 공산주의사회가 되어야만 사회발전의 원동력이 되게 되는 이유는 무엇인가? 자본주의사회에서는 그것이 왜 발전의 원동력이 되지 못하는가? 결국 이러한 주장은 불필요한 폭력혁명을 합리화하려는 변명 수단밖에 안 되는 것이다. 그리고 아이러니컬하게도 오늘의 현실은 그 반대현상을 보이고 있으니 공산주의사회에서는 자유로운 비판이 허용되고 있지 않으며 또 자기비판은 지배수단으로서 피지배의 하층 인민에 한하여 강요되고 있을 뿐이며, 더구나 진정한 의미의 합의는 그 형체조차도 찾아볼 수 없다. 도리어 계급투쟁에 의해서 무너진다던 선진자본주의 국가에서 비판과 자기비판 및 합의(의회정치)에 의한 발전이 이루어지고 있다.

통일사관에 의한 대안

다음에 또 마르크스는 무계급사회에서 계급사회로 발전하였다가 다시 무계급사회(공산주의사회)로 옮아간다고 하였는데 그 이유는 무엇인가? 그리고 공산주의 다음 단계는 무엇인가? 이에 대한 해답은 그들에게는 불가능한 것이다. 이에 대한 통일사관의 견해는 다음과 같다.

이미 수차 밝힌 바와 같이 적대적인 계급사회의 출현은 인간 타락에 기인하는 것이었다. 타락으로 인하여 인간의 욕망이 사탄 중심이 되었기 때문에 착취 약탈 등을 감행하게 되어서 여기에 적대계급이 발생하게 되었으며 이것이 생산력의 발전에 따라서 여러 가지 형태의 생산관계, 즉 경제제도를 나타내 왔던 것이다. 타락이 없었다면 생산관계는 계급 대 계급의 대립관계, 따라서 생산수단의 소유를 중심한 적대관계가 되지 아니하고 단순히 생산과 소비만을 중심한 인간관계가 되어서 윤리관계와 더불어 성상적 및 형상적인 본연의 수수관계를 이루어서 사회의 구조는 영원토록 변함이 없었을 것이며 다만 생산방법만이 생산력 발전에 따라서 발전하여 왔을 것이다. 그리하여 고대의 수렵어로경제로부터 농업목축경제를 거쳐서 상공업경제로 발전했을 것이며 사회형태는 신(인류의 부모)을 중심으로 한 윤리적 질서의 제도를 이루어서 오늘에 이르렀을 것이나.

그러나 타락으로 이러한 사회를 잃어버렸으니 다시 이 사회를 찾으려는 것이 신의 복귀섭리인 것이다. 그리하여 앞으로 복귀될 바의 본래의 사회는 신을 부정하는 공산주의사회가 아니라 고도의 공업경제를 기초로 하고 신을 정점으로 하는 세계대가족주의사회인 것이니 이것을 가리켜 천주주의사회 또는 공생공영공의주의사회라고 부른다. 이러한 사회는 이미 적대계급이 없는 사회임은 물론이다. 본래 적대계급이 없던 사회에서 인간 타락으로 적대계급의 사회로 변하였다가 복귀섭리에 의하여 다시 적대계급이 없는 사회로 돌아오는 것이다.

유물사관과 통일사관의 비교

이상으로 유물사관의 비판과 통일사관에 의한 그 대안을 끝마쳤다. 끝으로 통일사관의 이해를 더욱 돕기 위하여 다음에 유물사관의 내용과 통일사관의 골자를 대조하기로 한다.

유물사관	통일사관
1. 역사는 무계급사회에서 계급사회를 거쳐서 다시 무계급사회를 지향하는 발전 과정이다.	1. 인류역사는 인간 타락으로 빚어진 죄악의 사회에서 신의 섭리에 의해서 죄 없는 창조이상의 사회로 지향하여온 복귀와 발전의 과정이다.
2. 인류역사는 계급투쟁의 역사이다.	2. 인류역사는 선악의 투쟁의 역사이다.
3. 사회발전의 원동력은 생산력이다.	3. 사회발전의 원동력은 인간의 욕망과 신의 섭리이다.
4. 생산력은 물질적 조건이며 자기원인에 의해서 발전한다.	4. 생산력은 창조력이며 그것은 인간의 욕망과 신의 섭리 및 물질적 조건의 합력에 의해서 발전한다.
5. 인간은 사회생활에 있어서 반드시 생산관계에 들어선다.	5. 인간은 사회생활에 있어서 이중적 수수관계(사회적 수수관

	계)를 맺게 된다.
6. 역사발전에는 인간의지로부터 독립한 객관적 법칙이 작용하였다. 그리고 그 법칙은 경제적 물질적 법칙이다.	6. 역사발전에는 인간의지로부터 독립한 객관적 법칙이 작용하였다. 그리고 객관적 법칙은 창조의 법칙과 섭리의 법칙이다.
7. 생산관계의 발전은 생산력의 발전에 조응한다.	7. 사회적 수수관계의 발전은 창조력과 의지(욕망)의 발전에 조응한다.
8. 생산관계의 발전이 일정 단계에 이르러 생산력 발전에 대하여 질곡으로 화하면 혁명이 일어난다.	8. 역사발전의 일정 단계에 있어서 악의 지배에 대하는 대중의 불만(선편의 욕망)이 한계점에 이르면 선악의 투쟁은 혁명 또는 전쟁의 형태를 취한다.
9. 물질과 정신의 관계는 사회생활에 있어서 토대(생산관계)와 상부구조와의 관계가 된다. 상부구조(관념 형태)는 토대의 산물이요 반영이다.	9. 물질과 정신의 관계는 사회생활에 있어서 경제재와 인간의지(욕망)와의 관계가 된다. 인간은 주체요 경제재는 대상이다. 관념형태는 사회적 조건을 기반으로 한 욕망의 사물이요 반영이다.
10. 국가는 지배계급의 지배의 기관이다. 그러므로 지배계급을 없애기 위해서는 폭력혁명에 의해서 국가를 타도해야 한다. 이상적 사회는 국가가 없는 사	10. 이상국가는 신의 사랑을 실현하는 대가족사회이다. 지금까지의 대부분의 국가는 신의 사랑을 거부하는 악의 지배기관이었다. 그러므로 정신혁명에 의

회이며 따라서 세계의 공산화가 완성되면 국가는 소멸된다.

하여 악의 지배기관을 선의 지배기관으로 복귀시켜서 신을 중심한 사랑의 이상국가를 건설하는 것이다.

결 론

이상으로 공산주의(마르크스주의)사상은 허다한 모순과 오류를 내포하고 있다는 것과 역사의 방향은 마르크스가 예언한 공산주의사회가 결코 아니라는 것이 밝혀졌으리라고 믿는다.

마르크스의 오류

마르크스는 첫째로 가치론에 있어서 중대한 과오를 범하였다. 공업경제사회에 있어서는 노동력 기계 등 여러 생산요소의 창조력이 이윤의 원천임에도 불구하고 전 세기적 경제사회에만 적용될 수 있었던 노동가치설을 고집함으로써 시대적 착오를 범하였다. 이것은 그의 이론구성에 있어서 치명적인 오류였다. 그리하여 그가 생애를 걸어놓고 연구하고 발견한 경제운동법칙은 일부를 제외하고는 모두 배리(背理)였음이 사실로서 드러났다. 경제운동에 관한 그의 예언은 대부분 적중되지 않았던 것이다. 그리하여 노동가치설과 잉여가치론은 이제 마땅히 폐기되어야 하며 그 대안으로서 효과가치의 이론과 가치창조보수의 이론이 받아들여져야 하리라 믿는다.

둘째로 그의 변증법적 유물론 진리를 위한 철학이 아니라 그의 목적인 폭력혁명을 합리화하려는 수단에 불과하였다. 그는 사회발전에 있어서 계급투쟁과 혁명이 필연적이라는 자신의 이론을 철학적으로 뒷받침하기 위해서 자연계의 발전법칙을 왜곡 또는 은폐함으로써 표현상 또는 개념상의 오류를 범하였다. 그는 자연계의 발전과 사회발전은 그 방법이 전혀 판이함에도 불구하고, 이념의 모호화와 어의적 책략으로써 이 양자를 일치시킴으로써 대중을 오도하였던 것이다.

셋째로 그는 인류역사는 인간 타락으로 인하여 출발된 죄악역사이며 잃어버린 창조본연의 세계와 인간을 다시 찾으려는 복귀섭리의 역사이며 따라서 선과 악의 투쟁의 역사임을 몰랐기 때문에 그의 유물사관도 올바른 역사관이 되지 못하였다. 그는 사회발전은 생산력 발전에 기인하며 생산력은 물질적 조건에 의하여 발전하며 생산관계가 생산력 발전에 대하여 질곡으로 화하게 되면 혁명이 일어나며 이 혁명은 계급사회에서는 불가피적이라고 하였다.

그는 계급투쟁이나 사회혁명이 악한 지배계급의 욕망이 대중의 창조본연의 기본욕망(권리 자유 등)을 짓밟음으로써 일어나는 욕망과 욕망의 싸움이라는 것과 사회적 경제적 조건은 기본욕망을 현실화시키는 동기 또는 터전에 불과하다는 것, 다시 말하면 사회발전은 인간의지(욕망)와 사회적 물질적 조건의 상대적인 두 요소의 합력(수수작용)에 기인한다는 것을 깨닫지 못하였다. 그리하여 그는 사회발전에 있어서 인간의지의 역할을 과소평가하였던 것이다(최근에 와서 인간의지의 역할의 중요성을 공산주의자들은 인정하기 시작하였는데 이것으로 그들은 모름지기 물질이 정신을 지배한다는 유물론이 틀렸음을 자인해야 할 것이다).

공산주의 사상의 전파 이유

그러면 이처럼 큰 결함과 오류를 내포한 마르크스주의 사상이 오늘날 세계 인류의 3분의 1을 점령하기까지 팽창한 이유는 무엇인가? 그것은 첫째로 초기 자본주의사회에 있어서는 마르크스주의 이론은 대체로 그대로 적중되었다는 것이다.

둘째로 오늘날에는 후진국가에 있어서 경제적 사회적 제 조건이 마르크스시대의 그것과 비슷한 점이 많은 국가에는 그의 학설이 용이하게 침투할 수 있다는 것이다.

셋째로 오늘날 공산주의국가는 군사력이 강화되었으므로 인근 약소국가를 군사적으로 침략할 수 있었다는 것이다.

넷째로 오늘날까지 마르크스주의에 대한 비판은 많았으나 그것을 극복할 수 있는 대안으로서의 이론이 결여되었다는 것이다. 특히 변증법적 유물론과 유물사관을 제압할 수 있는 종교 교리가 없었다는 것이다.

다섯째로 공산주의는 복귀섭리에 있어서 인류역사의 종말기에 악편의 사상으로 나타난 섭리적 사조라는 것이다. 인류 죄악사는 선악의 투쟁사로 출발하였다. 그러므로 신은 탕감법칙(蕩減法則)과 분립의 법칙에 의하여 끝날에 선과 악을 세계적으로 분립 전개시켜 놓고 선편이 악편을 제압함으로써 죄악사를 끝맺으려는 깃이 신의 섭리었다. 공산주의 사상은 이러한 의미의 악편의 사상으로 출현한 것이다.

여섯째로 그것은 복귀섭리에 있어서 환경복귀를 위한 사조로서 그 출현을 신이 허락한 것이었다. 소생급의 환경복귀운동으로서 일찍이 르네상스 운동을 허락한 신은 이것을 다시 평면적으로 발전시켜서 장성급의 운동인 계몽사조와 완성급의 운동인 공산주의 사상을 허락한 것이다.

일곱째로 거짓과 참의 선후의 법칙에 따라서 하늘편을 앞질러서 선행하는 악편 세력이 재림이상을 빼앗아다가 악편으로 실현해 보는 사상이라는 것이다.

여덟째로 선편인 민주진영을 보다 더 선의 방향으로 깨우치기 위하여 하나의 채찍으로서 신이 공산사상의 확대를 허락하였다는 것이다. 구약시대에 신의 뜻을 자주 배반하는 이스라엘 민족을 깨우치기 위하여 가끔 이방인으로 하여금 이스라엘을 침범하도록 하였던 것이다. 오늘날에도 신은 현대적 이스라엘인 기독교국가를 하늘 뜻 앞에 경성(警醒)시키기 위하여 현대적 이방인으로서 공산주의를 허락한 것이다.

이상과 같은 이유로써 오늘날까지의 공산주의 사상의 팽창은 불가피적이었다. 그러나 이제는 그 팽창은 한도에 이르렀다. 오늘날 세계를 흔들고 있는 붉은 사상도 이제부터는 쇠퇴하지 않으면 안 되는 운세에 직면하였다. 아무리 외적으로는 그 세력이 아직도 더욱 팽창해 가는 것같이 보인다 해도 내적으로는 필연적으로 쇠망의 길을 밟게 된다. 왜냐하면 첫째로 오늘날까지 공산주의의 팽창에 유리하게 작용하였던 여러 가지의 사회적 섭리적 조건들이 차차로 사라져가고 있기 때문이요, 둘째로 공산진영에는 공산세계를 통일하고 이를 유지할 수 있는 이념의 중심이 없기 때문이다. 중심 없는 체제는 결국은 분열되고 붕괴되기 마련이다. 오늘날 소련과 중공이 날카롭게 대립하고 있는 것이 바로 그 예이다.

셋째로 공산주의의 이론이 근본적으로 오류이기 때문에 불가피적으로 수정하지 않을 수 없으며 따라서 날이 갈수록 새로운 수정주의가 나타나서 서로 비난하게 되어서 사상적 혼란에 빠지게 된다. 사상적 혼란은 사상의 멸망 또는 변질의 징조인 것이다.

넷째로 공산세력은 신이 세운 종교를 박해해 왔기 때문에 탕감법칙에 의하여 과거 여러 전제세력들이 종교를 박해하다가 멸망하였던 것처럼 공산세력도 멸망할 수밖에 없는 것이다. 그리하여 오늘날까지 불가피적으로 팽창하여 왔던 공산주의는 앞으로는 또 불가피적으로 쇠퇴하지 않을 수 없게 된다(그러나 여기에는 자유진영의 책임분담이 잘 이행되어야 한다는 것을 잊어서는 안 된다. 책임수행이 잘 이루어지지 않으면 공산주의의 쇠망도 그만큼 지연될 것이다. 책임분담이란 모든 정치 경제의 정책 방향을 신의 섭리의 방향에 맞추는 것이다. 최근 자유주의 국가에 있어서 자주 일고 있는 공산주의학생들의 난동 등이 바로 집권층이 책임분담을 다하지 못함으로 일어나는 하나의 예라 할 것이다).

따라서 금후의 공산주의는 아주 쇠망해 버리거나 그렇지 않으면 변질되어서(공산주의 세계에 일어나고 있는 수정주의의 난맥상이 바로 공산주의가 변질되어 가는 과정이라고 보아 잘못이 아닐 것이다.) 신을 신봉하는 유신론적인 사상으로 변하든지 할 것이다. 그리하여 다른 종래의 모든 사상과 마찬가지로 공산주의 사상도 결국은 역사의 유물로 남아지고 말 것이다.

자본주의는 장차 어떻게 될 것인가

그러면 다음에 자본주의의 장래에 대하여 일언(一言)하고자 한다. 마르크스의 말대로 자본주의가 공산주의사회로 이행하는 것이 결코 아니라면 자본주의의 장래는 과연 어떻게 될 것인가? 마르크스는 자본주의의 모순은 근본적인 것이기 때문에 모순을 제거하기 위해서는 자본주의사회제도를 타도하지 않으면 안 된다고 하였다. 노동가치설과 잉여가치론을 고집하는 한 이 같은 사회혁명론은 불가피적인 것이다. 즉 자본주의가 아무리 발달하고 수정되어서 노동대중의 생활수준이 향상된다 하더라도, 그리고 또 노동시간이 아무리 단축된다 하더라도 노동자계급과 자본가계급과 같은 대립되는 두 계급이 남아있는 한 노동력의 매매는 불가피적이며 따라서 필요노동시간과 잉여노동시간도 없어지지 않기 때문에 잉여가치는 언제나 이윤의 본질로서 남아지게 되어서 자본주의의 근본모순(노동력의 착취)은 절대로 근절될 수 없다는 결론이 성립된다. 그래서 사회혁명의 필연론이 정당화되는 것이다.

그러나 이미 논증한 바와 같이 마르크스의 노동가치설과 잉여가치론은 근본적으로 오류이며 효과가치설(效果價値說)과 가치창조보수(價値創造報酬)의 이론이 도리어 타당하기 때문에 자본주의의 운명은 마르크스의 말대로 폭력혁명에 의해서 공산주의사회로 이행하는 것이 결코 아니다.

전술한 바와 같이 상품가치는 노동가치가 아니라 효과가치이며 이윤은 잉여가치가 아니라 가치의 창조활동에 대한 사회적 보수이기 때문에 자본가가 이윤을 취득하는 것 그 자체가 범죄가 아니며 이윤을 과당하게 취득하는 것이 그들의 범죄였던 것이다. 다시 말하면 자본주의사회의 모순은 잉여가치의 생산에 있는 것이 아니라 이윤배분의 불공정에 있는 것이다. 따라서 이 모순은 제도(사유재산제도)상의 모순이 아니라 정책상의 모순이며 의식구조상의 모순인 것이다. 제도상의 근본모순이라면 사유재산제도를 폐지하는 사회혁명이 필요할는지 모르지만 정책상의 모순과 의식구조상의 모순의 제거를 위해서는 정책의 개선과 인간정신의 개혁만이 필요한 것이며 폭력에 의한 사회혁명은 절대로 필요치 않다. 왜냐하면 인간정신의 올바른 개조가 없이는 아무리 사회혁명에 성공한다 하더라도 경제적 모순은 결코 사라지지 않기 때문이다.

오늘날 소련 중공 북한 등 공산주의사회에서 이러한 모순이 없어지기는커녕 도리어 더 나빠져 그들이 원수시하는 자본가보다도 공산당은 더 악독한 착취계급으로 변질되고 있는 사실이 바로 이것을 입증하고 있는 것이다. 이와 같이 폭력에 의하는 사회혁명으로는 절대로 사회적 모순이 제거되지 않는다. 오로지 올바른 경제정책의 시행과 정신개조(정신혁명)에 의해서만 사회적 모순을 일소할 수 있는 것이다.

올바른 경제정책

그러면 올바른 경제정책이란 구체적으로 어떠한 것인가? 그것은 현재 선진국에서 이미 시도되고 있는 정책이다. 그것은 두말할 것도 없이 이윤배분을 적정화하는 것이다. 이것을 위해서는 첫째로 우선 이윤과 노임을 적정한 선에서 균형시키는 것이다. 이윤배분을 적정화한다는 말은 생산과정에 참여한 모든 생산요소가 이윤생산에 기여한 정도에 따라서 이윤을 공정하게 분배받음을 뜻한다. 다시 말하면 자본가 기업가 경영자 사무원 노동자 등 전 인원에게 이윤이 공평하게 분배됨을 뜻한다.

그런데 이윤의 배낭은 임금이나 급료의 인상의 방법을 취할 수도 있을 것이요, 또는 임금과는 관계없이 별도의 배당방법을 취할 수도 있을 것이다. 만일 임금인상의 방법을 취할 때에는 이윤과 임금을 적당한 선에서 균형시켜야 할 것이다. 즉 물가와 기업규모 등을 고려해서 실질임금을 조정해야 할 것이다. 임금의 지나친 인상으로 재투자가 줄어들어서 기업규모가 축소되어도 안 되겠지만 임금이 명목상 인상될 뿐 고물가 때문에 실질적으로는 임금이 인하된 결과가 되어서도 안 된다. 기업발전에 지장이 없는 한도 내에서 가급적 많은 이윤배분이 있어야 할 것이다. 이러한 이윤배분의 만전을 기하기 위해서 가급적이면 종업원들도 직접 경영에 참여하는 것이 소망스러운 것이다.

그러나 이 같은 이윤배분의 방식은 결코 완전한 것이라고는 말할 수 없다. 왜냐하면 이 방식으로서는 실업과 빈곤이 근본적으로 제거될 수 없기 때문이다. 여기에 소득의 재분배에 의한 구제책이 필요하게 된다. 다시 말하면 국가재정에 의하여 실업대책사업 사회복지사업 사회보험과 같은 사회보장제도를 실시하고 공공투자 정책과 같은 경기대책을 시행한다.

둘째로 자본소유의 분산정책으로써 자본소유를 대중화시키는 동시에 그것을 평준화시키는 것이다. 이것은 이윤배분을 공정화하는 가장 근본적인 방법이다. 오늘날까지의 자본가들의 과당 이윤취득은 독점욕 탈취욕과 같은 비도덕적인 이기심에 기인한 것임은 물론이지만 또한 재산의 과다한 소유에도 기인하였던 것이다. 그들은 재산(자본)을 집중적으로 과당소유하고 있었기 때문에 이윤이 공정하게 배당된다고 가정하더라도 생산요소(자본)의 비례에 따라서 분배되어야 하겠기 때문에 그들은 역시 과도한 이윤을 취득할 수밖에 없게 되어 있었던 것이다. 이윤배분의 적정화의 가장 이상적인 것은 배분의 평준화일 것이다.

그러므로 이윤배당의 공정화의 만전을 기하기 위해서는 자본소유를 분산시켜서 일반 근로대중도 자본을 소유할 수 있게 하는 동시에 일부층의 과다한 자본소유를 제한하지 않으면 안 된다. 그 좋은 예가 주식의 대중화이다. 이러한 자본소유의 대중화가 전반적으로 실현되게 되면 여기에 자본소유의 평준화가 이루어져서 자동적으로 이윤배당이 평준화되게 된다. 이 자본의 분산화 정책은 오늘날 이미 여러 선진국가에서 실시되기 시작하였으며 숙련노동자 급료취득자 농민 학생 등 광범한 계층이 주식을 소유하기 시작하였다. 이대로 나아간다면 불원한 장래에 자본과 경영은 완전히 분리됨과 동시에 자본소유의 대중화와 평준화는 괄목할 만한 진전을 보일 것이다.

셋째로 일부 산업의 국유화도 필요에 따라서는 실시함이 좋을 것이다. 국가가 직접 자본주가 되어서 생산되는 이윤은 재정정책을 통해서 이의 재분배를 실시하는 것이다. 이것도 많은 나라에서 이미 실시되고 있다. 예컨대 전매사업 같은 것이다. 또 우편 전신 전화 전력 가스 등 공익성이 큰 사업도 대개 국유화되고 있다. 그리하여 간접적으로 국민 대중에게 복지혜택을 주고 있는 것이다. 그러나 산업국유화에는 장점도 있는 반면에 단점도 있기 때문에 국유화 정책의 단행에는 신중을 기해야 할 것이다.

이상 경제정책에 대하여 논하였는 바 이 중에서 가장 근본적이요 합리적인 것은 사회보장제도의 실시와 자본소유의 대중화(평준화)인 것임은 두말할 필요도 없다. 그러나 이 모든 경제정책은 그 시행에 있어서 노동자를 포함하는 모든 종업원과 경영자를 평등한 인격으로 다루는 윤리적 원칙이 지켜지지 않는 한, 소기의 성과는 결코 오르지 않을 것이다. 따라서 올바른 경제정책은 기업윤리를 바탕으로 하지 않으면 안 된다.

새로운 정신개조

다음은 정신개조에 관하여 논하기로 한다. 이미 말한 바와 같이 자본주의의 근본모순은 정책상의 모순과 의식구조상의 모순이었던 것이다. 그러므로 자본주의를 개혁함에 있어서도 정책의 올바른 개선과 의식구조의 개혁만 단행하면 되는 것이다. 그런데 정책개선과 정신개조는 반드시 병행되어야 하며 어느 일방만으로는 절대로 실효를 거둘 수 없다. 이것을 바꾸어 말하면 아무리 좋은 경제정책을 실시한다 하더라도 여기에 정신개조가 병행되지 않는 한 자본주의의 제 모순과 병폐는 절대로 사라지지 않는다. 왜냐하면 그 정책의 시행과정에서 각양의 부정부패가 속출되어서 정책 시행이 용두사미(龍頭蛇尾)가 되기 쉽기 때문이다. 설혹 경제정책이 훌륭하게 실시된다 하더라도 그것만 가지고는 다음에 말하는 바와 같이 경제 외적 요인에 기인되는 여러 혼란을 막을 수는 없으며 이 때문에 결국은 경제정책 자체마저 큰 지장을 받게 된다.

자본주의사회의 병폐의 요인에는 이윤배분의 불공정과 같은 경제적 요인뿐 아니라 경제 외적 요인도 적지 않다. 윤리와 성도덕의 퇴폐, 구세대에 대한 신세대의 반발, 살인강도와 같은 흉악범의 범람, 인종분쟁, 종교분쟁, 관기문란(官紀紊亂) 등의 경제 외적인 요인들도 현사회의 커다란 병폐가 되고 있다. 이러한 요인들은 자본주의사회의 새로운 환부로서 노출되고 있다. 오늘날 여러 선진자본주의 국가들은 일찍이 없었던 고도의 경제성장을 이루고 있으면서도 사회적 혼란이 나날이 증대하고 있는 것은 이러한 경제 외적인 원인이 더 강력히 작용하고 있기 때문이다.

이러한 병적 요인들이 근본적으로 제거되지 않는 한, 자본주의의 진정한 개혁은 불가능한 것이며 인류의 참된 자유와 평화는 실현될 수 없는 것이다. 이것은 일찍이 마르크스는 예상조차 못 하였던 일이다. 이러한 경제 외적인 병적 요소들은 절대로 정책개선만으로는 제거될 수 없는 것이며 오로지 인간정신의 올바른 개조가 병행되어야만 가능한 것이다. 따라서 자본주의사회의 제 모순과 병폐를 근본적으로 일소하기 위해서는 유효적절한 경제정책과 함께 구체적인 정신개조안이 마련되지 않으면 안 된다.

그러면 그러한 정신개조안이란 어떤 것이어야 할 것인가? 그것은 새로운 이념, 새로운 체계적 사상으로써 인간정신을 교도(敎導)하는 것이다. 새로운 이념으로써 낡은 관념과 낡은 사고방식을 타파하고 새로운 인생관, 새로운 세계관을 갖게 하는 것이다. 그러면 그러한 이념은 구체적으로 어떠한 내용을 갖추어야 하는가?

그것은 첫째로 인간의 평등과 질서의 원리를 실현하는 새로운 가치관, 새로운 윤리관을 갖추어야 한다. 인간은 가치에 있어서 평등이요 인격에 있어서 평등이다. 그리고 생활에 있어서는 올바른 질서가 요구된다. 진정한 정신개조를 위한 이념이 되기 위해서는 이 평등과 질서의 원리가 그 내용이 되지 않으면 안 된다. 평등만으로는 혼란이 올 수 있을 것이기 때문에 여기에 질서의 원칙이 병행 실시되지 않으면 안 된다. 그리하여 인간의 진정한 평등과 올바른 질서를 실현하고 보장하는 새로운 윤리관이 제시되어야 한다. 인격적 평등과 생활적 질서의 사회에서만 비로소 자유와 영원한 평화가 찾아지기 때문이다.

공산주의자는 말할 것도 없고 자유사회라고 불리는 자본주의사회에 있어서도 적지 않은 인간층이 자치적으로 멸시를 당하고 있고 인격적으로 천대를 받고 있으며 더 많은 인간층이 생활적으로 질서를 잃고 있다. 현사회의 모든 혼란은 궁극적으로는 이러한 인격상의 불평등과 무질서에 기인하고 있는 것이다. 평등과 질서의 원리가 실현되지 않고는 노사분쟁 인종분쟁 세대분쟁 등의 사회적 혼란은 영원히 사라지지 않을 것이다. 그러므로 정신개조를 위해서는 인간이 서로의 가치의 존엄성을 인정하고 서로의 인격을 진정으로 존중하고 생활의 질서를 정립 유지할 수 있는 새로운 가치관, 새로운 윤리관이 제시되어야 한다.

다음 둘째로 새로운 이념은 인생과 역사의 의의와 방향을 명시해 주는 철학적 내용을 갖추지 않으면 안 된다. 인생이란 무엇인가, 인간은 어떻게 살아야 하는가, 역사는 무엇이며 그것은 어떻게 발전해 왔으며 또 그 방향은 어디인가, 세계는 앞으로 어떻게 될 것인가 등을 명백히 해명해 주는 철학적 내용을 갖추지 않으면 안 된다. 오늘날 젊은 지식층(대학생)의 혼란과 고민은 근본적으로는 이러한 철학의 부재에 기인하고 있는 것이다.

셋째로 새로운 이념은 또 모든 종교를 통합 내지 통일할 수 있는 하나의 고차적인 신학적 내용을 갖추지 않으면 안 된다. 왜냐하면 신을 부정하는 무신론은 공산주의의 온상은 될지라도 그것으로써 인류의 참된 자유와 평화는 실현될 수 없으며 또 현존하는 모든 종교가 서로 대립 항쟁하는 한, 역시 인류가 이상하는 미래사회는 결코 도래하지 않을 것이기 때문이다. 그러므로 미래의 이상사회를 지향하는 정신개조를 위해서는 현존하는 모든 종교를 통합 또는 통일할 수 있는 고차적인 신학체계가 나타나지 않으면 안 된다.

미래사회의 모습

그러면 이러한 새로운 이념, 즉 새로운 가치관, 새로운 철학, 새로운 신학에 의해서 이루어지는 세계는 구체적으로 어떠한 세계일 것인가? 다시 말하면 이러한 이념에 의해서 인류의 정신이 개조되었다고 하면 그때에 벌어질 세계는 구체적으로 어떠한 세계일 것인가? 그것은 첫째로 극도로 번영된 경제적 기반과 가장 따뜻한 심정기반 위에 세워지는 새로운 윤리사회요 도의사회인 것이다. 심정기반이란 사랑의 터전을 말한다. 사랑의 기반 위에 세워진 새로운 윤리사회가 앞으로 도래하게 될 이상사회인 것이다. 이 사랑은 부모 부부 형제자매 등

가족 간의 사랑을 말한다.

따라서 미래의 윤리사회는 온 인류가 서로 형제자매의 인륜관계를 맺게 되는 대가족사회인 것이다. 전 인류가 하나의 대가족을 이루는 것이다. 그런데 가족은 형제자매만으로는 형성되지 않는다. 반드시 부모가 있어야 한다. 왜냐하면 부모는 가족의 중심이요, 중심 없는 가족은 쉽게 와해되기 때문이다. 부모는 가족의 중심인 동시에 심정의 원천이요 사랑의 시발점이다. 그러므로 부모 없이는 가족이 형성될 수 없을 뿐 아니라 심정기반도 형성되지 않는다. 그러므로 전 사회가 대가족사회가 되기 위해서는 반드시 인류의 참부모가 있어야 한다. 그러면 그러한 참부모는 어떠한 존재인가? 그런 부모가 바로 절대자이신 신인 것이다. 인류는 이 신을 중심에 모시고 서로 형제자매의 뜨거운 심정적인 윤리관계를 맺게 될 때 비로소 영원한 사랑의 질서가 잡히고 여기에 진정한 대가족사회가 나타나게 된다.

오늘날 서구를 위시해서 전 세계 도처에서 퇴폐 타락해 가는 성도덕도 대가족사회가 성립되었을 때 비로소 그 건실성과 질서성을 회복할 수 있는 것이며 모든 기업체는 기업윤리의 원칙이 실시됨으로써 형제자매의 공동소유가 되어서 이때까지 정제성장과 함께 번져만 가던 부정부패도 이 윤리사회가 이루어질 때 비로소 자취를 감추게 될 것이다.

둘째는 새로운 이념에 의해서 이루어지는 세계는 새로운 단일문화의 통일세계인 것이다. 오늘날까지 남아있는 몇 개의 문화권은 이 새로운 철학, 새로운 신학에 의해서 하나의 단일문화권으로 중화통일(中和統一)되게 된다. 그리하여 여기에 통일문화 중화문화가 찬란하게 개화할 것이다. 인류는 구래의 일체의 차별과 간격과 장벽을 허물어 버리고 단일문화의 동산에서 단일문화의 가족을 이루고서 영원한 번영과 행복을 노래할 것이다. 이 통일문화는 이때까지의 여러 지역적 문화(기독교문화 이슬람문화 인도문화 극동문화 등)을 통일 또는 통합한 통일(통합)문화일 뿐 아니라 정신문명과 물질문명을 통일한 통일문화이기도 한 것이다.

이 두 문명의 통일은 위치를 회복함으로써 이루어지는 통일이다. 즉 이때까지 정신문명을 지배하여 오던 물질문명이 앞으로는 반대로 정신문명의 지배를 받게 된다. 정신과 물질의 관계는 근대에 와서 그 위치가 전도되고 있었다. 정신의 지배를 받아야 할 물질이 도리어 정신을 지배하고 있는 것이 오늘까지의 문화적 실정이다. 기계 앞에 인격이 무시되고 금전 앞에서 인간성이 소외당하고 있는 것이 오늘날까지의 현상이다. 이 거꾸로 된 관계를 정복하는 것이 두 문화의 통일이다. 이렇게 하여서 이룩된 중화문화(中和文化)의 사회에 있어서는 인간은 이미 기계의 예속물이 아니며 도리어 기계와 자연을 지배하는 주관자가 된다. 통일문화 중화문화는 또 예술문화이기도 하다. 고도의 경제적 번영의 기반 위에서 예술의 극치를 즐기는 환희문화이기도 한 것이다. 이러한 통일문화사회에서는 세대분쟁이나 인종분쟁은 영원히 자취를 감추어 버릴 것이다.

셋째로 미래의 사회는 신과 더불어 생활하는 종교사회인 것이다. 일체의 낡은 종교는 새로 정립되는 신학에 의하여 하나로 통일 또는 통합되어서 만민은 하나의 신학을 대상으로 삼을 뿐 아니라 시봉(侍奉)의 대상으로 삼고 생활하게 된다. 이와 같이 하나의 신을 중심으로 모든 종교가 연합 내지 통일되기 때문에 이때까지의 종교분쟁은 자취도 없이 사라져 버린다. 일상생활은 생활 그 자체가 예술이요 신앙이 되게 된다.

이상이 자본주의사회가 궁극적으로 도달하게 되는 이상사회의 모습이다. 요컨대 자본주의사회의 여러 모순과 병폐는 공산혁명에 의해서는 결코 제거될 수 없으며 적절한 경제시책과 함께 새로운 이념의 출현으로 인해 새로운 정신혁명이 이루어짐으로써 비로소 근본적으로 모든 모순과 악덕과 부조리가 일소되고 여기에 오랫동안 인류가 염원하던 이상사회가 도래하게 된다. 자본주의사회뿐 아니라 공산주의사회도 정신개조에 의하여 결국은 이러한 사회에 도달하게 된다. 이때부터 새 역사가 출발한다. 6천년간의 피비린내 나던 투쟁의 역사는 끝나고 영원한 평화와 환희의 역사가 출발한다. 이러한 새 역사와 새 사회의 창건에 있어 최대의 장해물이 바로 공산주의인 것이다. 그러므로 찬란한 새 역사의 출발을 위해서 공산주의는 기어코 분쇄되지 않으면 안 된다.

그런데 공산주의는 쇠망하더라도 공산주의가 바라던 이상은 실현되고야 말 것이다. 즉 인간능력의 자유로운 발전, 착취와 억압의 철폐, 필요에 따라서 받게 되는 지급, 의무로서의 노동이 아니라 기쁨으로서의 노동, 생산력의 놀라운 향상, 사회적 생산과 공정한 분배, 자연에 대한 완전한 지배와 개조 등은 반드시 실현될 것이다. 이러한 이상 그 자체는 공산주의 사상이 아니라 인간의 본래의 소망이기 때문이다. 공산주의는 인간의 소망이나 이상의 실현을 화려하게 약속은 해주었지만 절대로 그것을 실세로 실현해 주지는 못하였으며 또 앞으로도 결코 실현하지 못할 것이다. 왜냐하면 인간의 이상이란 타락으로 잃어버린 본연의 세계를 찾으려는 인간의 열망인 것이며 따라서 이상의 실현이란 창조본연의 세계를 복귀하는 것을 의미하기 때문이다.

그런데 타락으로 인간이 본연의 세계를 잃어버린 것은 신과의 심정(사랑)의 인연이 끊겼기 때문이요 신의 진리, 곧 인간과 우주의 창조원리를 잃어버렸기 때문이다. 그러므로 타락 이전의 이상세계를 복귀하려면 신의 진리를 찾아서 신과의 심정(사랑)의 인연을 다시 회복하지 않으면 안 된다. 따라서 신을 거부하고 종교를 반대하며 심정(사랑)을 무시하는 공산주의로서는 아무리 물질과 이성을 중요시한다 하더라도 인간 이상은 절대로 실현될 수 없는 것이다. 그것은 오로지 신의 참 진리에 의하여 신과의 심정의 인연을 회복하여 그를 생활의 중심으로 인류의 부모로 모심으로써 전 인류가 형제자매의 윤리관계를 맺게 될 때 비로소 가능한 것이다. 그때에 처음 하늘과 처음 땅은 없어지고 새 하늘과 새 땅이 출현하게 된다(요한계시록 21:1~4). 낡은 역사는 끝나고 새 역사가 출발한다. 그러면 그때는 언제인가? 그때가 가까웠다. 불원하여 인류 앞에 그날이 당도할 것이다.*

저자 **이상헌**(李相軒 1914.9.5~1997.3.22)

□ **약력**
- 국제승공연합 이사장
- 통일사상연구원 원장
- 세계일보 사장
- 선문대학교 석좌교수

□ **주요 저서**
- 새 공산주의 비판
- 통일사상 요강
- 김일성 주체사상 비판
- 공산주의의 종언(일어판)
- Communism : A New Critique and Counterproposal
- Unification Thought
- Explaining Unification Thought
- The End of Communism

새 공산주의 비판

초판1쇄 발행일 1968년 2월 25일
초판8쇄 발행일 1986년 4월 9일
2판1쇄 발행일   2017년 5월 1일

저 자   이상헌

발행처   (주)성화출판사
신고번호   제302-1961-000002호
신고된 곳 서울시 용산구 청파로63길 3(청파동1가)
업무부   701-0110
FAX   701-1991

가 격   12,000원

ISBN 978-89-7132-628-2 03100